櫻井義秀 編
Sakurai Yoshihide

ウェルビーイング研究の視座から

しあわせの宗教学

法藏館

目　次

しあわせの宗教学

――ウェルビーイング研究の視座から

はじめに

櫻井　義秀

読者の皆さんは、『しあわせの宗教学』という書名を見たときにさまざまな印象を持つのではないだろうか。この本はどこかの宗教団体が刊行した本ではないか。この教えを信じれば絶対幸せになれるとお決まりの文言がだらだらと続くベタな本ではないか。そう思った人はこの「はじめに」を読んでいない。目次を繰《く》ってみた人は、必ずしも宗教家が書いた本ではなさそうだが、どういう趣旨の本なのかと考えて読み始めているのではないかと思う。

幸せになろうとして宗教の教えを信仰し、行事に参加し、宗教団体に所属している人々がいる。幸せの根源に迫るべく修行し、自身の幸福感を他の人にも知ってもらおうと社会教化に励む宗教者がいる。信仰者や宗教家の実感と見解から幸せを考えるのであれば、幸せになるための宗教書となる。

他方で、宗教をできる限り客観的に記述しようと社会科学の立場から、宗教をその歴史や文化の形態から詳しく研究する宗教研究がある。宗教学はその一つである。宗教学では、方法論的に宗教の歴史的・地域的多様性に配慮し、基本的に諸宗教の優劣を論じないので、どの宗教が人を幸せにしているのかといった価値評価的な問題を考察の対象から外してきた。

本書では、宗教を生きる人たちと、宗教を社会制度・文化現象として対象化して研究する人たちとの間で現代の宗教を論じたい。その際、体験を表す言葉である「しあわせ」に着目することで、個人や集団のしあわせを可能にする社会制度・生活様式・世界観の構築に宗教が具体的にどのように貢献しているかが見えてくる。

簡単に言えば、宗教とは何かという数ある定義の一つに、「宗教を生きる人たちは幸せを求め、幸せ感を得ているようだ」という仮説を加えた上で、宗教が人を幸せにするということはどういうことなのかと、現代社会のさまざまな文脈の中で考えようということである。

近年、人々のウェルビーイング（主観的な幸せ感と客観的な生活の諸条件）を高めるために何が必要なのかと、さまざまな実践的・臨床的学問で論じられている。健康の維持、良好な人間関係、そして過不足ない経済生活がウェルビーイングの主たる三要素であることが広く知られている。では、病を得ていること、人間関係に悩んでいること、貧しさに喘《あえ》いでいるという人たちは幸せになれないのか。不足が不足のままであれば幸せとは言えないというのが社会科学の診断である。ところが、不足とは考えずに前向きな人生観を持つ人たちも少なくない。現代のウェルビーイング研究では、人は何によって人生に対して前向きに歩めるようになるのかという大きな課題に直面している。日本ではそこに宗教観や宗教文化を持ち込む研究が少ない。それに対して海外では宗教が人々に希望を与える機能を大いに評価している。

本書もまた、ウェルビーイング研究の大きな流れのなかで人々の「しあわせ」を増進するためには私たちは何をすればよいのか、私たちは人生や社会のどういう側面に気づけばいいのかを考察したいと考えている。

まえおきはこのくらいで十分だろう。少しだけ、本書の内容についてあらかじめ概略を述べておきたい。

第一章では、編者の櫻井が最近のウェルビーイング研究をまとめ、日本人の幸せ感の特徴を国際比較している。最初に読むと本書のねらいが理解しやすいだろう。

第二章から第八章までは個別のテーマを扱っている。どの章から読んでもらっても構わない。人間の一生や社会のあるべき姿に関しては、世界中の神話がいくつかの範型を示していることが多いので、神話学や臨床心理において言及されることが多かった（第二章　平藤喜久子）。人口減少社会における地域の残り方を考察するとき、地域の人々のこころの拠り所となっている寺・神社・教会のような宗教施設をいかに維持していくかが問題となる。牧師が赴任しない小規模教会において高齢化した信徒たちが共同牧会している例（第三章　川又俊則）、地域おこし隊の若者が過疎地域神社の祭礼復興に果たした役割（第四章　板井正斉）、逝く人たちの葬儀法要に加えて次世代を担う子どもの育成に力を尽くす寺院の例（第八章　稲本琢仙）から、人々の関係を維持する仕掛けとしての宗教の機能が確認できるのではないか。また、日本最大の宗教団体である創価学会において信者がどのような幸せ感を抱きながら宗教活動に励んでいるのか、自己実現のジェンダー差を知ることも、日本を知る上では重要だろう（第六章　猪瀬優理）。

今後、高齢多死社会に移行する日本において、親世代の看取りと葬送、自身が受ける医療と葬儀のあり方を模索する中高年こそ、日本人の総体的な幸せを高めるために重要な世代と言える。人間関係維持の作法としての傾聴と積極的に縁を紡いでいくボランティアが鍵概念となる（第七章　横山忠範）。延命治療や終末期医療において、自身どのような選択をしていくのか、自律と自己決定を重視する米国と、お任せで意図・感情を付度《そんたく》しあう日本では大いに異なる。米国において自ら積極的に死を選択するという意味での尊厳死を人々はどのように選択し、実践しているのか（第五章　片桐資津子）。また、不意で理不尽な子どもたちの犠牲（セウォル号沈没事故）に対して家族、宗教団体、国はどう対応し、慰霊とケアを行ったのか（第九章　李賢京）。海外の事例から学ぶことも少なくないだろう。

日本人が幸せな人生を送るためには、死を通過点としながらも個体の消滅に終わらない生死の宗教的次元における象徴化と儀礼が今なお必要とされよう。葬式仏教と揶揄《やゆ》される寺院仏教が、葬儀すら期待されなくなりそうなほど世俗化し、お一人様化する現代社会において、現代仏教は何を答えとして提案し、新しい試みを提示できるのだろうか（対談　櫻井義秀・袴田俊英）。

本書の各章は、上記の諸問題に対して明確な処方箋を描くというよりも、問題の提示を行い、共に考え、行動することでお互いの関係を維持・強化し、幸福感を増す戦略を勧めているのかもしれない。現代日本の幸せについて、客観的に、より学問的に考察したい人には、付録の幸福感調査に関わる資料を参照していただきたい（付録　清水香基）。

日本人の幸福感と宗教

櫻井義秀
SAKURAI Yoshihide

(1) 幸せは研究の対象になるか

❖ 宗教は人をどのくらい幸せにするのだろうか?

宗教は人をどのくらい幸せにするのか? このような課題を設定したことにあきれた読者がいるのではないだろうか。宗教が人を幸せにするのは当然だし、どのくらい幸せになるかなどといったことはその人の信仰や心がけ次第ではないかと、宗教者からお叱りを受けそうである。

無宗教を自認する大方の人々は、「宗教に走る」という揶揄《やゆ》的なイメージを思い浮かべ、そこまでせずともと同情するかもしれない。日本では神社の氏子や寺院の檀家であること、盆正月の年中行事を行い神社仏閣に詣でることや開運・治病の祈禱・祓いを行うことが、伝統文化や慣習と理解されている。それだけで足りずに、何かにすがらなければいけないというのは、よほどの苦難か事情あってのことと同情を禁じ得ないかもしれないし、だからこそ、そこまで不幸ではない私に宗教は要らないと考えるのではないか。宗教を幸せに結びつけて考えるか、不幸の裏返しととらえるか、信仰の有無で異なりそうである。

私自身は特定の信仰を持つものではないが、宗教研究者として「宗教は人をどのくらい幸せにするのか」と大まじめに考えている。この問いのたて方や問いの発想は、従来の宗教研究とはかなり異なったものなので、この点を詳しく説明したい。

従来、宗教研究者は、宗教を可能な限り客観的に記述しようとして、信仰者が幸せかどうかといった主観的評価を極力避けてきた。幸せや救いを説く宗教的教えであっても思想として純化し、バリエーションのある修行や祭祀も儀礼行為として象徴や形式として範型化する。そうすることで個人が幸せかどうかといった個別的体験を通して「宗教」を評価することをやめ、客観的な見取図を提示することで誰でも理解可能な「宗教」を説明してきたのである。体験しなければわからないし、幸せにならなければうそ、といった言い方は宗教的言説になるとして、学問的な言説と区別するのがアカデミズムの常識だった。

しかし、私はこのような宗教研究の在り方が現在の宗教研究の隘路《あいろ》になっているように感じられる。むしろ、宗教の個別性や体験性を排除せず、幸せという感覚をも生かして、宗教を生きる人たちの生活実感に迫ることこそ必要なのではないか。宗教研究では、それを可能にする学問的戦略がなかったからこの問いを避けてきたのであるが、筆者は、問いのたて方の工夫を宗教研究以外の他領域に学ぶことで、ある程度客観的な研究が可能になると考えている。さらに、どのような学問であれ、人間の幸福と社会の持続可能性を念頭に置かないでやるわけにはいかない時代に私たちはいる。

❖幸せの特徴は何か

まず、「幸せ」の主観性・個別性をどう学問的に克服するかが課題となる。人生いろいろ、蓼食《たで》う虫も好き好きと言ってしまってはそこで終わってしまう。メーテルリンクの戯曲『青い鳥』(一九〇八)では、兄のチルチルと妹のミチルが、夢の中で過去や未来の国に幸せの象徴である青い鳥を探しに行くが、最後にその青い鳥が自分の家の籠の中にいたことに気づくという結末である。幸せはそれ自体を追いかけるものではなく、そこにあることに気づいてこそ得られるという文脈でよく言及される。ただし、青い鳥は二人から逃げてしまい、永遠の幸せもないことが示唆される。

気づきというのは宗教においてはなじみ深い言葉や経験であるが、幸せは客観的な状態・ものではなく、主観的な認知により関わっている性質を示している。

また、トルストイの次の文章も至言としてよく言及される。「幸福な家庭はすべてよく似たものであるが、不幸な家庭は皆それぞれに不幸である」(『アンナカレーニナ』)。

筆者は社会学の教師なのでこの言葉は実感的に理解可能である。世の中の不幸な状態は幾らでも挙げられるし、少しでも「不幸」を減らすべく、このような社会問題があると講義しているのが社会学である。しかし、「幸福」な状態がどうであるかについて、社会学者が言及する例は稀《まれ》である。幸福な状態は「不足がない」という不幸の否定型でしか答えられない。より正確に言えば、近代社会では一部の人しか満ち足りた状態を享受できなかったので、社会科学は、多くの人を不足の状態＝貧困から救い、充足できる社会にするためにどうしたらよいのかという未完のテーマに取り組んできたのである。

幸せを概念的に定義するというのは、国語学者も苦心しているようで、『広辞苑』(第四版)には、そもそも「幸せ」の見出し語がなく、代わりに「仕合せ」がある。①めぐりあわせ。機会。天運。②なりゆき。始末。③(「幸せ」とも書く)幸福。好運。さいわい。また、運が向くこと。と記載している。伝統的な日本語の用法として、いわゆる幸福に直結する幸せは本筋の使い方ではなく、運やなりゆきで思わぬ結果に頰《ほお》を緩ませるといったことが仕合せなのである。

「幸福」の用法はさらに素っ気なく、「みちたりた状態にあって、しあわせだと感ずること」、用例は「幸福な人生」のみ。では、何がみちたりた状態にあれば、幸せなのかという問いには、答えないことになっている。それはともかく、しあわせだと感じることが幸せなのだという同語反復で終えるあたりが、碩学新村出の見識だろう。

このようなわけで、幸せそのものを概念的に定義しようとすると、日常生活世界の幸せがするりと手からこぼれ落ちるようなところがあるので、幸せそのものについては沈黙し、幸せでない状態については、とりあえず「みちたりていない」と認識してきたものの、これまた何が満ち足りていないと不幸せになるのかということも簡単には言えない。具体的には、お金や地位・名誉がないと不幸か、健康や家族に恵まれないと不幸せなのか、老後に趣味や生きがいを持っていないとかわいそうな老人になってしまうのか。人の人生はそれほど単純なものではないだろう。

幸せをそのままで総体的に扱うのは、学問的にも生活の実感としても難しいことがわかった。では、どうすればいいのだろうか。

❖幸せを代替する諸概念

先に、社会学が幸せではなく、満たされていない状態＝不幸せの解消として幸せを考えていると述べた。近代では人間としての人権と社会的平等が求められるので、生きて生活していくための諸条件が不平等である事態の改善や克服こそ、社会学的な幸せの研究課題となる。すなわち、不幸の減算としての幸福研究である〔高坂　二〇〇四〕。確かに、幸せになるための条件や環境であれば客観的に扱える。社会学や社会福祉学では、客観的条件を含めての幸せをウェルビーイング（well-being）と概念化している。

ウェルビーイングという言葉は、元来、世界保健機構の「健康とは身体的・精神的及び社会的に良好な状態（well-being）を指す」という定義に由来するが、これが幸せに近似する概念として用いられている。本章では、広義な幸せの概念としてはウェルビーイングを用い、主観的な幸福感に限定したいときは幸せ感（happiness）を用いることにしたい。この幸せ感により着目するのが心理学者や精神医学者である。

心理学者の場合は、幸せを抽象的な概念として直接捉えるのではなく、個人の気分や感情そのものとし、精神状態を把握する複数の質問から「幸せ感」の尺度化を行う［島井 二〇一五］。幸せというのは客観的な状態ではなく、個人の認知や感覚によって生じる気分そのものではないかという幸せの理解がある。ここから幸せな感情を保つためのさまざまな工夫がポジティブ心理学では考案されてきた。今、ここに集中すること（マインドフルネス）。運動すること。利他的行為をすること。モノよりも経験や人間関係に投資することなどである［セリグマン 二〇一四］。

他方で、気分障害であるうつ病に罹患《りかん》する人々が増えてきた現代では、ストレス過剰な長時間労働や感情労働の根本的改善の必要に迫られており、メンタルヘルスはウェルビーイングに欠かせない。私は大学で二〇年近く学生相談に専門委員として関わっているが、近年、精神的不調や生きづらさをうったえる学生の顕著な増加を実感している。

ところで、長らく人間の幸せについて極めて現実的に考えてきたのが経済学である。経済学によれば、経済的主体が選択する動機の大きさや欲求充足の度合いが効用（utility）であり、満足感

（satisfaction）に相当する。効用や満足感がモノやサービスの価値を決定しているという考え方である。功利主義（Utilitarianism）で有名なジェレミー・ベンサムは、最大多数の最大幸福と言い、国民の満足感を最大限に高めることを考えた。

その経済学者たちが困ってしまった。経済成長により人々が豊かになっているにもかかわらず（購買力の上昇により選択の能力・機会が増す）、人々の生活満足感が上昇しないという状況が出現したことである。経済学者のみならず、経済成長を国家の目標にしている為政者にも悩ましい事態である。経済政策だけでは選挙に勝てないというわけである。この問題点を一九七四年に指摘した人物の名をとってイースタリンの逆説と言われているが、満足感の逓減と満足の内容の変化が、日本でも一九八〇年代後半以降出現しているとされる。

ただし、西欧でも日本でも中間層が中上層と中下層に分かれはじめ（格差社会化）、基本的な生活の維持に危機感を持つ人々が増えてきた現在、年収と生活満足感の関係は再び強まっているのではないかとも推測される。

ともあれ、一人あたりＧＤＰと幸せ感との相関が強まってきたのは、二〇〇年間の経済統計において二〇世紀の中後半だけだという。身分制が崩壊し、経済発展の恩恵が労働者に行き渡りはじめ、中間層が厚い社会となっても、人々の幸せ感は科学技術の発達による生活の利便性や医療の発達による長寿化の影響を強く受けており、豊かさ（満足感）は幸せ感を説明する一要素でしかないのである［OECD開発センター編　二〇一六］。

以上、幸せを研究するのはなかなか難しいが、幸せに迫るアプローチはいくつかあり、私たちのウェルビーイングを向上させることが学問の目標として掲げられてきたことも確認した。ようやく、ウェルビーイング研究の大枠を説明する準備が整った。

(2) ウェルビーイングの構造

❖幸せになるための機会と結果

幸せは、幸せを感じるための客観的諸条件（満ち足りた状態）とそれを感じた主観的感覚（幸せな気分）から構成される。私もこれは直感的にわかっていた。これ以上の概念的な精緻化《せいちか》ができずにいたところ、研究室の同僚でドイツ人の社会学者カローラ・ホメリヒ准教授から、ヨーロッパのウェルビーイング研究で必ず参照される人としてルート・ヴェーンホヴェンというオランダのウェルビーイング研究者の業績を教示していただいた。

ヴェーンホヴェンによれば、ウェルビーイングは、まず幸せを実現可能にする生活（人生）の機会（life chances）と実現された幸せ（life results）に分けるべきだという。この生活の機会というのは、マックス・ウェーバーが階級を説明する際に用いた経済力に依拠する機会のことである。十分な食糧や医療、きれいに生活できる下水道や心地よく休める住宅がなくては、まず幸せな生活はできないだろう。近代化や経済成長が実現した幸せとはこのことだった。しかし、世界で国民が平均的にこのような機会を得られている国は全体の数分の一に満たないし、先進国においてもまだこの条件が満たされていない貧困層がある。社会科学者はだいたいここまでしか考えないのだが、ヴェーンホヴェンは心理学や保健医学の知見も大いに取り入れ、クオリティオブライフ（生活・人生の質）を構成する社会的条件（outer quality）と個人的条件（inner quality）の区別を提案した。その結果、図1のようなクオリティオブライフの構造となった［Veenhoven 2000: pp. 1-39］。

順に説明していこう。

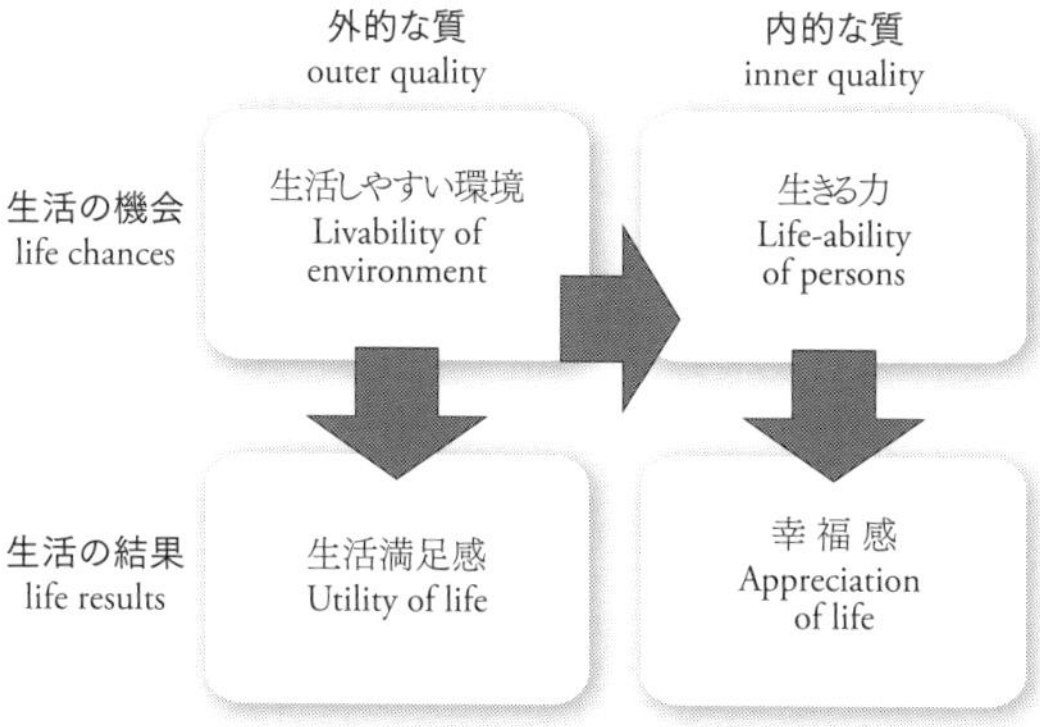

図1　クオリティオブライフの4類型

出典：［Veenhoven 2000］から訳出の上、矢印を付加

生活しやすい環境　治安・住環境・教育・医療・仕事が該当し、主として当該社会の階級・階層的規定や福祉制度の利用可能性によってアクセス可能性は異なる。

生活満足感　生活しやすい環境を十分に利用できれば、生活満足感は高まる。経済学は基本的にはここまでを幸せの研究対象とする。しかし、どの程度まで環境的な整備が整えば人が十分に満足するのかは、時代・地域、および当人が比較対象とする集団によっても随分と変わってくる。一九六〇年代の日本において文化住宅や団地に住み、マイカーを所有することは明らかに生活満足感を上げたが、七〇年代以降、車は大衆車から高級車まで階層化され、「いつかはクラウン」の時代を経て、高級ドイツ車もここまで普及すると差別化の道具ではなくなった。そして、現代では大半の学生や若者が車そのものに関心がなく、車はドライブでデートの道具でもなくなった。常時、スマホを用いて情報収集し、人とつながっていることが、この世代にとって最大の関心事である。

成熟した社会では、生活環境や消費財だけでは、人は生活に満足しなくなってくる。モノがある状態が基本ラインであって、その上にオンライン・オフラインでどれだけ人とつながり、人から評価されるのかが、生活の満足感となっている。何不自由なく育ったはずの日本の子供たちが、いじめや友達からの評価を始終気にしてリラックスできていない。これは大人社会も同様で、ネットによる評価や炎上で個人の生活や企業の業績が大きく左右される。大学生では気分障害や発達障害が顕著に増えてきたし、職場ではメンタルヘルスへの対応が最大の課題ともなってきた。

今後、ＡＩ（人工知能）の発達は職業の構造や人々のライフスタイルを変え、また新たな生活満足感の問題を生み出すだろう。人の幸せは物質的な豊かさや技術発展だけでは充足できない、という思いを強くしている。

生きる力　身体的・精神的健康と人生上の発達課題の達成度から構成される人の生活能力である。学力や職業上の能力、および対人関係能力（結果としての頼れる社会関係）が該当し、本人の遺伝的な特質が生育環境やその後の生活環境において開花したものである。医学や心理学は心身の健康状態を重視する。そして、健康や教育による能力形成は生活環境に大いに左右されるが、経済的な基盤に加えて家族やコミュニティの力によって育まれる面が大きい。

幸福感　生きる力を十分に活用できれば、幸せを実感できるというのはその通りだろう。いわゆる自己実現である。健康であれば、生活満足感と幸せ感はかなり近似するだろうが、病を得たり老年期に入ったりすると、健康は何ものにも代えがたいものになる。しかし、注意しなければいけないことは、障害を持つ人や慢性病を抱えた人、老いや死の床にある人が、必ずしも若々しく生気に溢《あふ》れた人より幸せ感が少ないわけではないということである。生きる力というのは可塑的であり、かなり柔軟性があるので、人は苦境に遭っても意味や満足を見いだすことができる。この点が、いわゆる生活満足感とは位相を異にする幸福感の不思議さである。

人の一生とは生老病死であり、人は生まれた瞬間から死ぬことが決まっている。元気なときは、そのことを忘れている。明日をも知れない命と覚悟した終末期の患者や死刑囚でもなければ、死を覚悟して毎日生きている人はほとんどいないだろう。死は生物学的な命のみならず、満足な人生や幸福感、生きがいとしていたことなどを全て奪い去るからである。その意味では死に直面することで、幸福感が著しく低下することは想像に難くない。しかし、死を覚悟した後、死を宣告される前と同様に、あるいはそれ以上の人生を生ききる人たちが少なくない。最期まで生きる姿を見た家族や関係者は、その人の死後、悲しみの中にあっても、死が遺《のこ》された人々から幸せをもぎとっていってしまう不幸せそのものではないことに気づく。

柳田邦男は、半生をかけて、近代医学から終末期・緩和ケア医療への緩やかな転換を現代医療のルポルタージュから説き、闘病記や遺族へのインタビューを通して病む人と死にゆく人の矜持《きょうじ》や覚悟から人間の幸せを描き出そうとしてきた［柳田　一九八一、二〇〇九］。ウェルビーイングにおいて最後に考えるべき論点は、死と幸せだろう。

また、現在のように緩和ケアが普及していない時代、疼痛《とうつう》が激しい慢性病の人たちはどのように生活したのだろうか。苦痛が薬剤で緩和され、最後に意識のレベルを下げて死に向かうまでの期間が大方わかっているような状態であれば、ある意味覚悟しやすい。ところが、永遠に苦しみが続き、死んだ方がましとまで思えるほどの苦しい生活を送らざるをえない人たちはどう生きてきたのだろうか。

こうした患者の数多くのライフストーリーから「病を生きる人々」の時間感覚を明らかにした研究がある。それによると、健康な人々はいつ来るかはわからない死は忘却し、中長期の人生設計を立て、ライフプランという時間の中で生活している。ところが、病を生きる人々は苦痛や障害を抱えながら病後の人生を送る。痛みや不自由さが現在を苦しみに満ちたものにし、治る見込みのなさが未来を暗くする。健康であった過去からすると現在の自分に価値はないと感じられる。慢性病を数年から数十年生きる人々は、「一日一日を生きる」という。この時を生きており、苦難に鍛《きた》えられた自己理解を持っている［Charmaz 1991］。

以上、ウェルビーイングの構造について見取図を示したので、次節では、項目ごとに宗教がなし得たこと、これからの現代宗教がなし得ることを指摘しておきたい。

(3) ウェルビーイングを促進する宗教

❖ 住みやすい社会作りに参画する宗教

この課題に関しては、拙編著『社会貢献する宗教』［稲場・櫻井編 二〇〇九］において、研究の視角や多くの教団がなす社会貢献活動を詳しく論じた。参照していただきたい。およそ、社会参加や社会貢献には二つの活動領域があり、一つは教育・医療・福祉の社会改良や社会事業に関わるもので、もう一つは社会全体の変革を目指す宗教的政治活動である。

キリスト教会の慈善活動やイスラーム社会のワクフ、仏教寺院による地域活動は、途上国において国家の福祉制度を完全に補完するものとなっており、先進国でも近年は福祉多元主義（福祉国家の限界以降、福祉や社会支援に企業、NPO、宗教団体など多様なアクターによって行政でカバーできない福祉事業を代替していく）の下、宗教系NGOやNPO（Faith Based Organization＝FBO、Faith Related Organization＝FROとも表記）の活動が、欧米や近年日本でも注目されている。

日本では西欧先進国に遅れるものの、公的扶助（一九四六年生活保護法成立、一九四九年身体障害者福祉法、一九五一年社会福祉事業法）、医療（一九六一年国民健康保険、二〇〇〇年介護保険）、年金（一九五九年国民年金法）、失業給付（一九七四年雇用保険）の法的整備がアジアでは最も早くなされ、地域自治体レベルでは一九四八年に民生委員・児童委員の任命、一九五一年から社会福祉協議会が発足するなどして地域福祉を担ってきた。そのために戦前まで政府による福祉をかなりの程度肩代わりしていた宗教団体による社会事業が戦後は後景に退き、従来の事業は学校法人・医療法人・社会福祉法人に転換されて維持されてきたのである。こうした法人や公益団体による活動は世俗化（事業の提供者も受益者も宗教者が少数になり、多数派の一般市民に合わせせられる）を免れてはいないものの、宗教団体による住みよい社会作りの活動は継続されている。

しかしながら、福祉制度の確立に遅れた他のアジア諸国やキリスト教会の影響力が強い欧米と比べると、日本の伝統宗教や新宗教には福祉の担い手という意識がかなり薄い。行政もまた、従来、政教分離の原則から宗教団体の社会活動に直接的な支援ができないために、宗教団体の力を地域福祉に生かすという意識が弱かった。ようやく東日本大震災後に、地域の神社や寺院、教会施設が避難所として活用された事例に学び、これらの宗教施設を地域防災福祉に正当に位置づけ、物資の備蓄などについて公的支援を行う動きも出てきた。

ところで、宗教団体が社会福祉から撤退し、宗教活動に専念できる環境の中で、教勢拡大に専念する教団が増えてきたのも日本の宗教的な特徴ではないかと考えられる。教団設立の理念として個人の救済と社会変革を掲げながら、救済が信者個人の現世利益に限られ、信仰の発露として布教や教団組織への貢献だけが実績として問われるような教団もある。

日本の新宗教運動は諸外国と比べて教団の数や規模が桁違いであり、教団としての歴史も長い。明治大正時代には民衆本位の救済宗教として皇道宗教化した伝統教団への対抗軸となり、高度経済成長期においても向都離村の人々や未組織労働者に社会関係資本を提供してきたと、アカデミズムにおいても一定の評価がなされている。しかし、その後、貧病争の根っこにある貧困や医療・福祉の問題が改善され、伝統的な地域共同や家族のあり方も変わってくる中で、日本の新宗教が祭祀や供養、祈願といった宗教儀礼や通俗道徳に代わる新しい人々の結集軸やモラルを構築しているのだろうか。

この点に関して言えば、戦後一貫して社会全体の変革を目指した政治活動や市民運動に関わる宗教者がおり、宗教団体がある。伝統宗教では宗教者個人の活動となることが多いが、塚田穂高氏によれば、戦後に宗教団体が政治と関わる類型として政治参加と政治進出がある。政治参加とは、自分たちの理念や変革の青写真を理解し、応援してくれる政治家を支援する、もしくは政治家にも参加してもらえる政治団体を結成する例である。政治進出は、既成政党の応援ではなく、教団自ら政党を結成して国会・地方議会に議席を確保し、政治活動を行う例である［塚田　二〇一五］。宗教団体の政治活動については毀誉褒貶《きよほうへん》や賛否両論が伴うので、ここでは社会事業と比べて宗教団体の政治活動を評価することは難しいということのみ指摘しておきたい。

現代日本の宗教が住みやすい社会作りに貢献しているかと問われれば、まさに教団、人によると言わなければならないし、日本人全体の評価として宗教による社会貢献の評価はけして高くはない。

立正佼成会による調査では、「立派な活動で、もっと活発に行ってほしい」という回答が四年前の調査より上昇して二三・九％であり、宗教団体と一緒にボランティア活動をすることに関しては四一・二％が参加を希望せず、災害時のボランティア活動に参加したいという二六・四％の数値を上回る［庭野平和財団　二〇一六］。この要因は、調査者や識者によれば、マスメディアが宗教団体による社会活動を報道したがらないことに由来するとされるが、日本の宗教団体の経済力や機動力に比して社会事業や社会支援自体が少なく、政治参加や政治進出においても国民の納得がいく成果をあげていないという現状があるのではないか。

いずれにしても、宗教が直接的に社会改革や社会福祉活動にどの程度参加できるかは、当該国の歴史や政教関係に大いに左右されるので、その社会に置かれた宗教団体の位置づけを見極める必要がある［櫻井・外川・矢野編　二〇一五］。

❖生きる力を涵養する宗教

生きる力とは、個人が持つ心身の健康や生活力と、それらを支える人間関係から構成される。アメリカでは約三〇年間にわたって心理学、公衆衛生学、社会学の専門研究者によるかなりの研究蓄積がある。その知見をまとめると、キリスト教会の日曜礼拝やボランティア活動に参加し、教会内でよき友人関係を持ち、信頼に足る牧師や神父に恵まれた人の健康状態は、そうではない人よりも統計学的に良好であるというものである。カトリックとプロテスタント、ユダヤ教や正教、モルモン教やエホバの証人など、主流派・非主流派、教派を問わず、宗教生活の規則性や集団性、人間関係への信頼や感情的やりとりの有無が重要とされる。

このような研究が行われてきた背景として、アメリカは世界に冠たるキリスト教国であり、キリスト教信者の割合も礼拝出席率もヨーロッパよりはるかに高いことが挙げられよう。しかも、地域ごとの教会（congregation）はエスニシティや階層でまとまっており、コミュニティとしての機能が強く、教会内で人間関係を構築し、仕事の口や機会を見つけ、選挙の動員もあるなど活用しがいのある社会関係資本（ソーシャル・キャピタルともいう）を信者は得られる。社会関係資本とは、互酬的な人間関係、組織や社会への信頼、そしてネットワークから構成される資本である。教会は宗教生活のためだけにあるのではなく、社会生活の基盤そのものになりうる。この点が他地域の教会、とりわけ日本のキリスト教会とは異なる。

おそらく、キリスト教やイスラームのような一神教に限らず、集団のメンバーシップが明確で共同体的特徴を持つ宗教であれば、同様の効果が確認されるかもしれない。日本でも一部の新宗教はアメリカの教会のような機能を有している。その意味では、メンタルヘルスにしてもソーシャルサポートにしても、教団宗教は信者に対して有効な生きる力を与えていると言えよう。ただし、ソーシャル・キャピタルには正負の効果があることも事実で、結束型の絆《きずな》は時にしがらみともなり、ドロドロの人間関係や縁故・コネ、改革的思考をくじく保守性としても発揮される。そのこともあって自立指向性が強まった西欧では、宗教的な共同体よりも自立的な個人の宗教性を重んじるスピリチュアリティを評価する動きが出てきているのである。

これらのウェルビーイングと生きる力にかかる海外の研究は、数百から数千人の大量観察データに関して統計的な分析を行った知見であり、国際比較調査もなされている。研究のレビューは社会学の専門誌『理論と方法』(第六〇号「主観的ウェルビーイングへの社会学的アプローチ」特集号)で詳細に述べている［櫻井　二〇一七］。また、ソーシャル・キャピタルと宗教の関係についても、筆者の既刊本があるので参考にしていただきたい［櫻井・濱田編　二〇一二、櫻井編　二〇一三、櫻井・川又編　二〇一六］。

筆者は東南アジアや東アジアにおいて宗教文化の比較研究をなし、西欧で開催される宗教研究の諸学会に参加して比較の視点を深めてきたが、宗教文化や宗教団体の特徴によってウェルビーイングに関わる領域や関わり方がかなり異なるので、コンテキストをおさえた議論をしないとほとんど意味がないと考えている。宗教がウェルビーイングに寄与するかどうかは、寄与する領域をかなり限定した上で考察するべきだろう［櫻井・外川・矢野編　二〇一五］。

本章では、現代日本の宗教がウェルビーイングに寄与できると考えられる領域を試みに列挙しておくことにしたい。

子供の社会化　伝統宗教も新宗教も家族内での信仰継承なしに教団の維持存続は危うい。次世代養成のために、日曜学校、キッズサンガや座禅教室、スカウト活動、ワークキャンプなどさまざまな取り組みを行っている。そこで、信者の子供だけでなく、どれだけ地域の子供たちを巻き込むことを念頭においているかが今後重要になるのではないか。少子化の影響で子供会活動は低落気味であり、子育てに余裕のない家族も増えて、子供食堂を開設したり、フードバンクと連携を試みたりする寺院もある。地域で気にかけてくれる大人の存在を子供時代から伝えていくことが、若者の安心感や社会への信頼感を涵養《かんよう》するのに重要ではないだろうか。

もちろん、宗教立の幼稚園・保育園、小中高等学校、大学が行う宗教情操教育の意義はあろうが、相応の学費負担をなせる家族の子弟に限られる。後に述べるOECDのBLI（Better Life Initiative）調査によれば、日本における子供の貧困率（親世帯の可処分所得中央値の半分―下から二五％）は一六％であり、OECDの平均一三％を上回る。教育財（自分の机、勉強できる静かな場所、辞書や参考書など）が四点未満の一五歳以下の子供たちの割合は約七％で、ギリシャより多い。日本の子供は、学力は高いのだが、学校への帰属感に乏しく、親が子供と過ごす時間も短い［OECD編　二〇一六：一六九―二一八頁］。

子供の貧困では、庶民が等しく貧しかった戦前戦後や高度経済成長期と異なり、一部の子たちが希望を持てずに剥奪《はくだつ》感を抱く状況が問題なのである。あしなが基金でもワークショップでも構わないが、子供たちに頑張れるという実感を与える仕組み作りを増やしたい。この領域には多くの宗教団体の参加が求められる。

郷土意識の涵養と見守り　神社や寺院などの伝統宗教が地域で果たす役割は大きい。地域では過疎や高齢化が甚だしく、神社の祭礼や行事に携わる若者を集めることが困難になりつつある。寺院もまた檀徒の高齢化と減少に寺院護持もままならない状況にある。キリスト教会や新宗教の教会でも同様のことが生じている。地域に残る中高年や数少ない若者たちは、どうやって地域で暮らし続けられるか不安を抱えているが、そうした人々と地域を最後まで見守ることが地域に根付いた神社や寺院の務めではないだろうか。

地域の祭礼は出ていった人たちとのつながりを維持し続けるし、なによりも子供たちにとって郷土意識の自然な自覚を促すことになる。檀家への月参りは檀徒の見守りにもつながる。キリスト教や新宗教の教会が週に何度か行事や仕事を作って、高齢信者が集まれる場を用意することは高齢者の地域福祉にとって重要になる。行政が手がける高齢者サロンよりも、はるかにきょうよう的である（今日の用と教養に寄与）。日本の地域社会を維持する上で伝統宗教が従前の役割を果たせるように、兼務社や兼務寺院、兼務教会の管理運営の方法について包括宗教法人が方策を示していくべきである。

生老病死への気づき　終末期ケアにおいては、キリスト教関連病院におけるホスピス、仏教ではビハーラの施設が病院や民間施設に設置されつつある。しかし、緩和ケア医療では施設ケアと在宅ケアの協力関係が求められるように、チャプレンやビハーラ僧も在宅ケアに対応した宗教者が求められる。そこで、臨床宗教師やスピリチュアルケアの資格を有する宗教者が施設のみならず地域に出て行く需要が出てくる。

もちろん、終末期に関わるといっても、自覚的な信仰者が少ない日本では一工夫が必要である。筆者は、前記の地域における見守り機能を延長したスピリチュアルケアであれば、より受容されるのではないかと考えている。日本の寺院仏教では死者供養を通して家族のつながりや死を見つめることを説いてきたのであるが、今後は人生の身じまいを始める人々に積極的に関わっていくべきである。それは何も僧侶が医療的なケアに参加することだけを意味しない。葬儀や法事を家族や子世代に委ねられない人々は、葬儀の段取りから納骨まで相談したいことは山ほどある。寺院が檀家以外の一般市民の相談に応じないのが不思議である。安心して最期を迎えられるよう手助けすることがスピリチュアルケアでなくてなんであろうか。寺は檀家のもの、僧侶は檀家に奉仕すべしという枠を破っていく僧侶や信徒がどれだけ出てくるか楽しみである。

傾　聴　生涯未婚者（二〇一五年時で五〇歳まで一度も結婚したことのない未婚者は男性で二四・二％、女性で一四・九％）が増加し、独居高齢者世帯（二〇一五年時で高齢者世帯の二五・三％）も増加する現在、人の一生は個人化のプロセスにあると言ってよい。お一人様にいずれならざるをえないのである。そこで、経済的物資を除いて最も得がたく価値があるものは、他者からの承認だろう。家族でなくとも、日常的に言葉を交わす友人・知人がいること、ネット他のメディアでつながりを確認できることである。しかし、こうした人間関係と社会関係に恵まれない人や、家族や職場の中で孤立感を覚える人も少なくない。メンタルヘルスが各所で問題になっているのは個人化の影響が大きい。

近年、傾聴ボランティアが注目され、施設訪問に加えて在宅訪問をする中高年のボランティアが増

表1　ボランティア活動参加者における主観的幸福の指標

	生活満足感（キャントリル階梯〈0-11〉）		感情バランス（ポジティブの％）	
日本	非参加	参加	非参加	参加
	5.7	6.1	77	86.9

出典：［OECD編　二〇一六：二五六頁］より作成

えている。先に述べた臨床宗教師によるケアも基本は傾聴である。ここで多くの宗教団体に提言したいのは、「傾聴」を教学・実践に適切に位置づけ、社会奉仕活動の一環として拡大してはどうかということである。その際、布教はひとまず置いておき、何度か訪問の後に、どういう動機や信念でこういうボランティアをしているのかと尋ねられたときに信仰について語る。尋ねられなければボランティアを継続するだけである。浄土や極楽、天国に行ける方法があるなどと言うことはない。そして、種々相談事をされても、教団本部を経由して行政の公共的部門にしか取り次がない。

こうした傾聴ボランティアの倫理条項を守りながら、多くの人々のウェルビーイングに寄与する行為を地域の人たちと一緒に見守り行為の延長で行う教団が増えてくることを期待したい。むろん、教団宗教では信徒自体が高齢化しており、余力がないというところが大半と思われるが、自教団においてまずは高齢信徒の傾聴を行い、その経験を地域の高齢者に広げてみてはどうかという提案である。

そして、このような傾聴ボランティアには当該の信徒にもウェルビーイングを高める効果がある。利他的行為が主観的幸福感を高める効果があることは、宗教では自明の理といったところだが、ボランティア参加者の幸福感が高く、感情のバランスがよいことは統計的に明らかにされている（表1参照）。実際、ボランティアは自身のためにやるという人が多いのである。

日本では一九九五年の阪神淡路大震災がボランティア元年であり、以降ボランティアに関わる人々が増えてきたが、他国に比べれば参加者の割合が少ない。OECD諸国におけるボランティア活動の経済的価値はGDP比の平均が一・九％であるのに対して、日本は〇・七％（最高のオーストラリアは四・七％）である。ボランティアを偽善とか、行政の責務を市民に押しつけているだけといったひねったことを言う人もいるが、およそ自分が人の助けになれる充実感や自分のお金を他人のために使う楽しさを知らない人の言い方だろうと思う。

以上、ウェルビーイングと宗教との関係を確認しておいたところで、今の日本社会において多くの人々が幸せ感を持つために、どのような課題があるかを確認していこう。

(4) ウェルビーイングの国際比較と日本人の幸せ感

❖比較の視点

幸せ感は非常に個別性が強く、状況に応じて柔軟に変化するものであることは既に述べた。しかし、同時に、ウェルビーイングの構造を考える上では、「一般的な人間」にとってのウェルビーイングをモデル的に考えざるをえない。したがって、「日本人の幸せ感」といったくくり方はおおざっぱにすぎるのだが、人間一般と個人との中間的なとらえ方とも言えよう。

本節ではウェルビーイングの国際比較を行うが、日本におけるウェルビーイングの現状と課題を知ることで、今後宗教がウェルビーイングを促進するためにどの領域で力を尽くせばよいのかがわかるのではないかと考えている。

❖世界幸福度調査で分かること

コロンビア大学の地球研究所による二〇一五年度版『世界幸福度調査』によると、二〇一二年から一四年にかけての日本の幸福度は、世界一五八カ国中で四六位である。東アジアでは、台湾が三八位、韓国は四七位、香港七二位、中国八四位、モンゴル一〇〇位である［Helliwell et al. 2015］。

世界の一位から一〇位は順に、スイス、アイスランド、デンマーク、ノルウェー、カナダ、フィンランド、オランダ、スウェーデン、ニュージーランド、オーストラリアとなり、ざっとみてわかるように、北欧の福祉先進国や自然に恵まれた国がならぶ。一一位から二〇位にはアメリカが含まれるが、中東や中南米の国も含まれている。二一位から三〇位までの間にイギリス、シンガポール、ドイツ、フランスが含まれ、残りは中東と中南米の国である。ちなみに世界で最も幸福感の低い国は、アフリカの紛争国家と、シリア、それにアフガニスタンとなったのは無理からぬことと言えよう。

この調査では、幸福度は一人当たりの国内総生産、社会福祉、健康寿命、選択の自由、寛容さ、汚職の度合い、主観的心理状態（ポジティブ・ネガティブの両面から尺度化）他で構成されている。上位国では一般に社会保障・主観的幸福感共に高く、中南米諸国は主観的幸福感が社会保障の充実度や汚職の度合いを補って余りあるほど幸せ感が強い。いわゆるラテン系と呼ばれる南欧諸国も主観的幸福感が高いのだが、これは植民国家含めての民族性か温暖な気候のせいか、それともカトリックが影響しているのか、興味深いところである。日本は社会保障の整備具合に比して、健康寿命と寛容さ、主観的幸福感が低い。

ところで、世界一幸せといわれたブータンは七九位である。ＧＮＨ（Gross National Happiness）を提唱したブータン独自の指標には、仏教への帰依や伝統文化の保持などが含まれ、日本ではブータンのブームも起きた。しかし、開国してインドから輸入物資や消費文化が流入し、人々がインターネットで海外の情報を入手できるようになると相対的剝奪感が高まり、幸福感を押し下げたのかもしれない。それでも、ブータンが金融都市国家の香港や世界の大国である中国とほぼ同ランクであることを考えれば、一人当たりＧＤＰでは最貧国であっても、かなり幸福感の高い国であることは間違いない。

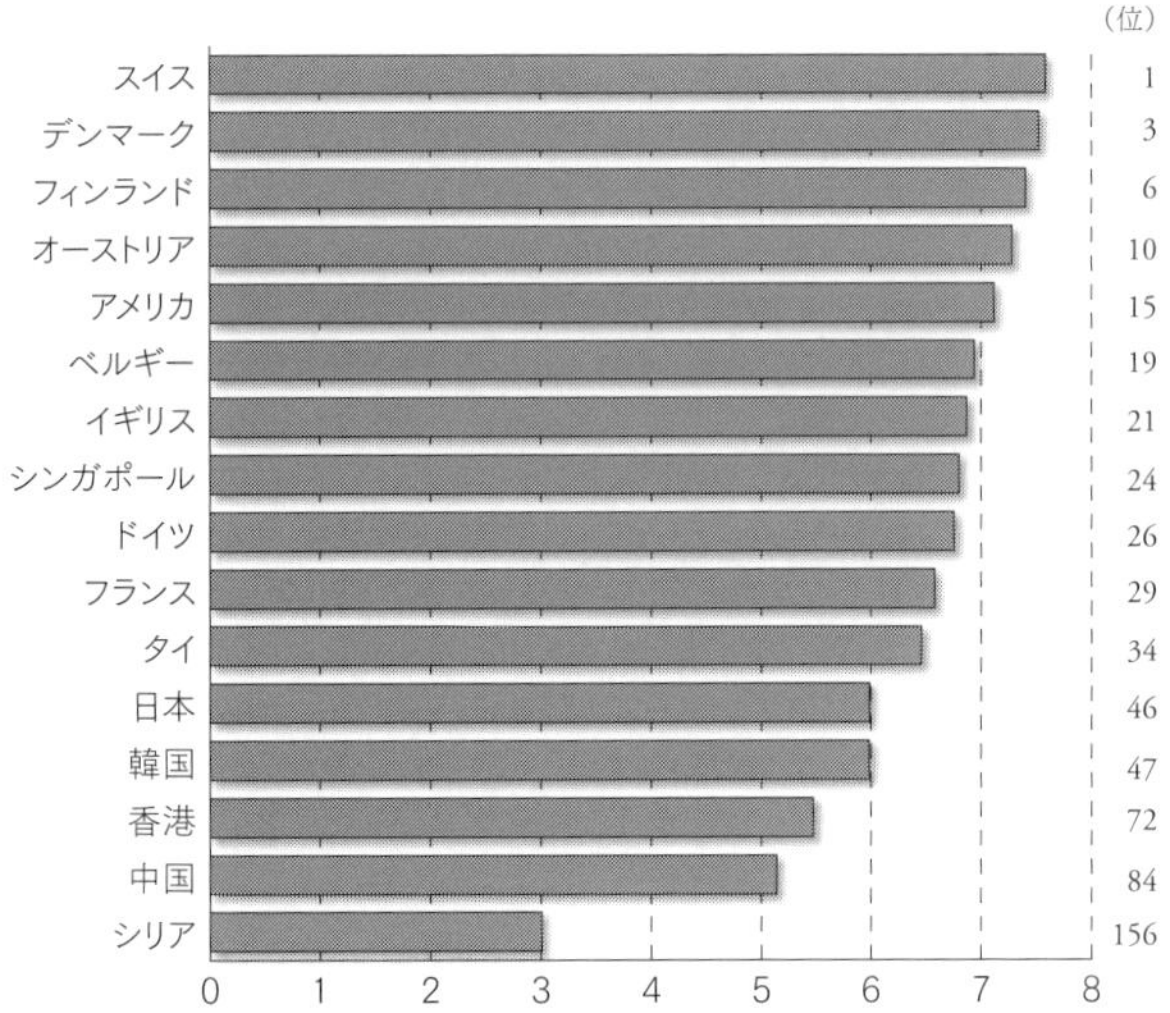

図2　幸福度ランキング2015年（主要国のみ）

出典：［Helliwell et al. 2015］

次に、国家の経済力と幸福感との関係を見ていこう。東アジアと東南アジアにおいてＧＤＰと幸福度との差が大きい国を網掛けにしてある。

表2からわかることは、日韓中（香港）の東アジア三国は経済力に比して明らかに幸福感の低い国であることである。それにインドネシアやフィリピン、ベトナムのASEAN三国も差が大きい。どうしてこのような結果になるのか。特に西欧諸国の幸福感が高くなるような偏向があるわけではない。GNHのように宗教や伝統文化に重み付けがあるわけでもない。フィリピンやインドネシアはクローニズム（縁故主義）や汚職の度合いが高く、中国は選択の自由や寛容さに欠き、習近平政権の汚職撲滅の政策に見る限り中国の縁故主義（権力闘争）は相当なものである。日本・韓国は健康寿命と主観的心理状態が低い。しかし、これらの国の共通点は、グローバル経済において勝ち組に入っているという点である。中国・ベトナムは共産党独裁の資本主義経済である。国家の政策は財閥や多国籍企業優遇であり、国内の階層格差を放置しても経済成長路線を堅持する。グローバル経済に勝ち残るための経済最優先の政策は、多くの国民のウェルビーイングを減退させているのである。

表2　GDPと幸福度との差　2016年

	GDP	幸福度
中国	2	83
日本	3	53
韓国	11	58
インドネシア	16	79
台湾	22	35
タイ	27	33
香港	34	75
マレーシア	35	47
シンガポール	39	22
フィリピン	40	82
ベトナム	50	96

出典：［Helliwell et al. 2016］とIMF, World Economic Outlook Databaseから作成

BLIが示す日本の幸福

日本の特徴を他のOECD諸国と比べるために、OECDが策定しているBLI（Better Life Initiative）指標から見てみよう。日本で上位二〇％に入っているのは、治安・収入・教育だが、下位二〇％に入っている

表3　OECDによる幸福の指標と日本の特徴

生活の質	指標	日本の特徴
健康状態	平均余命・主観的健康状態	平均余命は第1位だが、健康状態は最下位で、36％しか健康ではない
ワーク・ライフ・バランス	長時間労働・余暇時間	長時間労働、余暇時間少なめ
教育と技能	学歴・15歳時認知技能・成人力（数的思考・読解力）	学歴高めで15歳時認知技能は最上位で、成人力は最上位
社会とのつながり	社会的支援（頼りになる人）	平均的
市民参加とガバナンス	投票率	日本は低い群
環境の質	水質・PM2.5曝露量	日本は平均的
生活の安全	暴行死率・暴行被害・安全感	日本は治安上位国
主観的幸福	生活満足感	下位25％に入る

物質的な生活条件	指標	日本の特徴
所得と資産	家計の可処分所得と金融資産	所得は平均よりやや低いが、資産は第3位
仕事と報酬	就業率・失業率・平均報酬	就業率高く、失業率低く、失業可能性は最も低いが、雇用者の報酬は平均以下
住居	部屋数・住居費・衛生設備	部屋数多く、住居費高め、水洗トイレなし6％

出典：［OECD編　二〇一六：六五―一二六頁］より作成

のが健康の認知とワーク・ライフ・バランスである。平均以下になっている項目が、低い順に主観的幸福感、投票率、住環境、自然環境。平均が、社会的つながり感、上位が雇用である。

健康認知に関しては、約三六%の人々が自分の健康状態は普通かそれ以上だと認識しているが、OECDの平均は約六九%であり、日本はその半分で最下位にある。上位国は八割以上の人が健康であるという。国民皆保険制度のおかげで高度先進医療を誰でも受けられる日本において、なぜ健康認知がこれほど低いのか。そして、なんと言っても主観的幸福感が下位二五%に入るほど低い。日本は幸せ感の薄い国である。

客観的幸福度指標 ＼ 主観的幸福感指標	満　足	不満足
充　実	ウェルビーイング上位国 (A)	不一致国(日本・韓国) (B)
未充足	不一致国（中南米） (C)	ウェルビーイング下位国 (D)

図3　客観的幸福感指標と主観的幸福感指標との関連

実は日本と同様の特徴を示す国が韓国である。経済水準や医療水準が高いのに対して、主観的幸福感と健康認知が著しく低い。OECD諸国の中で、ウェルビーイングの客観的幸福度指標と主観的幸福感指標の高低を対応させると図3のようなものになる。

Aの欄にはヨーロッパの社会保障に手厚い国が入る。Bには日本・韓国、Cには中南米、Dにはアフリカやアジアの紛争地域の国が入る。アメリカはAとCの間にあるが、世界一の大国意識とチャンスのある国というイメージが主観的幸福感を上げているものと考えられる。中国はCとDの間にあり、およそ格差を縮減する社会制度を持たず、西欧的な民主主義でもない国であるために幸福感は大幅に下がるのである。

ウェルビーイングの客観的条件に恵まれながらも、主観的幸福感が低い日韓は、領土問題や従軍慰安婦に対する国家責任の表現と補償をめぐって緊張関係にある。お互いがどれほど違う国であるのかを競うような文化異質論や嫌韓論などが出回っているのだが、日韓はウェルビーイングの状態に関しては似たもの同士なのである。日韓両国は客観的幸福指標の根幹をなす経済成長と社会保障の充実に努めながらも、国民が幸せになれない原因を協力して究明すべきではないだろうか。

筆者なりにおよそ考えられる理由を挙げると、次のようになる。①高齢化によって健康寿命を超した高齢者人口の増大が健康認知を下げている可能性、②社会の医療化（健康診断の数値の一人歩きと複合的な薬剤摂取の副作用）と過度な健康意識（健康補助食品や健康法愛好者の増加によって健康の基準が上がりすぎた可能性）、③長寿化による介護・健康不安、④非正規雇用や過重な労働ストレスの増加、⑤人口減少やグローバル化による地方の衰退、⑥社会格差の増大による諦め感、⑦インターネット社会における瞬時の情報取得と比較、そのあげくの相対的剝奪感の増加である。

統計的な指標では十分把握できないが、日韓ともにこの二〇年間は国内経済が停滞気味であり、中国やベトナムなどの成長国と比べれば「これから暮らしがよくなる」とは思えない時代感覚がある。相対的に恵まれた生活ができているにもかかわらず、全体的に閉塞感や不幸せ感を醸し出している可能性が高い。

いずれにしても、日本人の幸せ感をより増やそうとするのであれば、生老病死にかかる健康観や人生観の問題に切り込まなくては、いくらＧＤＰ六〇〇兆円を達しようと再生医療や免疫細胞療法などの高度先進医療を実現しようと、数値上の改善は微々たるものになろう。この点において現代宗教に何ができるのか、最後に一言述べて結びとしよう。

むすびにかえて

本章では、宗教が人間社会のウェルビーイングにどのように寄与してきたのか、現代の国際社会や日本を取り巻く状況において日本人の薄幸感をどのように改善していくことができるのか、現代宗教の課題として試論を展開してきた。宗教は住みやすい社会作りに貢献してきたし、生きる力の涵養をも心がけて、信者のみならず社会全体への働きかけを社会事業として行ってきた。しかも、日本では戦後の高度経済成長によって社会福祉がアジアでは最も充実し、その結果として、宗教団体が社会支援や地域福祉から撤退して宗教活動に専念できる環境が継続されてきた。そのことは宗教団体が立派な外装をこらし、信者たちの満足感も大いに高める余裕を生んだが、同時に社会の公共的空間において役割を喪失する過程、すなわち世俗化にもつながっていった。そして、社会が定常的成長から人口減少時代に入り、高齢化による社会保障や福祉の限界に直面してきた段階において、他国の宗教団体が福祉多元主義の一翼を担っているような形では、宗教の社会事業を再び展開できない状況になっている。しばらく使わなかった車のバッテリーがあがってしまった状態である。機能としてのポテンシャルはあるのだが、可動させるには他の車からブースターケーブルで電気を送るしかない。北国ならではの例えを御容赦願いたい。

現代日本の宗教において宗教団体を活性化させ、社会的プレゼンスを高めるために何ができるのか。

私は、素朴に、宗教は人をどのくらい幸せにできるかという問いに答えていくことではないかと考えている。本章ではあまり個別の計量分析的な論文に言及せず、どのくらいという程度問題については語らなかった。それを言ってしまうと、日本では、年収や健康状態、保持している人間関係の方が、数倍も信仰心や宗教団体への所属より効果が高いことがわかっているからである。しかし、幸せ感というのは個別性が強く可塑性に富んでいることも本章で指摘したとおりであり、ある状況に置かれた人にとっては、宗教が提供する生きる力の方が、社会経済的な状態よりも重要である。しかも、日本のように生老病死にかかる健康観や人生観の問題に入り込んでウェルビーイングを考えるとなれば、価値観や世界観に立ち入って私たちの幸せを考えざるをえない。

付記

本章は、櫻井義秀「論説　宗教は人をどのくらい幸せにするのか?――日本人の幸福感と宗教」(『宗務時報』一二一、二〇一七年、一―一九頁)に加筆修正をしたものである。

引用文献

稲場圭信・櫻井義秀編　二〇〇九『社会貢献する宗教』(世界思想社)。
OECD 開発センター編、徳永優子訳　二〇一六『幸福の世界経済史――1820 年以降、私たちの暮らしと社会はどのような進歩を遂げてきたのか』(明石書店)。
OECD 編、西村美由起訳　二〇一六『OECD 幸福度白書 3――より良い暮らし指標　生活向上と社会進歩の国際比較』(明石書店)。

小塩隆士　二〇一四『「幸せ」の決まり方――主観的厚生の経済学』（日本経済新聞出版社）。
高坂健次　二〇〇四「頻ニ無辜ヲ殺傷シ――幸福と不幸の社会学序説」（『先端社会学研究』創刊号、関西学院大学出版会）。
櫻井義秀・濱田陽編　二〇一二『叢書　宗教とソーシャル・キャピタル1――アジアの宗教とソーシャル・キャピタル』（明石書店）。
櫻井義秀編　二〇一三『タイ上座仏教と社会的包摂――ソーシャル・キャピタルとしての宗教』（明石書店）。
櫻井義秀・外川昌彦・矢野秀武編　二〇一五『アジアの社会参加仏教――政教関係の視座から』（北海道大学出版会）。
櫻井義秀・川又俊則編　二〇一六『人口減少社会と寺院――ソーシャル・キャピタルの視座から』（法藏館）。
櫻井義秀　二〇一七「人は宗教で幸せになれるのか」（『理論と方法』三二―一、八〇―九五頁）
塚田穂高　二〇一五『宗教と政治の転轍点――保守合同と政教一致の宗教社会学』（花伝社）。
島井哲志　二〇一五『幸福の構造――持続する幸福感と幸せな社会づくり』（有斐閣）。
庭野平和財団　二〇一六「第3回宗教団体の社会貢献活動に関する調査」結果をもとにシンポジウム（URL: http://www.kosei-kai.or.jp/news/2016/12/post_620.html 〈二〇一七年一月九日閲覧〉）。
セリグマン、マーティン著、宇野カオリ監訳　二〇一四『ポジティブ心理学の挑戦――〝幸福〟から〝持続的幸福〟へ』（ディスカバー）。
柳田邦男　一九八一『がん50人の勇気』（文藝春秋）。
柳田邦男　二〇〇九『新・がん50人の勇気』（文藝春秋）。
Charmaz, Kathy, 1991, *Good Days, Bad Days: The Self in Chronic Illness and Time*, Rutgers University Press.
Helliwell, J., Layard, R., and Sachs, J., 2015, *World Happiness Report 2015*, Sustainable Development Solutions Network.

Helliwell, J., Layard, R., and Sachs, J., 2016, *World Happiness Report 2016: Update (Vol. I)*., Sustainable Development Solutions Network.

Veenhoven, Ruut, 2000, "The Four Qualities of Life: Ordering Concepts and Measures of the Good Life", *Journal of Happiness Studies*, vol.1, pp.1-39.

しあわせの神話学

英雄が運ぶしあわせ

平藤喜久子
HIRAFUJI Kikuko

はじめに

神々が結婚して島が生まれたり、太陽と月が仲違いをして昼と夜の区別ができたり、神話には奇想天外で不思議な物語が多い。しかし、その不思議な物語を伝える神話は、世界のあらゆる文化に伝えられてきたと考えられる。

はたしていつから人類は神話を持つようになったのか。文字として記録される以前のことはわからないが、いまのところ人類の最古の絵画とされているフランスのショーヴェ・ポンダルクの洞窟壁画は、旧石器時代、三万六〇〇〇年ほど前のものである。オーストリアの自然史博物館に展示されている「ヴィレンドルフのヴィーナス」（図1）と呼ばれる像は、二万四〇〇〇年から二万二〇〇〇年ほど前のものとされる。これらの芸術的な作品の背景に、超自然的な存在への信仰を見ることができるだろう。

図1　ヴィレンドルフのヴィーナス
オーストリア　自然史博物館蔵

火が今からは想像もつかないほど貴重だった頃、人は落書きをしに真っ暗な洞窟に入っていったわけではないはずだ。ショーヴェ・ポンダルクの洞窟にはマンモスや熊、ライオンなどの動物が千体以上も描かれた。

これらは超自然的な存在への生け贄だろうか、それともその存在が獲物を与えてくれることを願ったのだろうか。そのとき、その超自然的な存在がどのようなものなのかを説明する物語があったのではないだろうか。

ヴィレンドルフのヴィーナスは、まさに「ヴィーナス」と呼ばれていることからもわかるように、豊かな乳房をもち、腹部と女性器が強調された女性像だ。自然からの恵みや多産であることが、今以上に価値を持っていた時代における、女性の産み出す力への信仰、豊饒の女神をあらわした像と解釈される。この女神もまた、もたらす恵みに関する物語などを持っていただろう。こうした祖先が残してくれた芸術作品から、それに付随していたであろう神話の存在を感じることができる。

はるか昔から、人類の歴史とともに神話は存在したのだろう。神話が必要なものだったからだろうか。神話が必要である、ということはなにを意味するのだろうか。それは、神話がわたしたちの「しあわせ」にとって必要だということなのだろうか。ここでは、神話学の立場から、「しあわせ」と神話がどう関わるのか、どう関わるとされてきたのかを考えてみることにしたい。

(1) 心を知るための神話

一九世紀にはじまる神話学は、人類学や考古学、社会学など隣接分野の方法の影響を受けながら展開してきた。その目的や方法は、神話をさまざまな角度から比較・対照したり、分析したりすることで、個別の文化の特徴や、その社会に属する人たちの物事に対する考え方、また人類に普遍的な思考や観念、人類の足跡について考察することだと考える。その中には、人間の心を知るために神話を研究するという立場も含まれる。フロイトの精神分析学、ユングの分析心理学にはじまる研究である。人間にとって神話が必要か、しあわせとどう関わるか、を考える上では、まずこうした研究を参照する必要があるだろう。

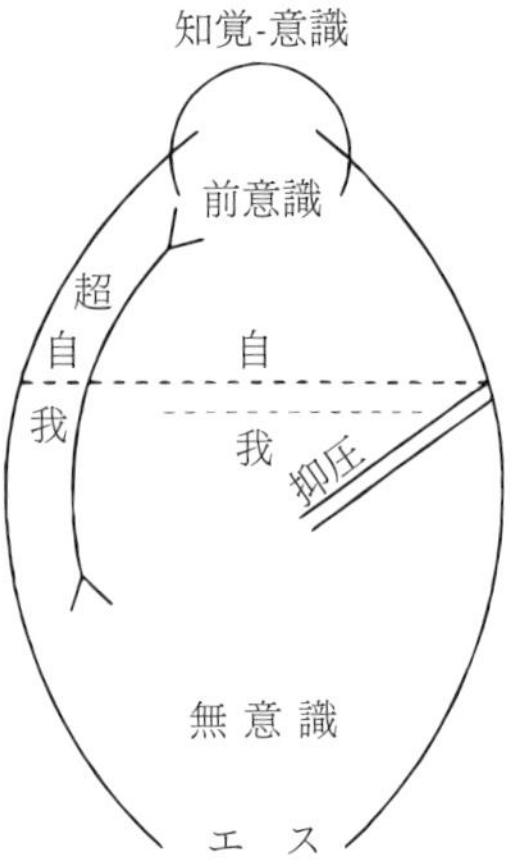

図2　フロイト　心の構造
［フロイト　一九七七：下三二六頁］

神話と心の問題に関して開拓者といえばジークムント・フロイト（Sigmund Freud　一八五六～一九三九）である。(1) フロイトは、ヒステリー研究を進めるなかで、人間の心が「意識」、「前意識」、「無意識」の三層に構造化されていると想定するようになった（図2）。この無意識の層には、「エディプス・コンプレックス」という、自分の異性の親に対して性的な結合を望み、同性の親を排除しようとする傾向、いわゆる近親相姦の欲求が抑圧されている。それは超自我の力によって意識の層に上ってくることのないようにされている。しかしときにそのコンプレックスと超自我とのバランスが崩れたりすることにより、さまざまな心因性の身体症状が引き起こされる可能性がある。フロイトは、原因不明の身体症状としてのヒステリーは、そこに起因すると考えた。

フロイトは、そうした心の無意識層とコンプレックスの存在を解明していく過程で、夢の分析の重要性に気がつく。睡眠中は超自我の働きが弱まった状態であり、無意識に抑圧されている欲求は、意識の層に上ろうとする。たとえば、「異性の親と結ばれたい、同性の親がいなくなってしまえばいいのに」という欲求は、決して意識されることはなく、無意識の層に抑圧されている。そのため自分にそのような欲求があるとは思ってもみないだろう。しかし睡眠中は超自我の力が弱まるため、意識の層へと上ってこようとするが、夢はいわば「検閲」を行うため、そのままの欲求が夢で実現されることはない。欲求は、さまざまな象徴に変換され、夢の中に現れる。誰しも経験があるように、夢は意味不明なことが多く、一貫性がないのが普通である。それはこうした夢の検閲や象徴への変換が行われているからということになるのだ。そうやってわたしたちは無意識の欲求を差し障りのない程度に解放しているということになるだろう。

心因性の問題があると想定される場合、夢の分析は重要になる。その変換された象徴を読み解くことにより、無意識の層に抑圧されているコンプレックスの問題が浮かび上がるからだ。フロイトは、その象徴の解読に神話の研究が必要だという。それは、神話もまた、夢と同じように人々の無意識にある欲求が現れたものだと考えるからである。フロイトはそのことをこう述べた。

> それは（夢の象徴のこと〔平藤〕）、いろいろな源泉から知られるのです。すなわち童話や神話から、冗談や機知から、民俗学、すなわち民族の風習、慣習、諺、および歌などに関する学問から、詩語や一般俗語からその意味を知るのです。これらの中には、いたるところに同じような象徴的な表現が見出だされます。
>
> 〔フロイト　一九七七：上二一八頁〕

象徴的に表現されている夢の隠れた意味を明らかにするためには、同じく象徴的な表現に満ちた神話の分析が欠かせないということである。神話は集団の夢として個人の夢と同じ方法によって解釈できるという視点がここで提示された。

そして、神話を用いて個人の無意識を解釈することが、治療に重要であるということは、わたしたちのメンタルヘルス――それはときにはメンタルだけに留まらない症状も含む――の回復や維持に神話が役立つことを意味する。フロイトの研究は、神話に対して、わたしたちの「しあわせ」にメンタルヘルスという点で役立つものであるという新たな価値を付与したといえるだろう。

神話に心との関わりからより積極的な意味を見いだしていったのがユング派である。フロイトの影響を受けたユング（Carl Gustav Jung　一八七五―一九六一）だが、のちに無意識のとらえ方を中心にフロイトの枠組みから大きく乖離していく。ユングは、フロイトが無意識の層としていた部分を「個人的無意識」と人類に普遍的に存在する「普遍的無意識（集合的無意識）」とに分け、また無意識が創造的な働きをすることにも注目した。

とくに神話との関わりで重要なのが元型という発想である。元型とは、集合的無意識を構成するもので、夢や神話の中に現れてくるイメージやモチーフを生み出す素《もと》になるものである(2)。人間に普遍的にみられるもので、生物学でいうところの行動様式にあたる。ユングは、「機能的な素因(3)」、「表象を形作る傾向である(4)」とか、誰もが持つ「心的器官(5)」であるという。神話のストーリーや神々の性格付けや姿は、この元型が生み出していると考えられる。

個人を越えて受け継がれる元型がさまざまなイメージを作り出していく。たとえば、わたしたちが

「母親」という言葉を聞いたときにイメージするものとは、自分が直接体験した母親、あるいはテレビドラマや小説などで見聞きした母親からのみ作り上げられるわけではなく、この元型の影響を受ける。そのため個人を超えて母親のイメージは類似していくことになる。こうした母親の元型は、太母（グレート・マザー）元型と呼ばれている。

その母親のイメージは、自分の母親に投影されたり、自分が母親になるときの姿に投影されたりもする。さらには他人にも投影される。自分と無関係の母親である人に対しても「あの人は母親らしくない」などというような批評をしたり、母親らしくないふるまいに腹立たしさを感じたりするのは、こうした元型との齟齬があるからであろう。

ほかにも元型としては、アニマ（男性の集合的無意識に潜む女性的なもの）、アニムス（女性の集合的無意識に潜む男性的なもの）、老賢者、自己、影、トリックスター（いたずらもの）などを挙げることができる。こうした元型は、自分がさまざまな場に応じた振る舞いや、年齢相応の態度などをする際や、他人を判断するときの視線にも影響を及ぼすものである。

そしてユングによれば、神話とはこうした人類に普遍の元型によって生み出されるものということになる。たとえば、日本神話のイザナミは、夫のイザナキと結ばれ、たくさんの島や自然界のものを生み出していく、まさに万物の母である。しかしその一方で死後、死者の行く黄泉の国の主となり、人間に死を定める。殺す母でもある。ギリシャ神話のガイアは、まさに大地の女神として神々を生み出すが、自分が生み出し、夫としたウラノスを息子のクロノスに害させる。その結果ウラノスは男根を切り取られてしまう。生み出す母であるとともに奪う母でもある。あらゆるものを生み出す母が、

図3　縄文のヴィーナス
茅野市尖石縄文考古館所蔵
出典：『棚畑』茅野市教育委員会、1990年

奪う存在にもなる。そのような二面性を持つ母神の存在は、ほかの神話や昔話にもみられる。ユングによれば、太母（グレート・マザー）元型は、産む母でもあり、あらゆる物を飲み尽くすものでもあるという両面を持つものである。それが神話のなかの母神の姿にもあらわれているということになる。

　冒頭に述べたヴィレンドルフのヴィーナス像と日本の縄文時代に作られた縄文のヴィーナスと呼ばれる土偶は、いずれも豊饒の大地母神をあらわすと解釈されているが、そのふくよかで胸や腹部が著しく強調された姿は類似しているといえる。イメージされる容姿もまた、元型が生み出すものである。

　人間の無意識にある元型が生み出したものだからこそ、現代に生きる個人の見る夢や空想が、はるかに古い時代に成立した神話と似ることもあれば、距離的に遠く隔たった地の昔話などに似るということが起こり得るのである。また、日本神話のイザナミとギリシャ神話のガイアのように客観的には影響関係を推定できないような遠く隔たった地域の間に、よく似た神話が見いだされるのも、同じ元型が生み出したという理由によるのである。

さらにユングは集合的無意識には、民族に共通の「民族的無意識」や家族に共通の「家族的無意識」なども含まれると想定した。ということは、神話についていうと、人類に共通の元型を表現している場合もあれば、同時に民族に共通の元型も表している場合もあるということになるだろう。日本人に共有されるような母親イメージもあれば、民族を越えた母親イメージもあるということである。

そして日本の心理学に関していえば、ユングのいう集合的無意識、民族的無意識の考え方が大きな影響力を持ち、日本神話についての研究もこの観点から展開していくことになった。日本神話からの心理学的な「日本人論」の登場である。

日本では一九七〇年代頃からユング派の研究が盛んに紹介されるようになり、スイスのユング研究所に留学する研究者も増えていった。そして帰国後研究成果を発表するという流れがでてくる。そのなかでもっとも影響力を持ったのが河合隼雄（一九二八—二〇〇七）であろう。箱庭療法という心理療法をはじめて日本に導入し、臨床心理士という資格の創設にも尽力。文化庁の長官まで務めた。わかりやすい文体の著書を多く刊行し、日本にユングの名を広め、心理学人気を支えるとともに、日本人論、日本文化論の論者としても知られた[6]。

河合の主な研究の一つに、日本人の民族的無意識を日本の神話や昔話から明らかにしようとするものが挙げられる。彼が日本神話について論じた代表的な論文に『中空構造日本の深層』（一九八二年）所収の「『古事記』神話における中空構造」がある［河合　一九八〇］。彼は日本人の心のあり方が、西洋人とは異なっているため、欧米で学んだ心理療法を、日本人にそのまま適用することができないことに気付いたことにより、日本人の深層心理を明らかにするために、日本神話を分析する必要性を認識するに至った。そのことを、次のように説明している。

そこで、日本人の心の在り方を深層に至って研究するために、われわれは個人の無意識的な心的過程の表現としての、夢や自由連想、絵画などの表現活動を素材として取りあげるが、一方、日本人全体としての心の深層構造を知るために、神話を重視するのである。ここに神話に対する筆者の関心が生じてくる。

［河合　一九九九：三二頁］

この論文で河合が注目したのは、古事記に三柱の神が登場する場合、そのうちの一神が「中空」であり、ほかの二神が対立的になるという点である。たとえば古事記の冒頭に登場するアメノミナカヌシ、タカミムスヒ、カムムスヒは、造化三神と呼ばれ、一見重要な位置づけを持たされているかのようであるが、アメノミナカヌシはまったくの無為である。そしてタカミムスヒは、高天原でアマテラスとともに活動することが多く、司令神として働く。カムムスヒは地上世界の葦原中国で、オオクニヌシが火傷を負って亡くなるという事態が起こったとき、オオクニヌシの母の願いを受けて貝の女神を派遣し、復活させる。働きかける場がタカミムスヒ・高天原、カムムスヒ・葦原中国と対比的である。河合は、このようなタカミムスヒとカムムスヒについて、それぞれ男性原理と女性原理を対立的に表していると考える。

イザナキが禊ぎをして生み出したアマテラス、ツクヨミ、スサノオという三柱の神は、とりわけ貴い神ということで三貴子と呼ばれる。この三神のうちでは、ツクヨミが、夜の国を治めることを命じられるだけで、その後全く登場しない無為の神であり、日本神話の主役ともいえるアマテラスとスサノオは、高天原において対立する。さらにアマテラスの孫であるホノニニギと、山の神の娘コノハナノサクヤヒメの間には、ホデリ、ホスセリ、ホオリという三柱の神が生まれるが、二番目に現れたホスセリは名前しか登場せず、神話は兄ホデリを海幸彦、弟ホオリを山幸彦と呼んで、二神の対立を描いていく。

これらの例から河合は、古事記には無為の神をはさんで対立原理がバランスをとっているという構造がくりかえし出てくることを指摘し、「日本神話の中心は、空であり無である」と述べ、そういった構造を「中空性」と呼んだ〔河合　一九九九（一九八二）：四〇―四一頁〕。日本神話では、何かが中心にあるということはなく、中空の周辺を巡回しながら展開する。西洋的な正・反・合という弁証法の過程ではなく、「正と反は巧妙な対立と融和を繰り返しつつ、あくまで「合」に達することがない。あくまでも正と反の変化が続」〔河合　一九九九：四六―四七頁〕けられるという特徴を持つと論じた。

このような構造は、日本人の思想、宗教、社会構造の「プロトタイプ」となったと指摘される。まさに日本神話から日本人論が展開されたのである。

その後も河合は、日本の神話や昔話を心理学的な観点から分析し、ときに臨床の体験を交えて論じた。日本人の心について考え、治療を行っていく上で、神話の研究が必要であることを述べ続けた。(7)

「しあわせ」については、『しあわせ眼鏡』（海鳴社、一九九八年。二〇一四年に『河合隼雄の幸福論』というタイトルでＰＨＰ研究所から復刊）を出版している。幸福とは何か、どうすれば幸福になるのかを学術的に論じているわけではなく、日々の読書や人との関わりを紹介しながら、そこに幸福について考えるヒントを見いだそうというものである。たとえば「満ち足りた人生」という項では、イタリアの民話の「満ち足りた男のシャツ」を取り上げる。この話は、ある国の王が、自分の息子をしあわせにするために必要だとされた、満ち足りた男のシャツを得ようと、条件に合う男を探す。しかし、聖職者も他の国の王も、一見満ち足りているようでいて、実は欲にとらわれていることがわかる。なかなか見つからないなか、ようやく探し当てた満ち足りた男は、シャツすら着ていなかったという話である。「満ち足りる」というときには、何かを得ようとすることを考えるが、この話は「何も持たない者こそ満ち足りている」ことを逆説的に示す。「昔話はそのようなことを語るのに向いているようだ」と述べている［河合　二〇一四：七四―七七頁］。このように昔話や神話を手がかりにして、さまざまな角度から「しあわせ」を論じる。

そして、後半では「幸福の条件」というテーマで、次のように述べている。

人間が幸福であると感じるための条件としてはいろいろあるだろうが、私は最近▽将来に対して希望がもてる　▽自分を超える存在とつながっている、あるいは支えられていると感じることが出来る――という二点が実に重要であると思うようになった。

河合が多くの人々（物語の登場人物も含む）と治療や講演や書物や神話、昔話などを通して出会う中で感じた幸福の条件なのだろう。この『しあわせ眼鏡』は、本論の観点からすれば、神話の学びが、人間が「しあわせ」について考えたり、「しあわせ」とは何かについて気づきを得るきっかけを与えることを示す。神話についての学びがメンタルヘルスの観点から有用であると評価したものということができる。

(2) カウンセリングに役立つ神話

さて、日本では、河合隼雄を代表とするユング派を中心として、心理カウンセリングの場に神話を役立てるという展開がもたらされることとなった。そうした研究のいくつかを紹介してみよう。

精神科医でもあった織田尚生は、『王権の心理学――ユング心理学と日本神話』や『心理療法と日本人のこころ――神話を生きる』を著わし、心理的危機を乗り越えるための神話の必要性を論じた。『王権の心理学』では、日本神話の世界観の成立過程を、個人の心が危機的な状況からの回復していく過程と重ね合わせ、統合失調症の患者の内的世界を回復するプロセスとの共通点を論じた。

織田によれば、人が心の危機状況に陥ると、心の中の構造が破壊され、混沌とした状態になる。心が混沌とした状態から回復していく過程では、まず心の深層に中心となるセルフが生じ、そしてセルフに深層が集中し、そこから内的宇宙が再構築されていく。

たとえば、織田が春男氏と呼ぶ分裂病（刊行時、ママ。現在では統合失調症と呼ぶ）の患者は、入院時には「言語によって彼を理解することは、ほとんど不可能」［織田　一九九〇：七頁］という状態であった。そこで画用紙とクレヨンを渡し、自由に使ってもらうようにした。すると最初のうちは、混沌としかいえない、形をなさない、ただ色を無定形に塗るだけのものを描いた。このような「混沌」は、日本の神話が原初において混沌からはじまることを想起させ、そこから中心が発生し、コスモスが形成されていくプロセスを予感させる。日本神話では、原初の混沌の中に神々が発生し、イザナキとイザナミという夫婦神があらわれ、子供として世界を生み出していくことになるが、そのときイザナキとイザナミは、天から矛を差し入れて、海を攪拌し、その矛の先端から落ちた塩がかたまってできたオノゴロ島という島に降り立って結婚をした。混沌とした状態から次第に軸が定められ、世界が形成されていく様子が描かれる。この春男氏は、混沌の描写を行った後、攪拌するようにクレヨンを回転させはじめたという。この攪拌の行為は、四カ月間毎週一回続けられる。こうした様子に織田は、コスモスの構築の始まり、創造の場としての中心、すなわちセルフの形成を読み取った。クレヨンは、神話のなかの矛と同じ役割ということだろう。そして日本神話では中心たる最高神で太陽神であるアマテラスが生み出され、彼女が天の岩戸に籠もるなどの死と再生を意味するような事件を体験しながら、コスモスを構築していく。面白いことに、攪拌をしていた春男氏も、太陽を描くようになる。はじめは複数の太陽であったが、次第に一つの太陽を描く。そのときはじめて織田（治療者）の名を呼び、太陽とは織田のことであると述べたという。複数の太陽が一つになったのは、中心が統合されたことを意味すると解釈される。

このような春男氏の例だけでなく、さまざまなクライエントの絵や夢や発話が紹介されながら、そこに日本神話のイメージが重ね合わせられる。神話は、クライエントの状況が現在どうあるのかを考える上での参照枠として使用されているということだろう。

そして『心理療法と日本人のこころ』では、そうした知見から、日本人がそれぞれの「神話を生きる」重要性を論じる。とくに興味深い点は、大嘗祭と心理療法の類似を指摘していることである。大嘗祭は、天皇が即位してはじめて行う新嘗祭をいい、即位儀礼の一つとしておこなわれる。天皇にとってきわめて重要な儀礼である。織田は、その大嘗祭を「宇宙更新のための儀礼」と位置づける［織田　二〇〇五：二一三頁］。大嘗祭では、大嘗殿に御衾という布団が置かれる。この御衾について、日本書紀の中でアマテラスの孫のホノニニギが、天孫降臨の際にくるまれていたという真床追衾を意味すると解釈し、「天皇候補者が真床覆衾に包まれて天上から地上へと、最初の王として降下した嬰児ホノニニギの物語を生き抜くことを意味する」と述べている。この真床追衾にくるまれた天皇、ホノニニギのイメージは、織田自身が心理分析を受けている際にカウチ（寝椅子）に横たわっているときに感じた感覚と類似するという。それはまさに「天孫降臨の神話を生きていた」ことになるという。

織田によれば、このときのカウチは、神話を生きるための仕掛けだったという。そこからカウチの必要性を説く。それは心の内なるカウチでもいい。クライエントは心の中で新しい天皇志願者となってホノニニギを生き、「こころの宇宙を更新するために異なる宇宙領域間を移動する」。カウチに座ったり、あるいはその状態をイメージしたりしながら、何かにくるまれて移動しているような感覚を体験することが、擬似的な儀礼となり、心の癒やしが行われるということだろう。カウンセリングの空間が儀礼空間にもなるのだ。

この真床追衾と大嘗祭を結びつけた解釈は、もともとは折口信夫が「大嘗祭の本義」（一九三〇年）で述べた着想であり、この織田の論は、折口の影響を受けた西郷信綱に影響を受けているようだ。現在の大嘗祭の研究からは異論も出されるであろうが、神話的な儀礼を心の癒やしのプロセスと重ね合わせ、それが「神話を生きる」ことであると提示している点は独創的である。わたしたちのしあわせのためには「神話を生きる」ことが重要であるという指摘だろう。

横山博は『神話の中の女たち　日本社会と女性性』で、日本神話の女神に注目する。出発点は日本社会を「母性社会」と特徴づけた河合隼雄の論である［河合　一九七六］。横山は、日本神話に登場するイザナミやオオゲツヒメ、トヨタマビメといった自己犠牲的な母神的存在を分析し、これを「母親元型」とよぶ。

イザナミは、島や自然界を生み出していくが、その最後に火を生み、出産の際に大やけどを負って亡くなってしまう。自分の死と引き替えに人類に有益な火をもたらした女神といえる。オオゲツヒメは体内から食物を出す女神であるが、その様子をスサノオに見られ、汚いことをするといって斬り殺されてしまう。その死体からは五穀が生まれた。海の神の娘であるトヨタマビメはというと、元の姿で出産するためその姿を見ないでほしいと夫に頼むが、覗かれてしまい、生まれたばかりの子を地上に残して海の世界へと帰って行く。

このように自分を犠牲にして生み出し、育てる母が描かれる。横山はこれらの女神が繰り返して描かれるのは、「母親元型の肯定的な側面」が重視されているためだとする。こうした女神たちの存在は、日本人の女性に対して強制力として働いており、個性化を求める女性に対しては圧力となる。

他方で、日本神話にはアマテラスやアメノウズメといった母親元型とは違って、神話の中で性格を変化させる女神も登場する。たとえばアマテラスは、スサノオに武装して立ち向かう男性的な神として現れる一方で、弟スサノオの乱暴をかばおうとする女性的な側面も見せる。男性性と女性性の二面性が分裂した状態である。それが、スサノオの乱暴を恐れて天の岩屋に閉じこもり、女性器を露出させたアメノウズメの力によって呼び戻され、復活する。その後のアマテラスは、最高神にふさわしい寛大な支配者としての行動を取るようになる。この神話は、横山によればアマテラスが女性性を統合させ、男性性とのバランスをとることに成功したことを意味するという。このような変容を遂げるアマテラス像は、西欧の女神と比してきわめて特徴的であるとした。横山は、臨床事例を挙げながら神話を理解し、またクライエントの夢も神話と重ね合わせながら理解していく。神話の女神が現代の日本人女性に元型としてどう働きかけているのか、またどう女神たちを参照していくことができるのか、可能性も指摘したといえよう。

心理臨床の場における神話の積極的な活用は、このようにユング派の研究者たちによってさまざまに論じられてきた。なかでも老松克博は、「臨床神話学」という立場を提唱している。『スサノオ神話でよむ日本人』では、日本人の自我を日本神話から探ることを試み、とくにスサノオとアマテラスを「日本人の元型」として重視した。老松によれば、アマテラスの岩屋戸籠もりは、「抑うつ」状態を意味しており、そのような症状は、臨床的には「自己愛性的人格障害」の特徴である。

スサノオについては、激しく号泣する神と描かれる。高天原へ上るときには、国土が揺れた。この国土の揺れは「けいれん」を連想させるため、このようなスサノオの症状は、臨床的に「てんかん」であることを示すという。そして現代の日本は、アマテラス的な「自己愛性的人格障害」に由来する誇大さが極限に達している状況にあるため、スサノオのような、ときに「てんかん」症状を想起させるような破壊力を肯定的な方向に実現させる必要があると述べている。そしてスサノオを実際に生きた人物として、宮沢賢治、斎藤茂吉、南方熊楠を挙げ、現代の日本人にも破壊力を肯定的な方向に実現させ、高い創造性を発揮するスサノオ的な傾向が必要であると結論づけている［老松　一九九九］。

この研究を老松はさらに展開させ、『人格系と発達系　〈対話〉の深層心理学』（講談社選書メチエ、二〇一四年）を出版する。このなかで老松は、人間関係における各種の問題の背景には、無意識のなかにある「対立」的傾向を投影させることにあるとし、その対立を複雑化させたり、激化させたりする二つの性格類型を「人格系」と「発達系」と呼んだ。人格系とは、「将来を思い悩んだり、過去を悔やんだり、あれこれの葛藤を抱えながら生きること」が特徴。「極端になれば人格障害」の可能性。「そこそこなら健常者」、「多数派」である。

発達系は、「目の前のことに熱中していて、ほとんど葛藤しない」、「ほどほどは知らない」、「極端になれば発達障害」、「ユニークな少数派」である。この二つの傾向の典型的な存在は、日本神話に登場するアマテラスとスサノオである。アマテラスは人格系を代表し、スサノオは発達系を代表する。この二神は否応なく対立していくのである。わたしたちはそれぞれのもつ傾向に応じ、他人にアマテラスやスサノオを投影して、対立をしていく。それを和解へと向かわせるための「言向け」としての対話の必要性を論じている［老松　二〇一四］。

いずれの著作でも具体的な症例が挙げられているわけではないが、出口王仁三郎や南方熊楠、宮沢賢治などの歴史上の人物が分析されている。「臨床」というように、実際の人間関係において、神話は相手を理解する上で参考になるものと意義づけられているのだろう。

これらの研究において神話は、カウンセリングに役立てられ、クライエントの治療法の構築作業上、重要な準拠点とされているといえよう。神話のなかのアマテラスは、私たち現代人の女性にも共感を与えるものであるし、「わたしもアマテラスだ」と感じることが心理的にプラスに働くこともあるだろう。現実社会で問題を抱えたとき、神話における神々の行動を参照し、「あのとき神々はどう危機を乗り越えたのか」を考えることが、なにかヒントを得るきっかけになるかもしれない。さらに「自分のなかのスサノオ」の存在を感じ、向き合うことで、他者との付き合い方を見直すこともあるだろう。

こうした神話解釈の多くは、分析者であるセラピストが目の前のクライエントとの関係を築く中で生まれてきたものであり、解釈には異論もあるかもしれない。しかし、神話を古代の遺産とだけ考えるのではなく、古代から現代へと受け継がれた日本人の心性を説明する手がかりと位置づけることにより、メンタルヘルスの観点から神話をわたしたち日本人の「しあわせ」(well-being)に生かす可能性が生まれたということもできるだろう。

(3) 英雄神話の可能性

前節までは日本で展開した神話の心理学的分析と、そこから導き出された日本人論、カウンセリングに役立つ神話という考えについて紹介してきた。ユングの影響が色濃いという点では彼らと共通するが、より広い視点から、人間が生きていく上での神話が果たす役割の大きさを積極的に評価したの

図4　ペルセウスの怪物退治

ピエロ・ディ・コジモ「アンドロメダを救うペルセウス」　ウフィツィ美術館蔵

がアメリカの神話学者ジョーゼフ・キャンベル（Joseph Campbell　一九〇四〜一九八七）である。よく知られた著書、講演集等には『神話の力』（共著、一九九二年）や『生きるよすがとしての神話』（二〇一六年）、『時を超える神話』（一九九六年）などがある。これらのタイトルにもあらわれているように、キャンベルは現代とは遠く離れた過去に生まれた神話であっても、わたしたちが生きていく上で役立つ知恵や哲学があると考える。そうした「神話の力」を現代によみがえらせ、人間が生きていくための推進力にしようとした。

そのキャンベルがとくに注目したのが英雄神話である。英雄は個人を越え、地域を越え、時代を越えてあらわれ、わたしたちに教訓を与えてくれるという。英雄神話研究の代表的な著作である『千の顔を持つ英雄』（原著一九四九年）では、英雄が神話のなかで経験する危機は、わたしたちに多くの課題を教えており、そこから「人間に役立つ実践的な教え」を導き出すことも可能だと論じた。

キャンベルは英雄の冒険の根本には、通過儀礼のプロセスを説明する「分離——イニシエーション——再生」があるという。これがさまざまな形で拡大され、複雑化されて語られていく。どんな英雄の物語でも、この公式が抽出できるとし、彼は神話だけでなく、おとぎ話や歴史的記述、さらにはブッダやイエス、ムハンマドなども分析の俎上にあげていく。日本からもアマテラスやイザナキが取り上げられる。

たとえばイザナキの神話は、英雄の帰還をめぐる章で取り上げられる。英雄は冒険をし、果たすべき使命を終えると、もとの世界へと帰って行く。その際に人々をはらはらさせたりするような妨害に遭うことがある。そしてその困難を英雄は呪力をつかって乗り越え、逃げていく。一般に「呪的逃走」と呼ばれる話である。ウェールズの伝説の英雄であるグウィオン・バッハは、魔女のような女神の薬物を奪ったために追いかけられる。その際野ウサギに変身したり、魚に変身したりして逃げたとされる。ニュージーランドのマオリ族には、妻が子供を飲み込む恐ろしい存在であることがわかった漁師が、子供を連れて逃げる話が伝えられる。このとき漁師は木立やゴミ捨て場、寺院に自分の代わりに返事をするように頼みこむ。妻は、返事のする方向へ向かっていく。それを繰り返している間に漁師と子供たちは逃げることに成功する。日本の昔話「三枚のお札」ともよく似た話だ。

イザナキは亡くなった妻を連れ戻しに、死者の国である黄泉の国に出かける。イザナミによる「見るな」という禁を破り、腐乱して恐ろしい姿となった妻の姿を見てしまい、逃げだそうとするが、イザナミは黄泉の国の醜女たちや黄泉の国の軍勢を遣わして追いかけさせる。それに対しイザナキは、髪飾りを投げる。するとそれはブドウに変わり、醜女たちは食べる。その間にイザナキは逃げる。さらに追いかけてくるので、次にクシを投げるとタケノコに変わる。それも醜女たちは食べる。イザナキは逃げる。こうして最後桃の実を投げて、皆逃げ帰っていき、黄泉の国からの帰還に成功した。ギリシャ神話で黄金の羊毛を獲得したイアソンも、帰還の途上に出会ったメデイアのところからさまざまな呪力をつかって逃走する。

これらの神話、物語のなかには、成功するものもあれば失敗するものもある。どのような結果であれ、英雄が危機に直面するのは、危機を乗り越えた者にこそ人間は感動するからである。キャンベルは、そうした危機のもつ意味の考察が人間にとって役に立つのだという。

キャンベルは、神話の役割についてこう述べている。

神話という効果的な受戒形態の学習、経験、理解を通じて若者は教育され、老人は叡智をあたえられてきた。というのも神話は全人類のプシュケに内在する生気溢れるエネルギーを、現実に触発させ活用しているからである。

［キャンベル　一九八四：下七七頁(8)］

神話は、決して過去の物語、古典ではなく、現代的な意義があり、それは人間が生きていくためのエネルギーになるということである。

キャンベルが自ら『千の顔を持つ英雄』の「序文」のなかで認めているように、伝えられた時代や場所の違いを無視し、世界中から神話や民話、歴史伝承を集めて、英雄を語るという方法には、学術的な批判も少なくない。しかし、にもかかわらずそこに立ち現れてくる「類似」に注目し、人類に共通する英雄のストーリーを析出するという試みは、人々を魅了する。新たな物語を創作する人々にとって、この本は今も参照され続け、創造力を刺激している。

キャンベルの研究を参考としたといわれる「スターウォーズ」シリーズに限らず、見渡してみれば、多くの小説や映画やマンガやゲームなどのなかにキャンベルが取り上げたような英雄の物語を見ることができる。少年は、あるときみずからの使命を知り、育った場所から旅に出て、女性と出会い、困難に立ち向かう。竜蛇が典型的だが、怪物退治をすることが多い。英雄は知恵や力でその困難や敵を乗り越える。助けた女性と結ばれることもあれば、結ばれないこともある。

任天堂のファミリーコンピュータ用のゲームソフトとして開発された「スーパーマリオブラザーズ」は、一九八五年に発売されて以来、多くのシリーズを生み出した人気作品である(9)。そのゲームの内容といえば、カメの怪物クッパがキノコ王国のピーチ姫をさらってしまったため、配管工のマリオとルイージ兄弟が姫を助けようとさまざまな障害を乗り越え、クッパの城へと向かい、対決するというものである。多くの人を熱中させたこのゲームの基本は、英雄神話である。ゲームであれば、ただ跳んだり物を投げたりして障害物を乗り越えるだけでもいいようなものだが、そこにはピーチ姫を助けるという目的を持った物語がある。そして場面が進むにつれて難易度も上がっていく。つまり英雄・マリオは成長していく。最後に姫を助け、「Thank you Mario!」と言われることによって、マリオと一体化しているプレイヤーは、達成感を得るのだろう。大げさな言い方かもしれないが、ゲームを通して英雄の物語を生きているのだ。それによって得られる達成感は「しあわせ」といえるのではないだろうか。

英雄の神話は、その時代その時代のメディアのなかに繰り返し現れ、わたしたちはそれを鑑賞したり、読んだり、またゲームをプレイしたりして体験する。それによって幸福感を得る。では、なぜ、英雄体験がしあわせをもたらすのか。その答えに達することは難しいが、近年著しく研究が進んでいる脳科学や進化心理学がヒントを与えてくれるかもしれない。

最近の研究では、神話の誕生は人間のいわゆる社会脳の誕生と関わるともいわれる。社会脳とは、他人の感情や性的なサインを読み取るために発達したもので、人類がそれを獲得したのは約二〇万年前にまで遡るともいう。この能力を獲得する際に、さまざまなものを擬人化（anthropomorphize）するという傾向も得た。つまり、顔を認識し、顔色を読み取ったりする能力が高まるなかで、無生物のなかにも「顔」を見いだし、生きているものだと認識したりする傾向である。こうした能力が、自然のなかに神を感じさせたりするという。そしてその神は物語を持つようになる。神話の発生である。となると、神話と人間との付き合いは、人間が人間になったときからずっと、ということになる。

では、そのときの神話はどのようなものだったのだろうか。神話学者のスティーヴ・ファーマー（Steve Farmer）は、その原初の神話にたどり着くためには、さまざまな地域に共通の神話の分析が有効であると考えている。もちろん、神話は環境によって変化を受けるが、そうした変数を考古学的な資料に基づきつつ考慮しての研究が必要であるという。(10) 世界中で英雄神話が語られ、しかもあちらこちらで怪物退治が行われているということは、それだけ英雄神話が古いということを意味していると考えられる。人類がいつも語っていた英雄の神話。人間は、生きていく上で英雄の神話を必要としてきたという可能性があるのではないだろうか。英雄は、古くから人類にしあわせをもたらしてきたということだ。

おそらくわたしたちのずっと昔の祖先が、アフリカで数百人程度の小規模の集団を形成して暮らしていた頃、医療も未発達で、今よりもきわめて過酷な環境にあっては、平均寿命はずっと短かく、健康な若者を中心とする社会だったろう。その頃の人々を勇気づけ、理想とされた存在は、危機を乗り越える英雄だったのではないだろうか。誰もが英雄になる可能性があり、誰かが英雄にならなければならない社会であっただろう。

発達心理学の研究によれば、わたしたちはきわめて古い時代の記憶を習性の中に残しているらしい。たとえば、人間がヘビを怖がるということは、生まれつきであるという。ヘビを見たことのない幼児であっても怖がるという研究結果も出ている［Masataka, Hayakawa, Kawai 2010］。その理由として、われわれの遠い先祖が狩猟、採集生活をしていた頃に身近にあった危険がヘビであり、それが今のわれわれの習性にも残されているからということが考えられるという[11]。狩猟、採集生活をしていた頃の記憶がわれわれの中に受け継がれる可能性があるのだとすれば、蛇形の怪物を退治する英雄の像が、いまのわたしたちにとっても英雄であって不思議ではないように思われる。そしてその英雄に価値を置き、それが目指すべきものであることを確認する上でも、英雄の神話は必要とされる。英雄の神話を体験すること、知ることがわたしたちの楽しみになり、「しあわせ」につながるのは、狩猟、採集時代の先祖から受け継いだ力なのではないだろうか。

おわりに

　わたしたちが神話から受ける恩恵は計り知れない。物語として味わい、楽しむだけではなく、他地域の神話と比較をすることによって、その文化の来歴を考えることもできる。また神話の比較から人間がアフリカで誕生してから、世界中に広まっていった足跡、いわゆる「グレートジャーニー」の解明にも資すると考えられている。そして二〇世紀になり、「無意識の発見」と呼ばれるフロイトの精神分析学の登場により、神話の存在は人間の心を知る手がかりにもなるという新たな役割を与えられることとなった。それは、わたしたちの「しあわせ」にメンタルヘルスの観点から神話が役立つ可能性が開かれたことも意味した。

　日本では、ユング派の影響が色濃かったこともあり、日本人のメンタルヘルス、日本人の生き方と神話がどう関わるのかという問題関心が高かったように見受けられる。カウンセリングの現場で役立てられる日本神話は、心に問題を抱える日本人が健康を取り戻し、しあわせ感を得るための薬、「心の処方箋[12]」のようなものともいえるかもしれない。

　こうした研究を踏まえた上で、今回はあらためてジョーゼフ・キャンベルの英雄神話論を振り返った。世界中に英雄の神話が見いだされる、ということは、どんな地域でもどんな時代にも英雄が必要とされているということである。それは、わたしたちのしあわせにとって何らかの意味を持つからではないかと考えたからである。この問いに十分な答えを出せたわけではないが、英雄神話を消費するということは、英雄神話を生きる、体験することになる。そこで得られる達成感は精神的な満足をもたらしているだろう。さらに、その英雄神話は、数十万年前の先祖たちの暮らしと関わりがある可能性がある。わたしたちが英雄を求め、その物語を消費して得られる感情を「しあわせ」と呼ぶなら、神話の英雄がしあわせを与えてくれるといえる。

神話をさまざまな形で消費することと、その心理的な効果の関係については、より科学的な研究が必要であろう。また人類と神話、心の発達については進化心理学の分野で研究が展開すると期待している。本論では、神話としあわせについて考える鍵は英雄が握っているかもしれないことを指摘しておきたい。

註

（1）フロイトについてはさまざまな紹介がなされているが、概要および神話と夢の関係などを知るためには、次の文献がまず参考になるだろう。ジークムント・フロイト『夢判断』（上・下）、『精神分析入門』（上・下）。

（2）元型については、カール・グスタフ・ユング『変容の象徴』（上・下）、『人間と象徴――無意識の世界』上巻などが詳しい。

（3）［ユング　一九九二（一九八五）：上二一七頁］。

（4）［ユング　一九七五：九九頁］。

（5）［ケレーニイ、ユング　一九七五：一一四頁］。

（6）河合隼雄は、日本文化における太母（グレート・マザー）元型の影響力の大きさに注目し、日本文化論へと展開させている。たとえば、『コンプレックス』、『母性社会日本の病理』などがある。

（7）河合隼雄の著作の中で、日本の神話や昔話を多く取り上げて論じたものとしては、『母性社会日本の病理』『昔話の深層』『昔話と日本人の心』などがある。

（8）書名では「ジョゼフ・キャンベル」となっている場合があるが、一般的にはジョーゼフ・キャンベルと表記する。

（9）IGN Entertainment 社による、TOP100 Games of All Time つまり、もっとも影響力のあったゲームを選ぶ企画において、一位に選ばれてもいる（http://www.ign.com/lists/top-100-games/100〈二〇一七年八月四日閲覧〉）。

（10）Steve Farmer の研究のなかで、本論に関連する論文としては次のものがある［Farmer, 2006, 2008, 2009］。

（11）研究を行った正高信男によるコメント（http://www.nikkei.com/article/DGXNASDG2301O_T21C10A1CR8000/?n_cid=DSANY001〈二〇一七年八月四日閲覧〉）。

（12）河合隼雄『こころの処方箋』［河合 一九九八］は、とくに神話について論じた著作ではないが、なにか悩みがあるときなど、気持ちを軽くするために読むエッセイの形になっており、物語も紹介される。河合にとって、神話も処方箋の一つだったのだろうと感じる。

参考文献

老松克博　一九九九『スサノオ神話でよむ日本人』（講談社）。
老松克博　二〇一四『人格系と発達系〈対話〉の深層心理学』（講談社）。
織田尚生　一九九〇『王権の心理学――ユング心理学と日本神話』（第三文明社）。
織田尚生　二〇〇五『心理療法と日本人のこころ――神話を生きる』（培風館）。

河合隼雄　一九七一『コンプレックス』（岩波書店）。
河合隼雄　一九七六『母性社会日本の病理』（中公叢書）。
河合隼雄　一九七七（一九九四）『昔話の深層』（福音館書店、のち講談社＋α文庫、一九九四年）。
河合隼雄　一九八〇「『古事記』神話における中空構造」（初出は『文学』岩波書店、一九八〇年。［河合一九九九（一九八二）］所収）。
河合隼雄　一九八二『昔話と日本人の心』（岩波書店、のちに岩波現代文庫、二〇〇二年）。
河合隼雄　一九九八『こころの処方箋』（新潮社）。
河合隼雄　一九九九（一九八二）『中空構造日本の深層』（中央公論社、一九八二年。中公文庫、一九九九年）。
河合隼雄　二〇一四『河合隼雄の幸福論』（ＰＨＰ出版）。
ジョーゼフ・キャンベル、ビル・モイヤーズ　一九九二『神話の力』（早川書房）。
ジョーゼフ・キャンベル　一九八四『千の顔をもつ英雄』（人文書院）。
ジョーゼフ・キャンベル　一九九六『時を超える神話』（角川書店）。
ジョーゼフ・キャンベル　二〇一六『生きるよすがとしての神話』（角川書店）。
ジークムント・フロイト　一九六九『夢判断』（上・下）（新潮文庫）。
ジークムント・フロイト　一九七七『精神分析入門』（上・下）（新潮文庫）。
カール・ケレーニイ、カール・グスタフ・ユング　一九七五『神話学入門』（晶文全書）。
カール・グスタフ・ユング　一九七五『人間と象徴――無意識の世界』上巻（河出書房）。
カール・グスタフ・ユング　一九九二（一九八五）『変容の象徴』（上・下）（筑摩書房、一九八五年、ちくま学芸文庫、一九九二年）。

Steve Farmer, 2006 "Neurobiology, Stratified Texts, and the Evolution of Thought: From Myth to Religions and Philosophies", Revised version of a paper prepared for the Harvard and Peking University International Conference on Comparative Mythology, Beijing, China, 11-13 May.

Steve Farmer, 2008 "Neurobiological origins of Primitive religion: Implications for comparative, mythology", Revised version of a paper prepared for the Second Annual Conference of the International Association for Conference of the International Association for Comparative Mythology, Ravenstein, the Netherlands, 19-21 August.

Steve Farmer, 2009 "The Future of Religious Education: Neurobiological, ecological-historical, and computational approaches to comparative mythology and religion", PowerPoint prepared for the 3rd Annual Conference of the International Association for Conference of the International Association for Comparative Mythology, Kokugakuin University, 24 May, Tokyo.

Nobuo Masataka, Sachiko Hayakawa, Nobuyuki Kawai," Human Young Children as well as Adults Demonstrate 'Superior' Rapid Snake Detection When Typical Striking Posture Is Displayed by the Snake", PLoS One. 2010 Nov 30; 5(11).

信仰を支えあう幸せ

「協働」牧会による多世代地域間交流

川又俊則
KAWAMATA Toshinori

はじめに――映画『沈黙――サイレンス』に見る信仰

二〇一七年初頭に公開された映画『沈黙――サイレンス』は、世界二〇カ国語で翻訳された遠藤周作の代表作『沈黙』を、『タクシードライバー』『グッドフェローズ』などで知られる名監督マーティン・スコセッシが、構想二八年を経て撮影したものである。公開前から話題となり、筆者も待ちわびていた一人で、公開後すぐに鑑賞した。

江戸時代初期、その時代の日本で最後の宣教師たちが、マカオから長崎へやってきた。五島列島に渡り、キリシタンたちへ布教活動を続けたが、やがて長崎奉行所に捕らえられる。奉行所の役人に「転ぶ」(棄教する)よう何度も促されるがそれを拒み、結果、何人ものキリシタンたちが拷問にかけられ、様々な手段で惨殺されていく場面は、目を覆いたくなるほどだ。だが、キリシタンやその宣教師の信仰の純粋さもにじみ出る。厳しい取り締まりを受け、映画の後半、ついに宣教師は「転ぶ」。そして、長崎在住のキリシタンたちへの弾圧の結果、日本ではキリスト教布教が一七世紀の江戸時代で途絶した様子が描かれた。

現代日本の宗教を調査研究してきた筆者にとって、信仰弾圧の様子や、にもかかわらず信仰を守ろうとし続けた姿勢などに、宗教の持つ力の大きさをしみじみ感じた。また、沢野忠庵と名乗った元宣教師フェレイラは、映画の中で(当時の)日本ではキリスト教定着が不可能だと述べていた。しかし二一世紀の現在、東アジアや日本においても、キリスト教が一定程度定着した[櫻井編 二〇一七]ことを考えると、宗教というものの継承力にも驚かされる。

「宗教とウェルビーイング」を考える本書において、筆者は本章で継承のことを扱う。

かつて日本のプロテスタント・キリスト教受容の研究では、個人の信仰ではなくイエの宗教として受容されると定着が進むとの見解が示された［磯岡　一九九九、森岡　二〇〇八他］。本来、個々人が信仰告白して信徒となるキリスト教が、個人ではなくイエの人々皆が信仰を持つことにより安定するというならば、それは「信仰が継承される」ことを意味する。先行研究を参照せずとも、自らの信仰を他者とくに身近な家族、子や孫へ伝えたいと、信徒は皆感じるだろう。であれば、信仰が継承されることは、その人びとにとって「幸せ」なことに相違ない。

農業など第一次産業が中心だったかつての日本では、「家名」「家産」「家業」などで子や孫などの後継者たちへ継承されることが前提とされていた。「家名を傷つけないように」「家業のための養子縁組」などが、当たり前に考えられていた時代もあった。しかし、現代は、そのどれもが継承困難な時代である。そもそも、給与俸給者（会社員・公務員等）が大半の現在、日本では多くが「家業」を持っていない。人の移動が激しく、一つ所に住み続けること自体も困難な時代である。

このようななか、「信仰」は継承されうるものなのか。それはいかにして可能なのか。本章では、ある地域のある宗教の事例を通じて、考えることにしよう。

(1) キリスト教と信仰継承

本章で取り上げるのは、日本基督教団北海教区苫小牧《とまこまい》地区の教会である。つまり、北海道のプロテスタント・キリスト教を扱う。世界宗教たるキリスト教は、イスラーム信徒数約一八億人（二四・一％）に対し、カトリックとプロテスタント併せて約二四億人（三一・二％）の信徒がおり、現在、世界でもっとも信徒数が多い宗教だと、誰もが知っている（Pew Research Center）。しかしながら、日本においてキリスト教はマイナーな宗教である。

日本の宗教に関する最新データを『宗教年鑑』（平成二八年版）で確認しよう。すると、平成二七年一二月末現在で、神社（約八・一万社）や寺院（約七・六万カ寺）と比べ、そもそもキリスト教会数は圧倒的に少ない（約〇・四万教会）。神社の信徒（＝氏子）の約八九五三万人、寺院の信徒（＝檀家）の約八八七二万人と比べ、キリスト教の信徒数は約一九三万人とごくわずかである（この人数自体、神社・寺院・教会などの側の自己申告数値なので、神社・寺院などで同時に信徒と見なされていることや、一度信徒と見なされた人が実質的にその寺院等を離れても、そのまま信徒と見なされるなど、信徒数の見方には気を付ける必要がある）。それでも、日本のキリスト教信徒は、小学一年生の人数（約一〇五万人、平成二八年度学校基本調査、平成二八年五月一日現在）の約二倍もいる。

先の『沈黙』以外にも、キリスト教をテーマにした文学作品（三浦綾子『塩狩峠』、遠藤周作『深い河』など）はいくつもあり、イエスの生涯ばかりではなく、現代を対象にした欧米の映画（『ダヴィンチ・コード』『スポットライト』）で、キリスト教あるいは教会がテーマになった話題作は多数ある。キリスト教（修道会他）が基礎となって設置された学校（カトリックの上智大学、プロテスタントの同志社大学など）も数多くある。また、外国からの移住者たちはカトリック、プロテスタントともに日本の教会に通い、信仰を守っている［谷ほか　二〇〇八］。教会の近隣住民にとって、外国籍の人びとの信仰の篤さはよく知られているだろう。

このように、日本人の信徒数や教会数などは神道や仏教より少ないものの、文化的あるいは教育的、社会的に影響力を持っていると言えよう。

クリスチャン、すなわちキリスト教信徒（以下、信徒）は、教会に通い、『聖書』を学び、その教えを理解し、「洗礼」という儀式を経ている。キリスト教自体、カトリック教会、東方正教会、プロテスタント諸教派という大きな区分で説明されるが、いずれも、ローマ帝国時代に活躍したユダヤ教の改革者たるイエスを救い主として、その教えを信じる宗派である。

信徒の多くは、いずれかの教会に所属し、毎週の日曜礼拝に通い、聖書研究会などで学び、また所属教会員として、集団内のさまざまな役割を果たしつつ、生活している。「十一献金」との言葉があるが、職業を含めすべて神から与えられたものとして、世俗で得られたもの（収入）を、教会を通して神に返すということで、およそ収入の十分の一を献金する。聖書（創世記やレビ記など）にもその記述があり、現代も厳格にそれを守っている教派がある。また、毎月一回、聖餐式《せいさんしき》（プロテスタント。カトリックではミサ）を受け、洗礼した自らを振り返り、イエス生誕と復活を記念するクリスマスやイースター、そして聖霊降臨日たるペンテコステなどの行事を軸に、教会生活を続ける。

信徒の生活をかいつまんで記したが、いずれにしても、教会（へ通うこと）を中心に信徒の生活が展開されていることは一目瞭然だろう。これに比して、たとえば日本仏教の檀家の場合、年中行事や年回法要、あるいは境内の墓参などわずかな機会にしか寺院に行かないことと対照的である。毎週教会に通い、牧師や神父はじめ教会の人々と交わり、信仰を深める人びと。そうなると、教会そのものの存在が重要なのだ。信徒にとって、教会存続自体も「幸せ」なのである。

(2) 宗教指導者がいないときの信仰

❖「共同」とは何か

「きょうどう」は、一緒に行うこと、力を合わせることという意味を持つ言葉だ。だが、『広辞苑第六版』などで調べ、漢字・英語で示すと意味が異なる。「共同」(common)は二人以上の者が力を合わせることで、同等の意味合いが強い。「協同」はともに心と力をあわせ、助けあって仕事をすることという意味、「協働」(cooperation)は協力して働くこと、つまり、各々ができることをする意味で用いられる。さらに「共働」(coaction)というと、生物群集や個体群の間にみられる相互関係となる。本章でもこれらの意味を踏まえ、使い分ける。

キリスト教会に限らず、何らかの教派に所属している場合、布教開始時に所属教派から何らかの支援を受けることが一般的である。経済的支援、人的支援などを受けつつ、布教活動が始まる。その開始直後は、信徒がほとんどいない。牧師は教えを周囲に必死に伝えようとする。教派から経済的支援をしばらく受け、布教が展開され、信徒が少しずつ集まるようになる。そして、教派からの補助も徐々に減る(別の新たな開拓伝道の資金へ移行する)。布教開始当初は、教会堂などの独立した施設もない。牧師自宅の一室などで日曜礼拝が行われ、やがて、独自の教会堂を持つことが目指され、達成していく。そして、自らの教会内の収入での「自給自足」、すなわち他からの支援なしに成り立つような教会は、「自給教会」などと呼ばれる。日本基督教団（以下、教団）には、現住陪餐会員がおよそ五〇人以上いる第一種教会、同じく二〇人以上いる第二種教会という区分があり、その他、伝道所が設置されている。一般的にはこれらを区別なく「教会」と呼んでいる。

❖牧師不在と統廃合

日本のプロテスタント・キリスト教会において、個々の教会所属人数は少ない。キリスト新聞社が毎年刊行している『キリスト教年鑑』を見ると、プロテスタント教会の一教会あたりの平均信徒数は約三〇人だとわかる。全員が有職者ではないとすると、十一献金の結果、せいぜい二、三人の年収合算程度で教会運営全体を賄う計算になる。一般家庭でなく教会という組織で牧師一人の生活保障を考えても、これでは運営が経済的に困難であることは明白である。

このような教会において、牧師家族の生活が経済的に極めて厳しいことは想像に難くない。開拓伝道時点で、牧師やその配偶者が、生活のため他職に就くことも、アルバイトをすることもある［川又二〇〇二］。そのような経済状態の教会へ高齢の「年金受給」牧師が着任することがある。高齢牧師が得ている年金支給に頼り、謝儀（牧師給）が少なくていいと期待されるのだ。だがそうであっても、その教会に専任の牧師がいることは、教会員にとって「幸せ」である。なぜならば、牧師不在の教会も少なからずあるからだ。

牧師はさまざまな場合で不在となる。死去や病気などはもとより、他の教会からの招聘、自ら他の任地を志すなどの異動もある。いずれにしても、牧師がその教会からいなくなると、教会員たちは他の牧師を求める。教派に属していれば、その教派全体で無牧師となった教会の対応を検討し、近隣等の牧師が兼務をするケースも多い。兼務という方法は、神社にも寺院にもある。実は、宗教集団で宗教者の兼務は決して少なくない。

集団の代表者がいなくなることは大いにマイナスである。だが、逆に、このような状況のなかで、個々人の「信仰が強くなる」というケースもある。教派によって牧師と信徒の関係の考え方は異なる。キリスト教の教会組織は大きく三つの体制に分かれる。監督主義の場合、宗教指導者は教派で任命されるため、信徒はそれを迎え入れるという受動的対応となる。長老主義の場合、牧師も信徒も同じ立場だが、信徒代表の長老が宗教者として着任する牧師と対等に教会運営を話し合う。会衆主義の場合、牧師も信徒も同じ立場で職務のみが異なるので、教会運営全般で話し合いが必要不可欠となる。

しかし、毎週のメッセージ（説教）を発する牧師と、それを聞く受動的な信徒とが完全に同じ立場との意識にはならない。信仰熱心で、毎日家庭で聖書講読を丁寧にしている信徒もいれば、日曜礼拝すら休みがちな信徒もいる。そのようななか、牧師不在を教会員が教会の危機と感じ、役割分担をし、教会維持に必死に対応し、祈り続け、やがて、新しい牧師が着任したときに、教会としてたいへん活動的な組織が作られていたなどの例もある。だが逆に、教会員が減り、教会自体の存亡が危機となり、休会・閉鎖へ向かうケースもある。いずれにしても、牧師不在や牧師交替は、教会にとって大きな転機であることは間違いない。

不在解消の方法として、統廃合あるいは吸収合併もあるだろう。だが、吸収合併が「1＋1＝2」とならない例はいくらもある。合併直後、教会員たちは維持存続できたことにほっとする。しかし、教会はそれぞれ固有の歴史や背景を持ち、それぞれ個性あるものだ。遠距離の教会において、統合された側の教会員の足が遠のき、礼拝に来なくなる人が増え、やがて教勢は落ちていく。合併によって喜ぶ瞬間はあるかもしれないが、長続きしないのだ。教会員誰もが自動車で移動できるとは限らない。そうなると公共交通機関が十分とは言えない過疎地域では、物理的距離の問題はたいへん大きい。

❖兼務と附属幼稚園

いくつかの教会を一人の宗教者が担当するケースは、神社でも寺院でも、教会でも少なくない。筆者の調査の限りではこの一〇年、むしろ、全国各地どこでも、当たり前のように聞くほどだ。

これは宗教者側にもメリットがある。一カ所の任地で経済困窮しても、数カ所を担当すれば一人の宗教者の生活を賄えるのだ。他職に就くよりも、宗教者の責務を遂行する兼務は、むしろ望ましく思われるだろう。教会員（信徒）側にとっても、牧師が完全にいないわけではなく、兼務によって定期的に対応してくれる宗教者がいることは、信徒の安心につながる。教会に専任牧師がいたとしても、その牧師が兼職で通常は他の仕事のため教会を不在にしているならば、教会執務対応時間の少なさから言えば、教会員としては、兼職も兼務も変わりがない。

牧師不在に対し、信徒が検討し依頼した近隣教会の牧師が了承すれば、無牧師教会における兼務が成立する。筆者自身が知っている例では、二教会を一人だけではなく、三教会を一人、あるいは四教会（会堂）を二人などのケースがある。無牧師教会に対して、遠くても隣接教会の牧師が責任を持つ体制をとっている教派もある。

一九六〇、七〇年代など未就学児が多くいた時代、全国各地の教会は、所属自治体や地域住民から、教会附属幼稚園設置を期待されていた。人口急増という時代社会の要請であり、教会側にも好都合だった。キリスト教を基礎に置いた幼稚園は、職員もクリスチャンがなることが多い。幼稚園児がすぐ信徒にならずとも、キリスト教を知らなかった保護者・関係者がキリスト教と触れる機会が数年間続くことになる。実際、それを契機に、キリスト教信仰を持つケースは少なからずあった。そして、牧師が幼稚園の園長や副園長などを勤めることも多々あり、小さな教会で牧師給が不十分であっても、園長などの給与を加えれば、牧師家族の生活費が賄えることになる。

その後、小規模な未就学児施設は法人化が推奨される。その対応がしきれず、運営を断念するケースもあった。保育所も首都圏・大都市では待機児童問題が話題になるくらいだが、他方、過疎地域では人口減少が進み、全国各地で小中学校も統廃合が毎年、進められている。同様に、幼稚園に園児が集まらず閉園したところも散見する。だが、現在も附属幼稚園のある教会は少なくない。そしてそれは教会と未信者をつなぐツールにもなっている。

ある教会で牧師が不在になったとき、一教会単独で牧師に謝儀を支払えないことが分かり切っているならば、兼務による牧師を求める。苦肉の策かもしれないが、現実的な策でもある。そしてこの考え方は、これからも継続すると思われる［川又 二〇一六a］。

(3) 北海教区苫小牧地区の「共同牧会」

❖共同牧会とは何か

この兼務牧師の拡大版が「共同牧会」と言えよう。複数の教会を複数の牧師が担当するのである。正式な兼務ではなくても、他の教会の牧師たちが、自らの任地以外の教会の状況について、皆で、強く意識しているのが苫小牧地区の「共同牧会」である。

もちろん、牧師主導で全てを進めるということではない。むしろ、教会員（信徒）の全面協力が不可欠である。上記の言い方を用いるならば、信徒たちが自らの所属教会だけではなく、地区全体の教会の状況を強く意識しているということになる。教会単独ではなく、むしろ、複数での維持継続を目指すことがこの「共同牧会」のポイントである。

本章でとりあげる日本基督教団北海教区苫小牧地区所属の八教会の位置は、次頁の図の通りである。日本基督教団は全国各地に所属教会がある日本最大のプロテスタント教派だ。そのうち北海道にある教会は北海教区に所属する。北海教区内は七地区（道北、道東、石狩空知、札幌、後志、苫小牧、道南）に分かれ、二〇一六年時点で合計六三教会がある。苫小牧地区には八教会が属している。東南端の幌《ほろ》泉《いずみ》教会から地区中央にある苫小牧弥生教会まで、自動車の移動で半日かかる。北海道内の行政区分では、胆振総合振興局、日高振興局、恵庭市、千歳市がこの地区に該当する（図）。地区面積は約九四〇〇平方メートルほどあり、単純計算で千葉県と東京都、神奈川県を合算したほどの広さだ。その広大な面積に八教会が位置している（ちなみに三都県には四五九教会が存在している）。北海教区では毎年、農閑期でもある一月に、北海道全域にわたる教会（牧師・信徒）が一堂に会し

図　苫小牧教区の8教会の位置

て親睦を深め、様々なテーマを共有する「年頭修養会」を開催している。二〇一七年で第六五回を迎えた恒例の行事だ。三〇〇人以上の牧師・信徒が集まり、地区ごとで企画を立て、そのテーマに沿って学びの場、また、懇親を深める場となっている。二〇一七年は苫小牧地区が担当となり、札幌市郊外の観光地、定山渓《じょうざんけい》で実施し、当事者研究（後述）の成果が披露された。

筆者は、二〇一五年から年に数回、同地区の教会を訪問し、礼拝に参加し、また、その後、牧師・信徒の方々に懇談の機会を得て、共同牧会の現況を伺ってきた。また、地区の牧師の方々が提供してくださった『信徒の友』や北海教区の報告書、他の資料をもとに、本章を執筆した（章末の文献参照）。

❖北拓伝の歴史

苫小牧地区は五〇年ほど共同牧会を展開してきた。その歴史を確認しよう。

日本基督教団は、そもそも戦前の宗教行政によって、プロテスタント諸教派を統合して成立したものである。三五教派がこの合同に参加し、教団組織としては一一部に分かれて設置した。その経緯もあって、第二次世界大戦後、教派がいくつも離脱した。そして、一九五一年に信徒数・教会数の多い日本基督教会が教団を離れ、それにより北海道内の一六教会（信徒数二五〇〇人以上）も離脱した。それまで四三教会だった道内の教会は二七に減じた。そのなかで、教団では北海道で新たな伝道計画が示された。これは、「北海道特別開拓伝道」（北拓伝）と呼ばれるものである。

戦後のキリスト教ブーム期がひと段落した一九五三年、第七回日本基督教団総会でこの伝道計画が採択され、常議員会にその具体化が付託された。翌五四年に北海道特別開拓伝道委員会が組織され資金配分がなされた。ここから一九六三年三月の解散までの約一〇年が「北拓伝」時代だと言えよう。ただし、新規の開拓伝道は一九五九年が最後で、それ以降は実施されていない。この結果、道内で六二四人が受洗し、二六教会が設置され、うち三教会（千歳栄光教会を含む）は自給自足できたと見なされる第一種教会に、二三教会は第二種教会や伝道所として存続した。

しかし、「北拓伝」は経済的に潤沢ななかで実施されたのではない。経済支援の方法は「五か年漸減方式」と呼ばれ、初年次一五万円、次年度より三万円ずつ減り、初期の五年間で合計四五万円が支給され、五年目以降の経済援助がゼロとなる形だった。北米諸協会および協力伝道援助資金が、この伝道全体の八五％（三二五五万円）に達した。教区内献金や国内の献金もあったが、海外資金と個々の教会（開拓している牧師自身）に依存した伝道だった。

このとき派遣された牧師の九割は、神学校を卒業したばかりで土地勘も経験値もほとんどない青年牧師だった。若い神学校卒業直後の牧師が伝道しても、簡単に信徒は増えない。しかし、当時は「伝道は神学ではなく情熱だ」「知識ではなく実践だ」という発言や、「五年で自立できないような奴は人間じゃない」など（発言者の意図としては親しみを込めた激励）すらあったようだ。一九六二年に北海教区総会で北拓伝一〇年の総括（開拓地選定が適当でなかった、援助方式が適当でなかった、伝道者に人を得なかった、社会情勢の変化に応じえなかった）が示された。より詳細な分析は、後日、なされた［五味　二〇〇一（一九八七）］。その資料によると、当時、開拓伝道を担った牧師四二人のうち約半数は、一時的もしくはその後、教会を離れ、なかには「夜逃げ」「信仰挫折」もあったという。

だが、その開拓伝道を機に北海道で教会が開設され、いまも存続しているところがあることも事実である（後に統廃合されたところもある）。協力宣教師が何人も各地区の牧師たちを支援し、教会運営に助力し、大きな支えになった。苫小牧地区でも、直接的には四教会（島松伝道所、苫小牧弥生教会、浦河教会、室蘭知利別教会）、この直前に千歳栄光教会、洞爺湖教会、賀川伝道を契機に幌泉教会が開設され、同時期に七教会が開設された。だが、先のような牧師の離脱もあって、牧師不在の教会も出てきた。

❖苫小牧地区「共同牧会」のはじまり

北拓伝からしばらくすると、苫小牧地区八教会のうち、わずか三人の牧師がそれらを担当するという時代もあったという。

苫小牧地区の牧師・信徒は、このままでいいのかどうか悩んだ。「各個教会主義」とでも言える状況を変えるべく、地区の信徒たちは、一九七〇年一一月二三日、苫小牧弥生教会で信徒大会を開催し、「われわれにとって宣教とは何か」をテーマに実施した。無牧師教会を周辺の教会（牧師・信徒）で支えあうことをこの信徒大会で決定した。

信徒大会は、やがて、地区教会における大きな行事に位置付けられた。ある年の一一月には、幌泉教会へバス二台に分乗し、一泊二日の信徒大会もあった。回を重ねるごとに、他教会の会堂や園舎、あるいは牧師館の老朽化を目の当たりにし、それぞれの教会の問題を、他の教会の信徒たちが肌で感じることになり、八教会の信徒が八教会の問題をお互いに考えあうという機会となった。

ただし、この意識をすべての信徒が持ち続けたというわけでもない。「自分たちの教会を精一杯支えており、他の教会のためにこれ以上お金は出せない」との声も上がった。信徒大会は回が重ねられるなか、開始当初から比べると参加者数も半減した。しかし、信徒大会に参加した人びとから、「今、一番困っているところはどこかな」と考えることが当たり前になるとの声もあった。そして、それらの人びとによって、地区全体を支えあう体制が築かれた。それは、目の見える関係が継続していることによるだろう。

苫小牧弥生教会がセンター教会、千歳栄光教会と島松伝道所、洞爺湖教会と室蘭知利別教会、元浦河教会と浦河教会と幌泉教会、それぞれは「ライン伝道」と呼ばれる。それぞれで同じ問題を抱える隣同士の教会が具体的に考える。そして、共同牧会は、これら教会の配列になぞらえ、「人」なのだと理解されている（図）。この「ライン伝道」が、やがて地区という「面」につながっていくことが目指されている。そこでは、一方的な金銭のやり取りがあるわけではない。「いつでも助けてもらう」「いつもあげる」ではない。互いに支えあって「人」の字を形作り、真の「隣人」たることを目指しているのだ。

(4) 現在の「共同牧会」

❖全体状況

月一度、苫小牧地区牧師会がある。八教会の牧師が集まり、各教会報告が長時間なされる。他教会には、専任の牧師以外が、持ち回りで説教に行くこともある。そこで、各教会の報告には見知った信徒たちの近況なども情報交換がなされる。

先述の通り、毎年、苫小牧地区の信徒たちは、信徒大会を行っている。二〇一五年の四二回は壮瞥町にこども二〇人、大人七三人が集まった。会場は毎年変えており、信徒たち自身も、他教会へ行く。東南端の幌泉教会と北西端の洞爺湖教会では実測距離で二五〇キロメートル以上も離れており、簡単に行き来できる距離ではない。だが、ローテーションで交流をする機会を持つことで、他教会のその時点での課題を信徒自身が実感できたというのは先述の通りである。

そして、これらの取り組みには当然ながら経済的対応も必要である。同地区では「共同牧会特別会計」を設定し、毎年二〇〇万円弱を捻出している。他地区から来た牧師に言わせると、一般的な地区の一〇倍以上の金額になるそうだ。いかに、地区単位での支えあいの意識が強いかがわかる。

毎年の経済的供与以外に、地区内教会の施設改築等の際、個別に特別な献金を集めている。そして、その結果も喜びも分かち合うことを繰り返している。近年では、島松伝道所の建て替えで特別献金が呼びかけられた。島松伝道所自身でも募金をしているが、地区全体としても、伝道所に対して大きな献金を行った。また、その開設祝いには、地区内から多くの信徒が参加した。

さらに、数年単位でペアを組む教会を定め、そのなかでの信徒交流も進めている。例えば、二〇一六年現在、室蘭知利別教会と浦河教会、千歳栄光教会と幌泉教会など、先のライン伝道とは別の組み合わせで行っている。たとえば、前者の交流は、二〇一四年九月の土曜日、室蘭知利別教会にて、開会礼拝、バーベキューの昼食、懇談などが行われた。二〇一五年には浦河で行われた。

いずれにしても、この共同牧会は、八教会が互いに尊重しながら一つの教会であるように、互いを知り、支え合うことを基本に置いている。そして、それぞれが自ら所属する教会自体の責任を果たさないと共同牧会はできないという原則のもと進められている。

❖個別教会の状況

ある牧師は「問題のあるのが苫小牧地区」ということが全体で理解されていると述べていた［辻中二〇〇五］。とても重要な指摘である。以下、筆者が訪問した八つの教会の概要を、設立年代順に記していこう。

元浦河教会　一八八〇年、北海道を開拓したキリスト教信徒のうち神戸で設立されたものが赤心社である。翌年、日高地方に移動してきた人びとが一八八四年に赤心学校を建て、教会堂兼学校として、一八八六年に浦河公会を開設した。それから一三〇年以上、地区随一の歴史を誇る教会である。日高町や浦河町を含む日高地方は、かつては軍馬、その後、競走馬育成の地域として知られている。第一次産業全般が盛んで、浦河町は日高地方の中心として公共施設が多く置かれていた。そしてこの教会は、地域の代表的教会として続いてきた。だが、近年、牧師転任の後、専任牧師の不在が続いた。

その間、他地域から牧師が礼拝ごとに応援説教に来ていたが、来ることができない週もあり、そんな牧師不在時に、教会員が年に一回ずつ、「信徒証言」を行ってきた。

そして、二〇一六年四月、かつてこの苫小牧地区で着任していた五味一牧師が、隠退牧師として、教会員から請われ、新たに着任した。再登板した五味牧師は、北海道や東北地方などで牧師を歴任し、共同牧会についても論文をまとめている［五味 二〇〇一（一九八七）］。高年齢になったこともあり、五年間隠退していた。だが、同教会の信徒からの強い要請に、復帰を決意し、同教会と浦河教会の兼務を行っている。二〇一六年以降、日曜日は、元浦河教会で午前の礼拝を、浦河教会で午後の礼拝を行っている。

千歳栄光教会　一九五一年開設し、早くから第一種教会として、この地区の中心的教会となった。

写真1　千歳栄光教会

現在も千歳市は道内一の出生率であり、千歳幼稚園および千歳第二幼稚園を付属施設としてもっている。それぞれ二〇一六年からは、施設給付型幼稚園、幼保連携型認定こども園と移行し、定着している。

礼拝には、他のプロテスタント教会同様、人数的には老年世代が多いものの、青年も壮年世代もいる。教会でコンサートを開催するなど地域の施設としての役割を果たしている。

また、この教会では三人の牧師が着任し、役割分担を行い、地区の他教会への応援説教なども行っている。他教会で代務牧師を務めることもある。

主任の卜部康之牧師は北海教区の役員も務め、苫小牧地区代表として、地区全体を取り仕切っている。

洞爺湖教会　一九五二年開設。農村伝道を志す牧師家族が移住して開始されたが、困難を極めた。観光名所でもあるが、有珠山がしばしば噴火し被害を受けてきた。直近では、二〇〇〇年の噴火で被害を受け、教会閉鎖問題も生じた。教会員数も一桁台が続き、牧師不在が続いた。有珠山噴火の対応として、道央自動車道のＩＣが二〇〇七年に移転したことを契機に、会堂も現在地に移転し、新会堂となった。

室蘭知利別教会の石川牧師が本教会の代務者となるも、無牧の状態が続いた。しかし、二〇一五年より、それまで隠退していた佐藤菊雄牧師が協力牧師として、牧師館に常駐した。佐藤牧師の在住は、教会員に安心感ももたらした。そして、それは教勢にも好影響を与えた。近隣の住民のうち、数人が教会に通いだし、やがて、新しい信徒として教会員に加わった。佐藤牧師は、プロジェクタを用いた説教、牧師室の改修・整理などを進めた。まだ、教会員数で自給自足は遠いが、「共同牧会」のつながりを感じつつ、教会員は維持独立を目指している。そして二〇一七年には佐藤待子牧師が主任牧師として着任し、新たな局面を迎えた。

幌泉教会　一九五三年開設。『襟裳岬』といえば、島倉千代子（一九六一年）や森進一（一九七四年）

写真2　幼稚園を併設する幌泉教会

の歌で有名だが、北海道の中央南端部で、鉄道も敷設されていない。日高昆布など漁業関連の生産物と観光で有名である。キリスト教伝道者として著名な賀川豊彦が、一九五二年道北の中川町、一九五三年えりも町と、それぞれの信徒の要請に応えて伝道集会を行った。そのさなか、同地に教会が開設した。

同地域には未就学児のための保育所・幼稚園がなく、幌泉教会に設置が期待され、同棟の建物に、光の園幼稚園が五五年に開設された。村役場の古材を買って、建設されたのである。その後六〇年、同地域の幼児教育を牽《けん》引《いん》してきた。

だが人口減少のなかで、一九六三年から同教会では無牧が続いた。開設から二〇年となった頃には古材の建物は老朽化が激しくなり、一九八三年に幼稚園の町立移管を一度合意するも、結局資金面で挫折した。数人の教会員と幼稚園教諭、苫小牧地区の人びとが協議を重ね、光の園幼稚園存続を決意し、園改築を実施した。予算面でたいへん厳しい中、教団の全国教会へ募金を依頼し続け、ついに改築がなされた。

牧師不在時期は、同地域に住む他教派の信徒が、幼稚園教諭として勤務し、同教会を守ってきた。

ようやく二〇一三年、小林茂牧師が同教会の専任牧師となり、幼稚園園長を勤めて現在に至っている。

二〇一七年現在、同町の人口は五〇〇〇人弱である。幼稚園児は年少と年中・年長の二クラス、全体で二六人だった。幌泉教会の日曜礼拝出席者は二人の幼稚園教諭と牧師で三人だ。しかし、礼拝に先立ち行われる教会学校には平均一二人のこどもたちが集まる。同幼稚園は日曜日も保育日となっており、登園時間の八時三〇分には幼稚園児が集まってくる。その卒園生たる小学生から高校生までのこどもたちが、保護者たちには幼稚園の延長ととらえられ、継続して教会学校に来ている。彼らは、年下のこどもたちに優しく接し、異年齢でのかかわりがみられる。

苫小牧弥生教会　苫小牧市は、王子製紙を中心としたパルプと漁業の町として、一九五五年には人口五万人、一九七二年には一一万人を超えた。一九六四年に新産業都市の指定を受け、北海道工業開発の中心となった。そして、製紙工場で賑わう町に、一九五四年、教会が開設した。宣教師の支援もあって、教会の土台作りがなされた。それから二〇年の間に、会堂、教会附属のかおり幼稚園、牧師館と建設され、当時、五〇人前後の会員、日曜礼拝出席平均三〇人、教会学校も五〇人いた。その後、五味牧師の着任時代、同市内にあったふたば幼稚園において、人事と教育内容が五味牧師に委任され、キリスト教教育が行われた。

苫小牧弥生教会は、ちょうど地区の中心に位置している。そこで地区牧師会の主な開催地となっている。だが、現在では人口減も進む。幼稚園の卒園生で教会員となった人もいる。そして、二〇一五年から認定こども園かおり園となった。一時、無牧の時代もあったが、二〇一五年に井石彰牧師が主

写真3　新しくなった島松伝道所

任牧師に就任した。彼は、前任教会の経験も活かしつつ、認定こども園長も務めている。パイプオルガンコンサートやこども食堂おいでやの開催など地域の人びとに喜ばれる企画を行っている。

島松伝道所　一九五四年、千歳栄光教会の牧師が疎開用の農地と居宅を譲り受け、茅葺き屋根の礼拝堂で、附属ナザレ幼稚園を開園し伝道所が開設した。一九八四年に幼稚園を閉園し、八七年からは、当時着任していた滝口孝牧師が「障がい者と共にある教会形成」という標語で、特色ある牧会を始めた。九〇年に滝口牧師が死去し、その後、代務教師の時代を経て、九六年からは辻中徹也牧師、辻中明子牧師が就任した。

辻中徹也牧師は自ら、躁鬱病《そううつびょう》であることを就任前に教会へ相談する。しかし、地区の牧師たちにも、教会員たちにも、受諾され、牧会を行っている。

二〇〇四年の台風で会堂屋根が被災し、会堂の老朽化により、教会建築献金を始める。二〇〇八年礼拝堂を改修。

二〇一三年四月からは、浦河教会、浦河べてるの家の協力を得ながら、島松伝道所にて当事者研究を始める。木曜日の定例会以外にも、土曜の日中二回実施している。辻中両牧師は、島松音楽祭・しままつ野菜など、教会員たちと話し合いながら新たな試みも行っている。その基礎に、三〇年来の同伝道所の伝統となっている「障がい者と共にある教会形成」をおいている。そして、二〇一四年に会堂建築を決議し工事が始まり、二〇一五年八月に会堂が改築され、同年九月牧師館の新築がなされた。

浦河教会　浦河教会は、元浦河教会と関係が深い。一九三四年に銭湯を開業した信徒が、戦後、元浦河教会の牧師を招いて自宅集会を開き、やがて、浦河町の中心部に北拓伝の一つとして教会を一九五六年に開設するに至った。

開設後一九七〇年代までは、高校生のグループが育ちつつあった。しかし高校卒業後、ほとんどが浦河の町を出てしまうため、会員数は一〇人前後で推移した。他教会の牧師が交替で説教に来るが、不在時は礼拝出席者が定められた聖書の個所を輪読し、その後、その日に読んだ聖書の感想や、一週間を振り返って自分が思うことを語り合う「分かち合い」礼拝を行っている。この教会には、一九八四年に設立された社会福祉法人浦河べてるの家の作業所メンバーも出席している。そのメンバーは作業所のミーティングで、一週間を振り返り、皆の前で語る訓練をしている。それを、礼拝でも取り入れている。自分の気持ちを話し合う礼拝も、互いの生活が分かり合えて有意義だと理解されている。お互いの話を自分のこととして真剣に聞き、分かち合い礼拝を通して一人で悩み、孤独に耐えるのではなく、みんなの輪の中で神に従って生きていく。寺田惠英前牧師は、末っ子で障害をもつある人が、親から特別に可愛がられ、兄が嫉妬していたことを、皆の聖書の感想を聞いて気づいたという発言があったことを報告している。彼は、聖書が自らに語られた言葉だと分かったのである。これも分かち

表　苫小牧地区の教会の現状

教会名	設立年	種　別	所在地	牧師数	現住陪餐会員数
元浦河	1886年	2種	浦河町	1人	22人
千歳栄光	1951年	1種	千歳市	3人	56人
洞爺湖	1952年	2種	洞爺湖町	2人	8人
幌　泉	1953年	2種	えりも町	1人	5人
島　松	1954年	伝道所	恵庭市	2人	23人
苫小牧弥生	1954年	1種	苫小牧市	1人	45人
浦　河	1956年	2種	浦河町	兼務1人	36人
室蘭知利別	1956年	2種	室蘭市	2人	30人

出典:『日本基督教団年鑑 2017』および、現地調査

合い礼拝の成果だと言えよう。そして二〇一七年には伝道所から第二種教会へ種別変更を行った。

室蘭知利別教会　一九五六年に教会が開設した。もともと、室蘭市は、明治以降、新日鉄住金、日本製鋼所、JX日鉱日石エネルギーなど、鉄鋼石油関連企業に立脚した工業都市である。大学もあり、青年層も集住している。室蘭めばえ幼稚園を付属に抱え、活動している。

一九九三年に幼稚園を建て替えた。平日幼稚園ホールの部分で日曜礼拝を行っている。

石川宣道・まなか牧師夫妻を支える地元・転勤族などの信徒が

写真4　室蘭知利別教会の幼稚園ホール

いる。牧師は、幼稚園園長兼務により単独運営を維持できている。二〇一六年には六〇周年記念礼拝・野外受餐会を開催した。バザールや幼稚園音楽会なども行っている。

(5)「共同」から「協働」へ——課題と可能性

❖時代の変遷

人口減少は東京以外のすべての地域で現実的課題である。とくに首都圏や京阪神・名古屋地区などの大都市圏以外の地域では、すでに、大きな問題であるとの認識は私たちに広く共有されている。この課題解決に向け、地域活性化、定住策、地元学など多様な対応策が発案され、様々実行されている。成功例もあれば、不成功例もある。いまもなお新しいアイデアが議論されている。

一九七〇年代、苫小牧地区で「共同牧会」がスタートしたころ、新全総（新全国総合開発計画。一九六九年から五年間。経済成長にともなう地域間格差・東京一極集中などを是正する目的で全総、新全総、三全総、四全総、五全総と実施された）で、苫小牧東部開発計画が出された。全総のときに新産業都市とされた苫小牧市は、中核都市として注目されていた。その後、これらの計画は失敗に終わり、現在では人口減少は、日高地方だけではなく、苫小牧地区全体に及んでいる。北海道全体、ひいては日本全体の課題である。

ただし、人口減少と信仰減少は完全にパラレルに結びつくわけではない。教会の伸長あるいは衰退は人口増加時代にも人口減少時代にも、それぞれの宗教ごとで状況は異なる（もちろん、世界規模で全体的な潮流を論ずることもありうるが、本章のテーマではない)。その意味で、小さな教会であったとしても、それが存続し、次世代へつながる可能性が広がれば、それは教会の人びとの幸せとなるだろう。これは、上記で示した個別の教会の様子でもうかがえる。

元浦河教会・浦河教会で一九八〇年代に八年間務めた宮島利光牧師は、同地域にアイヌ民族が多く居住し、アルコール依存症などで世代を超えて苦しんでいる様子に、牧師として真摯に対応した[宮島 一九九四]。その後、彼は新たな任地で丸太のログハウスによる教会堂を建設した。そのとき、アイヌ民族の人びとが全面的に協力してくれたことは、彼の同地での貢献が推察されよう。

❖「共同」から「協働」へ

信徒としてのウェルビーイングは、伝道・継承による信仰維持拡大以外に、「つながること」、「ささえあうこと」などもあるだろう。

苫小牧地区では、あくまでも個別教会独立を前提する「共同」牧会が行われてきた。そこでは、個々の教会運営を健全化し、それぞれの抱える課題を、複数の教会(あるいは八つの教会)で考え、平等な立場で考えようとして進められてきた。

だが、五〇年の歴史の中で、それはやがて、むしろ「協働」牧会的方向へ変化してきたと見なすことができよう。個々の平等意識が基礎にあるが、現在のそれぞれの教会では、教会外の地域の人びととの連携、具体的には、幼児教育のみならず、高齢者福祉や当事者研究、コンサート他の場として、教会を積極的に外部の人びとに開いている。そして、教会内だけではなく、教会外の人びとと「ともにある」という意識の方が、強く示されている。

苫小牧弥生教会の附属幼稚園は認定こども園へ転じ、千歳栄光教会の幼稚園も二園に拡大した。室蘭知利別教会も、幌泉教会も幼稚園を維持継続している。このような形で、幼児教育について、引き続き、教会外の人びとと「協働」している。

先に記したべてるの家は、しばしばマスコミ等でも注目を集めている［向谷地　二〇一五他］。一九八四年に浦河教会の旧会堂が、当時の宮島牧師にべてるの家と命名された。浦河赤十字病院川村敏明精神科部長、同病院向谷地生良ソーシャルワーカーの支援が当事者を大いに先導し、そのユニークな取り組みは、昆布製品の製造販売を直送し、紹介本やビデオ・DVDが販売され、テレビ・新聞でもしばしば取り上げられている。そして、二〇〇二年には社会福祉法人が設立し、現在に至るまで、全国各地の人びとが見学に訪れ、川村・向谷地両氏、あるいは当事者の講演も全国各地で行われている［斎藤　二〇一〇］。現在べてるの家の代表である早坂潔氏は、幻覚妄想状態で入院を中学三年で経験した後、やがて、旧会堂に入居するが、不眠がちで、突然大声をあげてつかみかかり、壁をたたき、ガラスを割るなどの結果再入院。何度となく繰り返されることに無力感を覚えた向谷地が、「歌でも歌うか」と声をかけたとき、愛唱の讃美歌を口ずさんだエピソードがある。そこで向谷地は、ともに「悩む教会」という可能性と希望を与えられたと述懐する［向谷地　二〇〇六］。キリスト教が出発点であり、原点なのだ。

北海教区自体、冊子を出して情報発信もしており、「つながり」をより大切にしている。そのうえで、苫小牧地区の教会は、それぞれ自らできることを着実に実施している。

おわりに―― one for all, all for one 一つの教会、みんなの教会

筆者は、仏教寺院とキリスト教会の事例を通じ、宗教集団維持の軟着陸的な「生存戦略」可能性を探った［川又 二〇一六a］。その可能性は十分あると思っている。

教会が存続することと信仰が継承されることは、信徒たちに幸福をもたらすことだ。そして、そのスムーズな移行には、老壮青と多世代がいる教会であることが有利である。高齢者に偏る教会では、それはなかなかうまくいかない。

北海道で五〇年以上も「共同牧会」を継続してきたこのような例を中心に、地域社会とのつながりを考えてきた。それぞれ独自の工夫をしている。

いまから七〇年近く前（一九四九年）、神社・寺院・教会などの数は『宗教年鑑』において、約一〇・六万社、約七・四万カ寺、〇・二万教会（実際は法人数）だった［文化庁 二〇一四］。それが、昨年（二〇一六年）の数が、約八・一万社、約七・六万カ寺、約〇・四万教会となった。一九四九年と二〇一六年の比較で、宗教者（教師）数は約三二万人と約六五・六万人、信徒数は約九六〇〇万人と約一・九億人と大きく増加している。ただし、現在は人口減少の局面にあり、この七〇年の間に新しくできた施設全てが存続することは厳しいかもしれない。また人口減少して回復の見込みが薄い地域では、伝統的施設の維持も困難だろう。

日本基督教団は、地方の教区と都市部の教区の財政格差を埋めるために、各教区から拠出金を集め、それを再配分していた教区活動連帯金を二〇一四年、廃止した。北海教区はこの拠出金が、差し引き

で、多い年だと一〇〇〇万円、近年は六〇〇〇万円を得て教区財政の大きな部分を占めていたため、この決定の結果、各教会とも厳しい運営を余儀なくされている。

江戸時代、断絶したと思われていたキリシタンの信仰は、口伝で継承されていたことが幕末明治初期に判明、その後も「かくれキリシタン」の継承者たちは、その信仰を、大正、そして昭和と後継者に伝えてきた。しかし、この研究で知られる宮崎賢太郎の報告によれば、平成時代となった近年では、かくれキリシタンの後継者たちがその継承を放棄し、途絶の危機にあるという［宮崎 二〇一四］。

歴史的展開を止めることはできまい。だが、本章で見てきたように、一人ひとりが信仰を個々に守るだけではなく、複数の施設をその広い範囲の人々が考えて守り続けることはありうることを確認した。筆者自身は「多世代共生社会」たることが重要だと主張している［川又 二〇一六b］。それは今回の調査においても、同様の見解を継続するに至った。その流れも止められないだろう。

ラグビーなど団体スポーツ競技でよく唱えられる言葉に、「one for all, all for one」がある。決して理想論にとどまるものではなく、競技のなかで目指され、それが果たされたときに、勝利など大きな結果も挙げられている。

そしてそれは、信仰の世界でも、同様のことが言えるということが、本章を通じて示されたのではないだろうか。「一つの教会、みんなの教会」ということが、苫小牧地区の現在を支え、そのエッセンスは、たぶん、広くさまざまな地域のさまざまな宗教集団でも応用できるのではないかと、筆者は思っている。

参照文献・URL

五味　一　二〇〇一（一九八七）「日本基督教団北海教区「北海道特別開拓伝道」の研究」（『宣教論集　一九八六抜粋』日本基督教団北海教区宣教研究委員会）。
磯岡哲也　一九九九『宗教的信念体系の伝播と変容』（学文社）。
川又俊則　二〇〇二『ライフヒストリー研究の基礎』（創風社）。
川又俊則　二〇一六ａ「伝統宗教の人口減少への生存戦略」（寺田他編『近現代日本の宗教変動』ハーベスト社）。
川又俊則　二〇一六ｂ「超高齢社会を先導するキリスト教界」（『福音と世界』七一―九）。
宮島利光　一九九四『チキサニの大地――アイヌ民族の歴史・文化・現在』（日本基督教団出版局）。
宮崎賢太郎　二〇一四『かくれキリシタンの実像』（吉川弘文館）。
森岡清美　二〇〇八『明治キリスト教会形成の社会史』（東京大学出版会）。
向谷地生良　二〇〇六『「べてるの家」から吹く風』（いのちのことば社）。
向谷地生良　二〇一五『精神障害と教会』（いのちのことば社）。
斎藤道雄　二〇一〇『治りませんように――べてるの家のいま』（みすず書房）。
櫻井義秀編　二〇一七『現代中国の宗教変動とアジアのキリスト教』（北海道大学出版会）。
谷　大二ほか　二〇〇八『移住者と共に生きる教会』（女子パウロ会）。
辻中明子　二〇〇五「多くの人の手を通して」（『礼拝と音楽』一二五）。
浦河べてるの家　二〇〇五『べてるの家の「当事者研究」』（医学書院）。
『宗教年鑑』（平成二八年版）。
学校基本調査（平成二八年度）。

『日本基督教団年鑑二〇一七』（日本基督教団出版局）。

『北海教区通信』一九三、一九四、一九六号。

『二〇一五年度苫小牧地区ニュース』二〇一六年三月一一日。

『信徒の友』三〇一号（一九七二年）、三五九号（一九七六年）。

『北海道新聞』一九七六年一〇月二五日。

文化庁　二〇一四「宗教関連統計に関する資料集」（http://www.bunka.go.jp/tokei_hakusho_shuppan/tokeichosa/shumu_kanrentokei/pdf/h26_chosa.pdf〈二〇一七年三月二〇日閲覧〉）。

Pew Research Center, 2017, The Changing Global Religious Landscape（http://www.pewforum.org/2017/04/05/the-changing-global-religious-landscape/〈二〇一七年五月五日閲覧〉）。

若者の地方移住に神社が創り出す新たな「しあわせ」観

板井正斉
ITAI Masanari

はじめに

全国にどれほどの宗教施設が存在するかご存じだろうか。文化庁が毎年公表する『宗教年鑑（平成二八年版）』によれば、おおよその数は二二万といわれている（宗教法人を含む宗教団体数）。その内、神社が約八万一〇〇〇。寺院が七万七〇〇〇。教会が三万一〇〇〇にのぼる。この数が多いのか少ないのか、普段生活をしていてもあまりピンとこないというのが一般的な感覚だろう。そこで全国のコンビニエンスストアの店舗数と比べてみると、その数は二〇一七年二月時点で約五万五〇〇〇とある［日本フランチャイズチェーン協会　二〇一七］。コンビニエンスストアの存在感を踏まえると、私たちの暮らしは、まさに寺社をはじめとする宗教施設に囲まれているといえる。

ところが、そのような私たちの生活空間に、最近変化が生じているようだ。いわゆる「地方消滅ショック」は、地方の寺社存続にも深刻な影響を与えると推測されているからである。人口減少社会を迎え、少子高齢化の進行する我が国において、地域そのものの存続が危ぶまれるとともに、意識するにせよ、無意識にせよ、その地域の暮らしを見守り、あるいはそこに存在してきた寺社の維持も困難になるというわけである。その一方で、地方消滅に対して地方移住者の増加を見逃せないとする指摘もある。特に若者世代の地方移住は、「地域おこし協力隊」などのユニークな活躍にもつながっている。また、生活空間にコンビニより多く存在する宗教施設を豊かな地域資源としてとらえることも可能かもしれない。

そこで本章では、まず存続が危ぶまれるとされる地方に移住する若者世代の動向と、地域に存在し続けてきた神社の地域資源性を検証する。その上で後半は、具体的に過疎地域の神社を媒介にした地域おこし協力隊による活動事例から、地方の人口減少課題に新たな「しあわせ」観を創出できる可能性について考えてみたい。

(1) 地方が消滅し、神社もなくなる!?

❖ 地方消滅

「地方に住む人がいなくなる」ことは、長らく社会課題として認識されてきた。高度経済成長による都市部への人口流出をはじめ、核家族化の進行に伴う少子高齢化は、地方の過疎化をあらわにしていった。すでに一九七〇年には、最初の「過疎地域対策緊急措置法」が制定され、その後も三次にわたり議員立法による特別措置法が継続されている。さらに課題認識が一般化されたのは、社会学者の大野晃によって提唱された「限界集落」によるところも大きいだろう。「限界集落」は、一九九〇年前後から大野によって使われた概念で、地方の現状がより深刻化していることを具体的に「存続集落」「準限界集落」「限界集落」と区分し、限界集落を「六五歳以上人口が、集落の半数を超えている集落」と定義した［大野 一九九一：五六頁］。二〇〇五年頃から雑誌やメディアでも取り上げられると、呼称の消極的なイメージや、高齢者率による定義の画一化に対して議論も起こった［佐藤 二〇一二］。その一方で関係省庁による実態把握調査も積み重ねられており、総務省の『過疎地域等における集落の状況に関する現況把握調査報告書』（二〇一一）によると、過疎地域等における集落数は、六万二二七三（二〇〇六年度）から六万四九五四（二〇一〇年度）と増加傾向である。また同調査では、前回調査から再編されていない集落のみを対象とした経年比較も掲載されており、消滅の可能性のある集落数は、「一〇年以内に消滅」「いずれ消滅」をあわせて二三四四（二〇〇六年度）から二七〇五（二〇一〇年度）とやや増えている［同：九〇頁］。

これまでの過疎をめぐる動向をかいつまんで振り返ると、早くから法制度を整え、「限界集落」という用語を通じて課題の深刻化も広く知られるようになった。そして、過疎地域等における集落数は増え、消滅の可能性のある集落数も微増傾向にある。そのようななかれの中で二〇一四年五月に民間の研究機関である日本創生会議（増田寛也座長）が、全国の八九六自治体（全国の四九・八％）を「消滅可能性都市」と位置付けて報告した。このことが、いわゆる「地方消滅ショック」として我々にこれまで以上の衝撃を与えることとなった。その最大の理由は、これまでの調査で示されることのなかった具体的な自治体名を公表したことにあるといえる［増田　二〇一四］。

❖限界神社

日本創生会議によって明らかになった消滅可能性都市の中に存在する神社は、一体どの程度の数になるのだろうか。この問いをいち早く分析した宗教社会学者の石井研士によると、消滅するとされる八九六自治体に六万二九七一もの宗教法人（全宗教法人の三五・六％）が位置するという（これらを「限界法人」と呼ぶ）。その内、「限界神社」は三万一一八四法人で全神社に占める割合が四一％にものぼった。さらに驚くべきは、各都道府県別で「限界神社」の割合を並べると、秋田県（九九・九％）

表1　消滅する自治体の宗教法人と神社

	県合計	限界法人	%	全神社	限界神社1	%	限界神社2	%	限界合計	%
北海道	4512	3285	72.8	610	182	29.8	294	48.2	476	78.0
青森県	1587	1513	95.3	788	522	66.2	238	30.2	760	96.4
岩手県	1668	1133	67.9	859	190	22.1	390	45.4	580	67.5
宮城県	2125	1194	56.2	932	475	51.0	135	14.5	610	65.5
秋田県	2018	2017	100.0	1118	996	89.1	121	10.8	1117	99.9
山形県	3378	2502	74.1	1732	919	53.1	516	29.8	1435	82.9
茨城県	4086	1589	38.9	2464	921	37.4	97	3.9	1018	41.3
栃木県	3113	617	19.8	1906	318	16.7	81	4.2	399	20.9
群馬県	2665	951	35.7	1185	294	24.8	130	11.0	424	35.8
埼玉県	4907	1274	26.0	1995	405	20.3	122	6.1	527	26.4
千葉県	6675	3138	47.0	3133	1148	36.6	369	11.8	1517	48.4
東京都	6045	294	4.9	1401	30	2.1	52	3.7	82	5.9
神奈川県	3806	238	6.3	1124	54	4.8	33	2.9	87	7.7
新潟県	7978	3167	39.7	4736	1601	33.8	302	6.4	1903	40.2
富山県	3987	1119	28.1	2193	628	28.6	45	2.1	673	30.7
石川県	3449	1643	47.6	1893	670	35.4	285	15.1	955	50.4
福井県	3568	1143	32.0	1705	432	25.3	127	7.4	559	32.8
山梨県	2903	1689	58.2	1266	554	43.8	260	20.5	814	64.3
長野県	4431	870	19.6	2443	128	5.2	404	16.5	532	21.8
岐阜県	6064	2092	34.5	3215	1021	31.8	172	5.3	1193	37.1
静岡県	6101	845	13.9	2823	295	10.4	140	5.0	435	15.4
愛知県	9172	504	5.5	3317	166	5.0	74	2.2	240	7.2
三重県	3740	925	24.7	825	149	18.1	73	8.8	222	26.9
滋賀県	4856	189	3.9	1434	0	0.0	43	3.0	43	3.0
京都府	5606	1607	28.7	1579	647	41.0	134	8.5	781	49.5
大阪府	6016	827	13.7	574	91	15.9	14	2.4	105	18.3
兵庫県	8764	3694	42.1	3837	1789	46.6	191	5.0	1980	51.6
奈良県	3847	1912	49.7	1305	428	32.8	297	22.8	725	55.6
和歌山県	2408	1638	68.0	422	150	35.5	165	39.1	315	74.6
鳥取県	1514	664	43.9	824	117	14.2	279	33.9	396	48.1
島根県	2744	1783	65.0	1166	544	46.7	239	20.5	783	67.2
岡山県	3691	1463	39.6	1627	592	36.4	121	7.4	713	43.8
広島県	5199	1472	28.3	2420	686	28.3	106	4.4	792	32.7
山口県	2678	624	23.3	737	112	15.2	81	11.0	193	26.2
徳島県	2315	1313	56.7	1304	438	33.6	377	28.9	815	62.5
香川県	2018	680	33.7	771	221	28.7	44	5.7	265	34.4
愛媛県	2931	1659	56.6	1252	560	44.7	193	15.4	753	60.1
高知県	2826	1621	57.4	2141	363	17.0	947	44.2	1310	61.2
福岡県	6795	2175	32.0	3342	1021	30.6	157	4.7	1178	35.2
佐賀県	2360	450	19.1	1098	168	15.3	53	4.8	221	20.1
長崎県	2342	1460	62.3	1261	815	64.6	85	6.7	900	71.4
熊本県	2835	1003	35.4	1363	178	13.1	309	22.7	487	35.7
大分県	3703	1835	49.6	2123	1058	49.8	106	5.0	1164	54.8
宮崎県	1227	426	34.7	653	64	9.8	173	26.5	237	36.3
鹿児島県	1815	730	40.2	1123	271	24.1	199	17.7	470	41.9
沖縄県	202	4	2.0	11	0	0.0	0	0.0	0	0.0
合計	176670	62971	35.6	76030	22411	29.5	8773	11.5	31184	41.0

出典:［石井　二〇一五:八頁］
※出典では、%を小数点第2位で四捨五入しており、表1でもそのまま記載した

が最も高く、次いで青森県（九六・四％）、山形県（八二・九％）となっている（表1）。数値の上からは、秋田県内ほぼすべての神社が消滅する可能性を持つことになる。この調査結果を踏まえて石井は、「きわめて単純な言い方をすれば、日本創世会議が予想した二〇四〇年までに、神社は四割減少することになる」と警鐘を鳴らした［石井　二〇一五］。

石井の調査方法は、各都道府県の宗教法人名簿を取り寄せて、消滅可能性都市内に位置する宗教法人をカウントしている。そのためあくまでもその数は宗教法人数であり、神社数そのものではない。例えば同一法人内に複数の神社を含める場合などはそのカウントに含まれない。しかしながら、全国の神社数を把握する上で、法人数以外に適当な算出方法は見当たらないことからすると、現状における最も現実的な推計といえる。

(2) 若者は地方へ移住し、神社が地域の資源となりうる!?

❖若者の地方移住

地方消滅をめぐって具体的な自治体名が明示され、地域神社の存続可能性も危ぶまれる一方で、その地方への移住者数が増えているとする指摘もある。農学者である小田切徳美によると、二〇〇九年度に二八六四人だった地方圏への移住者数が、二〇一三年度には八一八一人に増加しており、四年間で二・九倍というスピードに注目している。また、移住先として鳥取県や岡山県、島根県など過疎化が先行している地域への動向が活発であるという（表2）。

さらに小田切は、地方への移住を牽引しているのが若者層であると指摘する。その根拠として、内閣府の二つの世論調査（「都市と農山漁村の共生・対流に関する世論調査」〈二〇〇五〉と「農山漁村に関する世論調査」〈二〇一四〉）をもとに、「都市住民の農山漁村への定住願望の有無」と「子育てに適し

表2　移住者数とその動向

		2009年度	2010年度	2011年度	2012年度	2013年度
合計人数（人）		2864	3877	5176	6077	8181
順位	①	島根	鳥取	島根	鳥取	鳥取
	②	鳥取	島根	鳥取	島根	岡山
	③	長野	長野	長野	鹿児島	岐阜
	④	北海道	富山	北海道	岐阜	島根
	⑤	福井	北海道	岐阜	長野	長野

出典：［小田切　二〇一五：二五頁］

ている地域」の結果を取り上げている（表3）。まず、定住願望の「ある」「どちらかというとある」と答えた人の割合は、全体で二〇・六%（二〇〇五年）から三一・六%（二〇一四年）と一一%増加している。その割合を世代別かつ男女別で見ると、二〇歳代～四〇歳代の男性と、三〇歳代～四〇歳代の女性の増加幅が大きい。ここから小田切は、農山漁村への定住願望が「男性の二〇歳代の単身層」と「男女の三〇歳代・四〇歳代のファミリー層」という二グループで高まっていると推測する。次に子育てに適している地域として「都市」「どちらかというと都市」と「農山漁村」「どちらかというと農山漁村」の割合を見ると、全体で農山漁村（五〇%）が都市（三九・六%）を上回っている。世代別かつ男女別で見ると、女性の全世代で都市より農山漁村の割合が多いのに対して、男性は三〇歳代と五〇歳代で農山漁村より都市の割合が多くなっている。先ほどの定住願望と重ねることで、小田切は、ファミリー世代の定住願望の内、男性より女性が子育て環境をその要因として強く意識し

表3　国民の農山漁村地域に対する意識　（単位：%）

	①都市住民の農山漁村への定住願望の有無				②子育てに適している地域（2014年）			
	男性		女性		男性		女性	
	2005年	2014年	2005年	2014年	農山漁村	都市	農山漁村	都市
20歳代	34.6	47.4	25.5	29.7	55.7	40.0	58.1	37.1
30歳代	17.1	34.8	16.9	31.0	42.2	51.0	55.6	38.9
40歳代	18.3	39.0	14.1	31.2	45.5	43.0	48.3	41.5
50歳代	38.2	40.7	20.7	27.0	42.1	51.6	51.1	36.3
60歳代	25.0	37.8	14.6	28.8	51.6	38.4	55.1	33.8
70歳代以上	18.8	28.3	9.5	17.3	53.4	34.4	45.9	35.6
合　計	25.7	36.8	16.3	26.7	48.5	42.3	51.4	37.0

出典：[小田切　二〇一五：二七頁]

※数値は、各調査年、各項目の年齢による割合。合計は各性別における割合

ているとする［小田切　二〇一五］。

直近で公表された総務省の『「田園回帰」に関する調査研究中間報告書』によると、二〇〇〇年と二〇一〇年の国勢調査から過疎地域への人口移動を分析した結果、移住者数は約二三万人（二一・四％）減少しているものの、全国の移住者総数に占める過疎地域への移住者の割合は、ほぼ変わっていない。さらに、都市部から過疎地域への移住者の年代別内訳では、二〇歳代が最も多く、三〇歳代の割合も増えている。その一方で、過疎地域への移住者数と人口に占める割合を地域ブロック別で見ると、沖縄や北海道で一割を超えるものの、東北や北陸では五％台と地域に偏重もうかがえる。

以上の小田切の指摘する若者の地方移住の特徴を最も端的にあらわしているのが、地域おこし協力隊といえよう。地域おこし協力隊とは、総務省事業として「都市地域から過疎地域等の条件不利地域に住民票を移動し、生活の拠点を移した者を、地方公共

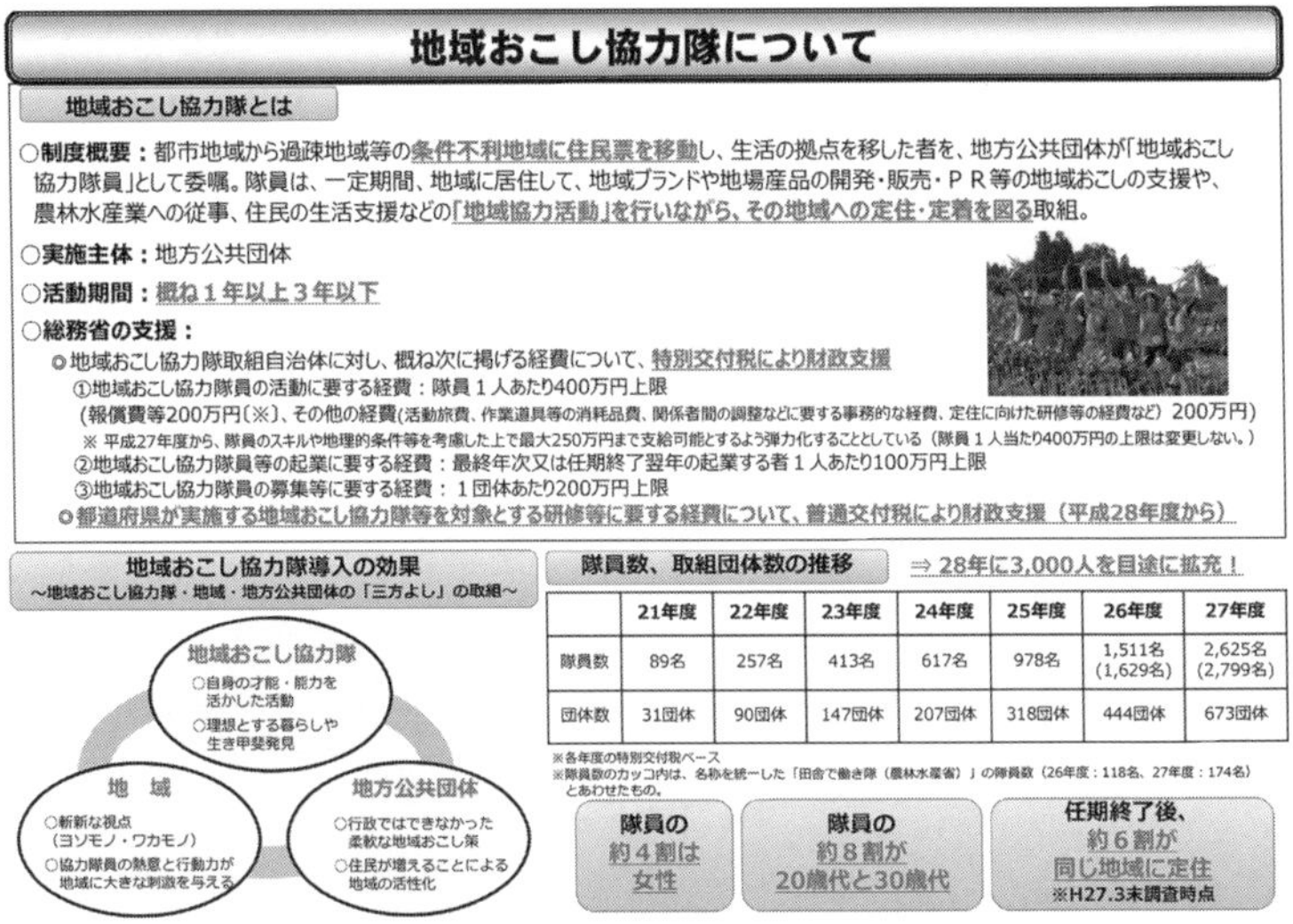

地域おこし協力隊について

地域おこし協力隊とは

○**制度概要：**都市地域から過疎地域等の条件不利地域に住民票を移動し、生活の拠点を移した者を、地方公共団体が「地域おこし協力隊員」として委嘱。隊員は、一定期間、地域に居住して、地域ブランドや地場産品の開発・販売・ＰＲ等の地域おこしの支援や、農林水産業への従事、住民の生活支援などの「地域協力活動」を行いながら、その地域への定住・定着を図る取組。

○**実施主体：**地方公共団体

○**活動期間：**概ね１年以上３年以下

○**総務省の支援：**

◎地域おこし協力隊取組自治体に対し、概ね次に掲げる経費について、特別交付税により財政支援

①地域おこし協力隊員の活動に要する経費：隊員１人あたり400万円上限

(報償費等200万円〔※〕、その他の経費(活動旅費、作業道具等の消耗品費、関係者間の調整などに要する事務的な経費、定住に向けた研修等の経費など) 200万円)

※ 平成27年度から、隊員のスキルや地理的条件等を考慮した上で最大250万円まで支給可能とするよう弾力化することとしている（隊員１人当たり400万円の上限は変更しない。）

②地域おこし協力隊員等の起業に要する経費：最終年次又は任期終了翌年の起業する者１人あたり100万円上限

③地域おこし協力隊員の募集等に要する経費：１団体あたり200万円上限

◎都道府県が実施する地域おこし協力隊等を対象とする研修等に要する経費について、普通交付税により財政支援（平成28年度から）

地域おこし協力隊導入の効果

～地域おこし協力隊・地域・地方公共団体の「三方よし」の取組～

地域おこし協力隊
○自身の才能・能力を活かした活動
○理想とする暮らしや生き甲斐発見

地　域
○斬新な視点（ヨソモノ・ワカモノ）
○協力隊員の熱意と行動力が地域に大きな刺激を与える

地方公共団体
○行政ではできなかった柔軟な地域おこし策
○住民が増えることによる地域の活性化

隊員数、取組団体数の推移

⇒ 28年に3,000人を目途に拡充！

	21年度	22年度	23年度	24年度	25年度	26年度	27年度
隊員数	89名	257名	413名	617名	978名	1,511名 (1,629名)	2,625名 (2,799名)
団体数	31団体	90団体	147団体	207団体	318団体	444団体	673団体

※各年度の特別交付税ベース
※隊員数のカッコ内は、名称を統一した「田舎で働き隊（農林水産省）」の隊員数（26年度：118名、27年度：174名）とあわせたもの。

隊員の約４割は女性

隊員の約８割が20歳代と30歳代

任期終了後、約６割が同じ地域に定住
※H27.3末調査時点

図1　地域おこし協力隊について

（http://www.soumu.go.jp/main_content/000405085.pdf〈2017年3月30日閲覧〉）

団体が「地域おこし協力隊員」として委嘱」する制度である。具体的に「隊員は、一定期間、地域に居住して、地域ブランドや地場産品の開発・販売・PR等の地域協力活動を行いながら、地域への定住・定着を図る取組」とされる（図1）。活動期間は概ね一年以上三年以下とされており、ヨソモノ・ワカモノの斬新な視点を期待されている。二〇〇九年度よりスタートした制度で、当初八九名の隊員数だったが、年々増加傾向にあり、二〇一五年度で二六二五名となっている。隊員数は、七年間で二九倍に増えている。とりわけ隊員の約四割は女性であり、約八割が二〇歳代と三〇歳代と年齢も若く、任期終了後も約六割（二〇一五年三月末時点）が同じ地域に定住している（総務省「地域おこし協力隊の概要」）。国は二〇一六年度までに三〇〇〇人を目標

に掲げており、原稿執筆段階で公表されている資料によると二〇一六年度特別交付税ベースで隊員数三九七八名となった。これは過去最大の単年度増となっている。目標数値に対する達成度を考えても地域おこし協力隊が、地方消滅に対する国の積極的な施策の一つであることを裏付けている。また、隊員数の増加に伴って受入れ自治体も、八八六（一一府県八七五市町村）にのぼり、隊員数を都道府県別に見ると、北海道（五四〇人）、長野県（三一五人）、島根県（二二〇人）が突出して多い（総務省「地域おこし協力隊の活躍先（受入れ自治体一覧）（平成二八年度）」）。これらの自治体は前述の小田切や総務省による移住者数の動向で上位に並んだ自治体と符合する。その一方で、東北や北陸・東海地域の一部では受入隊員数がやや低調であり、この点も移住者数の地域偏重と重なっているように見える。

❖神社の地域資源性

さて、「限界神社」の推計は、「地方消滅」とともに神社関係者を中心に強烈なインパクトを与えたといえるが、こちらも別の見方をすると興味深い示唆を与えている。それは、消滅可能性都市にこれだけ多くの神社が存在しているという事実である。単純に計算して、一自治体に三四・八の宗教法人格を有した神社があることになる。あくまでも目安としての比較だが、総務省の『平成二七年度版過疎対策の現況』によれば、二〇一五年度の過疎地域とされる市町村数は、七九七である。その内、小学校数は三六三四校、中学校数は一八六一校となっており、小・中学校を合わせると、過疎地域一自治体に六・九校となる。少なくとも過疎地域の学校より、神社の方がその法人数において約五倍多い可能性を持つ。統廃合に伴う学校跡地を過疎地域の活性化に役立てようとする取組はメディアでもよく取り上げられる。法人としての社会的性格を踏まえれば、神社も決して少なくない地域資源と考えられないだろうか。例えば、地域の神社やお寺をはじめとした地縁的・目的縁的な集団や、それらによって支えられる祭礼などの行事は、地域のソーシャル・キャピタル（社会関係資本）としても近年注目されている［大谷栄一・藤本頼生編　二〇一二。櫻井義秀・川又俊則編　二〇一六　など］。

また、前述の総務省による『過疎地域等における集落の状況に関する現況把握調査報告書』では、「多くの集落で発生している問題や現象」について三三項目から複数選択で聞いている。最も多い問題としては「働き口の減少（七四・五％）」で、次に「耕作放棄地の増大（七二・一％）」、「空き家の増加（六七・五％）」と続く。その中で神社にかかわる項目としては、やや割合を下げて九番目に「伝統的祭事の衰退（四三・三％）」と、一四番目に「伝統芸能の衰退（三三・六％）」があがっている。それに対して、「寺社・仏閣の荒廃（六・六％）」は三〇番目とほとんど問題になっていない（表4）。

さらに大野晃が一九九三年に高知県仁淀村（現仁淀川町）で行った調査によると、「氏神の祭礼の維持」は、「集落の役職者の確保」や「道役などの共同作業の維持」に比べて、限界集落であっても維持できているという結果もある［大野　二〇〇五：一四二頁］。

神社の地域資源性は、なにも神社という空間のみではない。二〇一五年に全国の神社を包括する神社本庁が全宮司（一万三一〇人）を対象に行った「神社・神職に関する実態調査」（回答率六〇・一％）によれば、「神社が地域社会の中でより重要になるためにはどのようなことが必要だと思いますか」という問いに、四四・二％が「地域社会での活動を担うこと」と答えている。また「神社が従来よりも具体的な社会貢献活動をより積極的に行った方がいいか」という問いには、「積極的に行うべきで

表4　多くの集落で発生している問題や現象　［総務省　二〇一一b：一九頁］

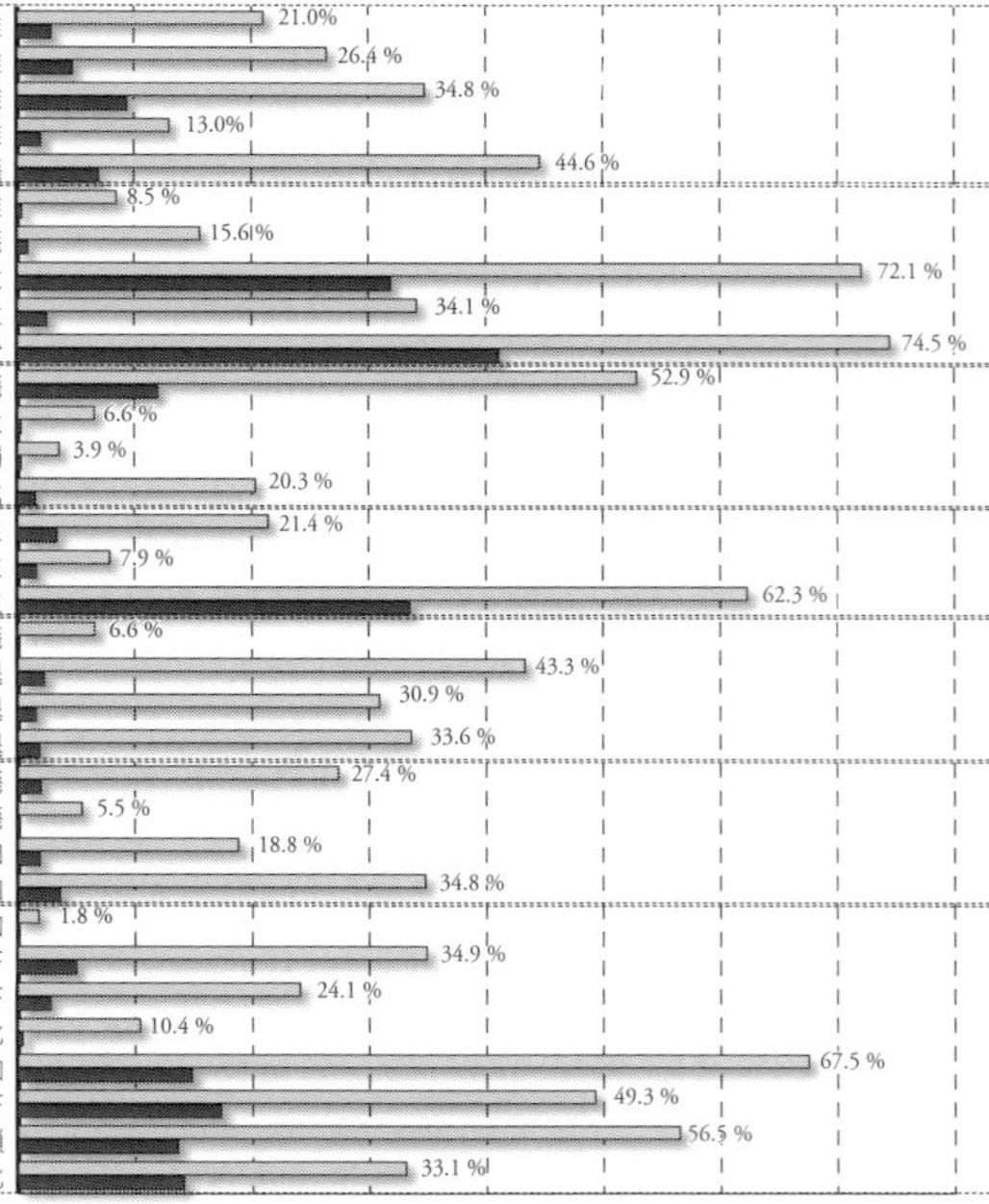

分野	項目	多くの集落で発生しているもの	前回	増減	特に深刻な問題になっていること（最大3つまで）
生活基盤	1. 集会所・公民館等の維持困難	21.0%	20.1%	+0.9pts	23
	2. 道路・農道・橋梁の維持困難	26.4%	23.1%	+3.3pts	38
	3. 小学校等の維持困難	34.8%	37.7%	-3.0pts	75
	4. 上下水道等の維持困難	13.0%	11.1%	+1.9pts	16
	5. 住宅の荒廃	44.6%	37.8%	+6.8pts	56
産業基盤	6. 共同利用機械・施設等の維持困難	8.5%	11.0%	-2.5pts	3
	7. 用排水路・ため池等の荒廃	15.6%	14.1%	+1.5pts	7
	8. 耕作放棄地の増大	72.1%	63.0%	+9.1pts	255
	9. 不在村者有林の増大	34.1%	35.5%	-1.4pts	20
	10. 働き口の減少	74.5%	-	-	329
自然環境	11. 森林の荒廃	52.9%	49.4%	+3.5pts	96
	12. 河川・地下水等の流量変化の拡大	6.6%	8.1%	-1.5pts	2
	13. 河川・湖沼・地下水等の水質汚濁	3.9%	7.7%	-3.8pts	2
	14. 里地里山などの生態系の変化	20.3%	12.1%	+8.2pts	12
災害	15. 土砂災害の発生	21.4%	27.2%	-5.8pts	27
	16. 洪水の発生	7.9%	9.3%	-1.4pts	13
	17. 獣害・病虫害の発生	62.3%	46.7%	+15.6pts	268
地域文化	18. 寺社・仏閣の荒廃	6.6%	7.2%	-0.6pts	0
	19. 伝統的祭事の衰退	43.3%	39.2%	+4.1pts	18
	20. 地域の伝統的生活文化の衰退	30.9%	33.9%	-3.0pts	13
	21. 伝統芸能の衰退	33.6%	30.7%	+2.9pts	15
景観	22. 農山村景観の荒廃	27.4%	26.6%	+0.8pts	16
	23. 集落景観の荒廃	5.5%	7.7%	-2.2pts	1
	24. 低未利用地の増加	18.8%	16.4%	+2.4pts	15
	25. ごみの不法投棄の増加	34.8%	45.9%	-11.2pts	29
住民生活	26. 空き巣等の犯罪の増加	1.8%	4.6%	-2.9pts	0
	27. 冠婚葬祭等の機能低下	34.9%	25.7%	+9.2pts	40
	28. 災害時における相互扶助機能低下	24.1%	19.9%	+4.2pts	22
	29. 低未利用施設周辺の環境悪化	10.4%	15.1%	-4.7pts	3
	30. 空き家の増加	67.5%	57.9%	+9.6pts	118
	31. 公共交通の利便性低下	49.3%	-	-	138
	32. 商店・スーパー等の閉鎖	56.5%	-	-	109
	33. 医療提供体制の弱体化	33.1%	-	-	113

0.0%　10.0%　20.0%　30.0%　40.0%　50.0%　60.0%　70.0%　80.0%

（市町村担当者へのアンケート結果）N=800　□ 多くの集落で発生しているもの（複数選択可）　■ 特に深刻な問題になっていること（最大3つまで）

■：10pts以上増えた項目　■：5pts以上増えた項目　□：100以上の市町村が選択した項目

ある」「出来るだけ行った方が良い」を合わせて七〇・三％となった。さらに「神職（宮司）は今まで以上に地域の文化的・社会的活動に関わるべきだと思いますか」という問いには、「積極的に関わるべき」「機会があれば関わるべき」を合わせて七八・五％となった［神社本庁　二〇一六］。

宮司の地域活動や社会貢献に対する意識の高さだけでなく、全国の約八万一〇〇〇社を地域で支える伝統的な宗教ネットワークである氏子総代をはじめ、氏子・崇敬者（『宗教年鑑』の信者数は、約八九五〇万人）といった人的資源との相乗効果もあらためて期待できるし、上記以外にも全国の有名社寺に参拝する「講」組織のつながりに着目する研究もある［藤本　二〇一二］。

もちろん、前述の石井研士が言及するように、神社を最後まで維持することへの地域住民の負担感も看過できない問題である。それでも地域で維持する意識を比較的持ち続けやすい地域資源として、神社が過疎地域内に、他の地域資源と比べて数多く存在しているという積極的な視点も重要と考える。それに加えて、神職の地域活動や社会貢献に対する意識の高さや宗教ネットワークの存在も神社の地域資源としての価値を高めている。

(3) 過疎地域の神社を媒介にした地域おこし協力隊による活動の先行事例

ここまで、「地方消滅ショック」に対して、若者の地方移住の動向が見逃せないとする指摘を確認し、その象徴として地域おこし協力隊に着目した。また「限界神社」についても、明らかになった神社数と、歴史的文化的な地域内での位置づけや意識を踏まえて、神社の地域資源としての可能性をあらためて提案した。

それでは、地域おこし協力隊の活動で、神社を媒介している事例はあるだろうか。椎川忍他編による『地域おこし協力隊　日本を元気にする60人の挑戦』には、「地域をおこす60人の仕事」と題して、協力隊員OBと現役協力隊員のエピソードが掲載されている。その中に、「伝統芸能への参加」や「二〇年以上前に休止した山伏神楽の復活」など、神社と関わりの深そうな活動事例が散見できる。高校生と地域課題解決に取り組んだ事例では、「楽士（笛や太鼓）で祭りの行列に参加」することで「この地区の一員になったようで嬉しかった」という生徒の言葉を印象的に紹介する協力隊員もいた。また、離島の協力隊員は着任一年目に「島になじむ・島のことを知るため祭りの手伝い」をメイン活動の一つにしたという［椎川　二〇一五］。

その他にもう一つ具体的な先行事例を取り上げてみたい。それは岡山県美作《みまさか》市の地域おこし協力隊による地域祭礼の復活である。岡山市内から北東へ五〇キロ離れた山の谷間にある上山地区は、人口約一七〇名の山間過疎地域である。かつて八三〇〇枚の棚田で盛んに米づくりの行われていた地域だが、近年、耕作放棄されて荒れ果てていた。そこで二〇〇七年から移住者による棚田の再生がスタートし、二〇一〇年以降、地域おこし協力隊が順次加わっていった。棚田再生という途方もない作業の成果をウェブサイト「UEYAMA shuraku」では「最初は「どうせ再生なんて無理だろう」とあきらめていた地元の人々からは、目の前に蘇る懐かしい風景に歓喜の声が上がりました」と表現している。その後も農業を中心としながら、棚田資源を活用した新たな産業や観光の創出、最近ではモビリティの課題にも挑戦しており、「これまでよりもさらに豊かな、未来の田舎」を目指している。地域おこし協力隊による地域再生として先駆的な事例といえる。

その上山の地域おこし協力隊が、「上山の魅力」として「秋祭り　小さくても守りたい、地域の伝統ある行事」と「夏祭り　古くて温かい、上山の夏祭り」をウェブサイトで紹介している。協力隊が上山へ来た当時、氏神である上山神社の秋祭りの獅子舞と夏祭りは二〇〇四年以降途絶えていたという。棚田再生で深まった地域住民との信頼関係から、地域おこし協力隊員も神社の総代を務めることを許されていくと、協力隊の総代メンバーが中心となって、二〇一一年には獅子舞、二〇一二年には夏祭りが復活した。彼らが棚田再生に留まらず神社の祭りの復活に取り組んだ理由とは何だろうか。

ウェブサイトでは、「田んぼだけではない。田んぼや水路を中心にしたコミュニティや、地域の伝統まで復活させないことには棚田の再生とは言えない」とあり、農山村が潜在的に持つ豊かな可能性の一つとして、神社をめぐる伝統文化も含めてとらえている。そして、「まず、昔の雰囲気を守りながら復活させなくてはいけない」と、かつての運営者への聞き取りや過去の資料に目を通し、「倉庫から古い提灯を引っ張り出してきたり」した。丁寧にこれまでの形を尊重する一方で、「何か新しいことも始めて、もっと多くの人に上山まで足を運んでもらおう」と、盆踊り後には、上山の夜空にスカイランタンを浮かべた。それでは協力隊の活動目的に、神社の地域資源性が有効に機能することをはじめから考えていたかというと、「僕はもともと、宗教的なものにはまったく関心がなかったんです。それでも上山で農業をやるようになって、お祭りの意味がわかるようになりました。去年作った米を今年食べて、今年作った米を来年食べる。このような循環の中にいると、やはり何かに対して「来年もよろしくお願いします」と思うようになるんですね。獅子舞を始めた頃は、意味もわからずに舞っていたのですが、今では上山の神様にしっかり見てもらいたくて舞ってます」と述べている［上山集楽 https://ueyama-shuraku.jp/］。

復活の中心となった協力隊員が、「お祭りの意味」をだんだんと理解していく中で、地域住民にもまた「何かやるとどこか抜けるそそっかしい性格でねえ。それでいて甘え下手やから、もう心配でほっとけんのよ」とか「浴衣を着せてやらんとな。うちの息子が着ていたのがあるから仕立て直してやろう」といった反応に活動への信頼感を高めていった様子をうかがえる［英田上山棚田団出版プロジェクトチーム　二〇一三］。

全国の地域おこし協力隊のエピソードや上山の先行事例からは、地域おこし協力隊による神社を媒介にした地域住民との協働が、地域再生という目的達成へ有効に機能しそうである。そして上山の事例が示すように、その有効性は協働の過程を通じて少しずつ高められていくのかもしれない。

(4) 丹生川上神社上社（奈良県川上村）でのワークショップ「いのりのもり」の事例

❖事例概要

地域おこし協力隊による神社の地域資源性を媒介にした地域住民との協働が、地域再生という目的達成へ有効に機能するか、次に筆者が行った調査を事例に検証してみよう。今回の検証事例は、奈良県吉野郡川上村に鎮座する丹生川上神社上社において、川上村地域おこし協力隊員と行ったワークショップ「いのりのもり」である。

川上村は、奈良県の南東部に位置し、一部を三重県との県境に接している。吉野杉の産地でもあり、吉野川の源流の地でもある。しかしながら戦後の林業衰退と、一九五九年の伊勢湾台風を契機としたダム建設などの影響もあり、一九六五年に七一六五人だった人口も、二〇一五年には一三一三人にまで減少している山間過疎地域である。

丹生川上神社上社は、その創建を天武天皇期までさかのぼる。平安期には延喜式内社として神名帳に記載されるとともに、「二十二社」にも列せられ、祈雨・止雨の神として長らく朝廷の篤い崇敬を受けてきた。由緒ある神社だが、前述の大滝ダム建設に伴って境内が水没することとなったため、一九九八年に現在の高台へ遷座している。

地域おこし協力隊が川上村に着任したのは、二〇一三年である。村の人から「かわかもん」と親しみをこめて呼ばれながら、余剰野菜を販売する朝市や、林業女子、エコツアー、農家民宿など積極的な地域資源の利活用を進めている。二〇一五年の春に、協力隊員の鳥居由佳氏（当時三三歳・着任三年目）と丹生川上神社上社宮司の望月康麿氏（当時六二歳・着任四年目）のご縁で、村内と村外の人の交流を通じて、川上村の魅力を体験的に理解しあえる場を創ることとなり、筆者も関わった。

そこで、村の人が神社に集まる九月の観月祭に合わせて、「いのりのもり」と名付けたワークショップを行った（図2、図3）。「いのりのもり」は、川上村にゆかりのあるできるだけ自然なパーツでオリジナル絵馬を制作し、参加者の様々な祈りを込めて神社に奉納するというプログラムである。まず吉野の和紙に祈りをしたため、杉の粉をまぶした小麦粉粘土で包んだものを、まだ柔らかいうちに吉野杉のかわいい枡に詰める。次にその枡の粘土に境内で拾った枝葉や草花を思い思いに飾っ

図2　「いのりのもり」募集フライヤー

図3　「いのりのもり」（撮影筆者）

て、最後はご神前での観月祭に参列し、それぞれの絵馬も奉納する。奉納後は境内で観月の宴を参加者一同で楽しんだ（当日の様子は、筆者が共同代表を務める神社deワークショッププロジェクトのウェブサイト「inoridesign」を参照のこと。https://inoridesign.com）。

参加者アンケート

「いのりのもり」に参加した二九名を対象に行ったアンケートを見ると、川上村内（二八・六％）より川上村外（七一・四％）からの参加者が多かった（図4）。年齢は、五〇歳代以上が三四・五％と最も高く、全世代で村外参加者が半分または半分以上を占めた（図5）。次に神社とのかかわりを知るために、丹生川上神社上社へ一年に何回参拝されるかを聞いたところ、「初めて」が七二・四％を占めており、「初めて」の内、村外参加者が九五％を占めた（図6）。満足度は、「満足できた」「ほぼ満足できた」で一〇〇％となり、村内外の参加者に楽しんでもらえた。自由記述を村内参加者と村外参加者とに分けて見ると（自由記述内容をそのまま掲載した）、村内参加者からは「またぜひさんかさせて頂きたい」「地域おこしとして是非何度もして下さい」と次回参加動機とともに、「地域おこし」としての可能性に期待する意見もあった。村外参加者からは、「神社に参ることが好きで、絵馬も作れてうれしく思っております」「とても楽しかったです‼ 又、いろいろ伝えてください‼」と神社参拝を趣味とする人たちが関心を持っていることや、ワークショップや行事の情報発信を望む意見があった。この他に村外参加者から「川上村とても心地良いところですね」というコメントもあった。村外から初めて参拝した人が多かった中で、川上村の魅力を実感する機会を提供できたといえる。

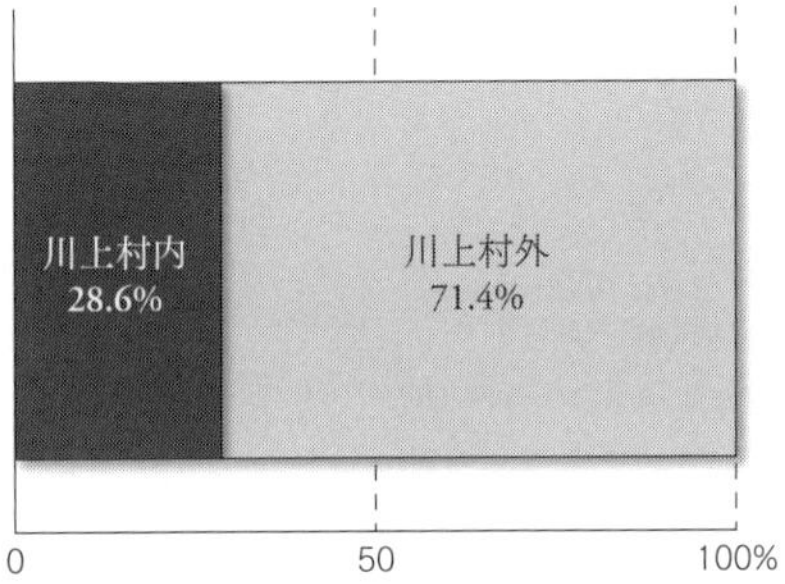

図4　居住地（「いのりのもり」アンケートより筆者作成）

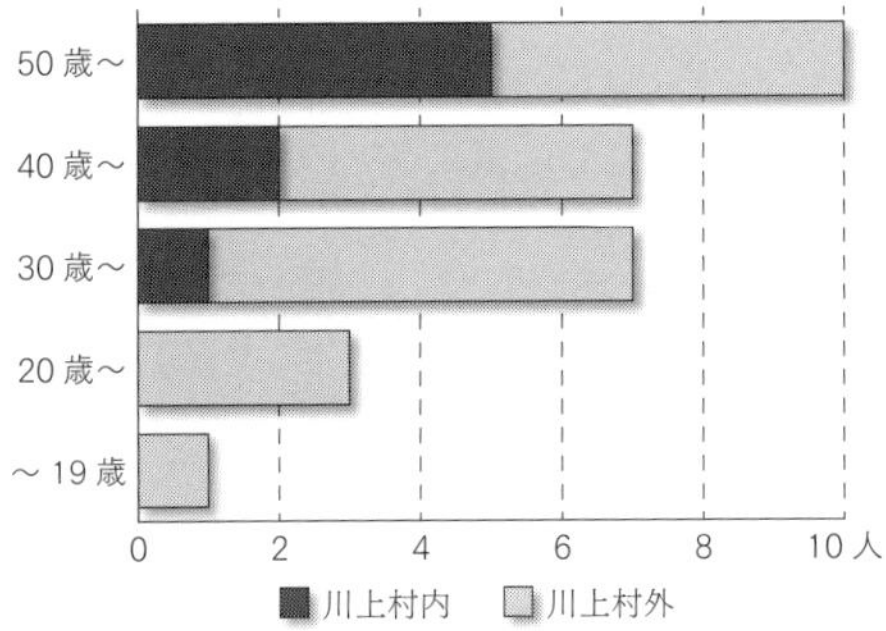

図5　年齢×居住地（「いのりのもり」アンケートより筆者作成）

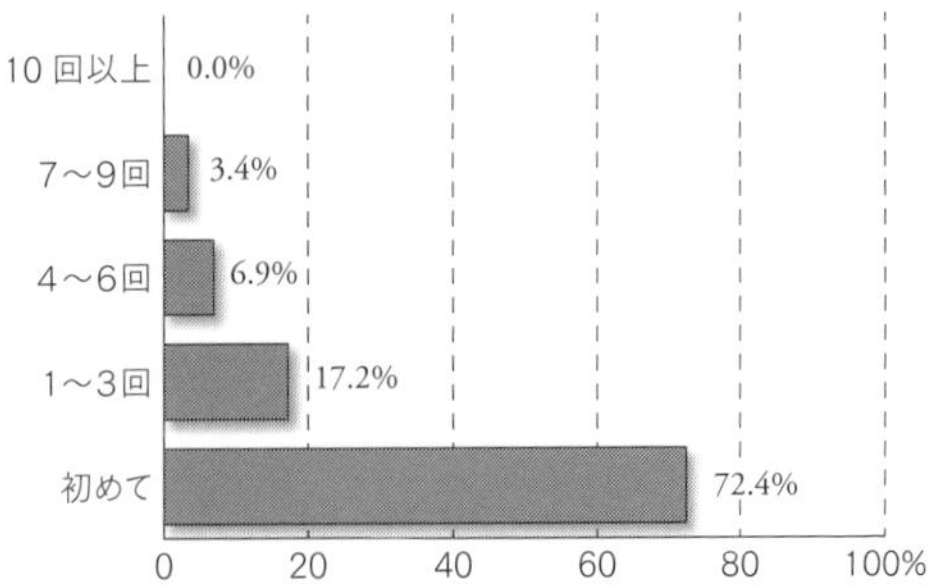

図6　丹生川上神社上社への年間参拝数

（「いのりのもり」アンケートより筆者作成）

❖宮司と地域おこし協力隊へのインタビュー

丹生川上神社上社宮司の望月康麿氏と、地域おこし協力隊員の鳥居由佳氏の感想や意見を筆者が行った四つの質問から分析してみたい（回答内容をそのまま掲載し、傍線は筆者が付した）。

質問①「お互いのことを、いつごろどのような機会にお知りになられましたか？」

宮　司　平成二五年、鳥居さんが川上村の協力隊で来られ、神社の行事に積極的に参加下さり、協力も頂いております。知識が広く、文章表現も素晴らしく、話も上手な方です。特に自然を愛し、森と水を大切にし、川上村の木が大好きな女性です。

協力隊員　二〇一三年六月に川上村に移住して、すぐに宮司さんとはお話しする機会がありました。私は出身地の東大阪市にあります河内国一之宮枚岡神社において約一〇年程、助勤巫女としてご奉仕させていただいていたこともあり、宮司様とはすぐに親しくなりました。一般人からすると神道の世界は立ち入りにくい業界ではありますがなんとか神社の参拝客をふやしたいと宮司様は熱心に行動されていましたので心の距離がとても近い印象をうけました。

協力隊員が着任以来、積極的に神社行事に参加していたことで、宮司との信頼関係も深まっていったと思われる。行事への動機として協力隊員が出身地の神社でのかかわりをもっていたことが大きく影響している。また一般人としての立ち入りにくさも理解していながら、交流人口の増加という両者の共通目的が協働の鍵になったと思われる。

質問②「今回の「いのりのもり」について感想を教えてください。」

宮　司　大変良い企画であったと思います。生活環境が違う人達が神社の境内に集い、川上村の樹木等を使い、独自の奉納絵馬を作成する。イデオロギーを越えた場所と時間を与えて下さいました。感謝しております。

協力隊員　「いのりのもり」は、ほんとうに素晴らしいWSでした。「祈りをカタチに」という行動は、とても分かりやすく実際にカタチ＝モノは何でも良いのだということ。ただ、カタチがないと表現できないのでそういうアクションを起こしているだけなのですがそれが一般の人にも分かりやすく伝わる行為なのだと、私自身も気付くことができました。また、同日に執り行われた「観月祭」での宴で、村民と村外の訪問者が交流できたことが双方にとってすごくプラスの作用をもったことも大きかったです。第三者観が入ることで、村民も客観的に物ごとをとらえることができるので本当に良い機会になったと思います。

両者とも村内外の交流を創出できたことに最大の成果を見ている。一般的に地域神社は、その地域に在住する氏子・崇敬者によって支えられており、そのネットワークへ外部者のアクセスは容易ではない印象を持つ。そのため、神社を支える内部と、神社に興味を持つ外部とを同時に結び付ける機会が思いのほか少ない。今回の「いのりのもり」では、氏子・崇敬者による観月祭と、外部からもアクセスしやすくかつ体験的ワークショップとをうまく重ねてプログラムデザインできた点に、宮司・協力隊員双方の満足感を高めた要因があると考える。

質問③「神社と地域との関わりを高めるために、地域おこし協力隊との連携は、有効でしょうか？」

宮　司　有効と考えます。協力隊の皆様には、行動力と発信力があります。神社と氏子のパイプ役になって頂ければと思います。

協力隊員　とても有効だと思います。全国のどんな過疎の地域にもお社は存在します。そしてまた、そのお社は様々な人が集まることができる「場」であります。この「場」を有効に活用することで、どこの地域であっても交流人口を増やすことが可能だと思います。

両者にとって連携・協働が有効と認識できた。神社は、協力隊の行動力や発信力、あるいは調整力を期待し、協力隊は、全国の活動地域に存在する神社を地域資源としてとらえられることへの期待をうかがえる。

質問④「今後、お互いに期待することはどのようなことがありますか？」

宮　司　神社と行政との間に一線は有るものの、今迄以上に神社の諸行事に参加奉仕頂きたい。

協力隊員　宮司さまの協力が必要不可欠ですね。今までにない形で、「日常に感謝する気持ち」を共に育んでいくことが軸になると感じています。

神社を地域資源として活用する際に、特定の宗教法人と行政とのかかわり方には可能性もある一方で制約もある。それでも、質問③で協力隊員がいうように、まずは交流の「場」としての魅力に注目することで、新たなアイデアも生まれてくると考えられる。さらに、前述の神社本庁の調査でも明らかになった神職の地域活動や社会貢献への高い意欲を引き出し、組み合わせることで、よりその「場」としての意味にバリエーションを生む可能性を持つ。

(5) 神社を媒介にして新たに創り出す「しあわせ」観とは

それでは、最後に神社を媒介にした地域おこし協力隊の活動が、地方の人口減少課題に新たな「しあわせ」観を創出できるか考えてみたい。まず「しあわせ」の測定方法が難しい。例えば、地域おこし協力隊の効果指標の一つとして、活動後の定住率があげられる。総務省の『地域おこし協力隊の定住状況等に係る調査結果』(二〇一五年度)によると、任期終了後、「同じ地域に定住(「活動地と同一市町村内に定住(四七%)」「活動地の近隣市町村に定住(一二%)」)」した協力隊員は、五九%であった。そのうち「活動地と同一市町村内に定住」した者の進路は、上位から「就業(四七%)」「就農(一八%)」「起業(一七%)」となった。地域再生を目的とした国の施策であることを踏まえて、約六割が定住し、約二割が新たな職業を生み出している結果は、移住人口増、就職数増という一面的な意味において地域の「しあわせ」に寄与しているともいえる。

しかしながら、定住率のみで活動成果を測定することへの批判もある。特に地域おこし協力隊員に対して「定住して当たり前、その上で地域振興」や「地元の若者と結婚して、たくさん子ども生んでもらいたい」といった過剰なプレッシャーがあることも課題として指摘されている[村楽 二〇一四]。自らが地域おこし協力隊員としての活動経験を持つ東大史は、「自らの子どもたちや若者世代が集落から流出していった理由がそこにあるという反省なしに、集落の寛容度が増大することはないだろう」と批判する。その上で東は、自治体の人口ビジョン・総合戦略で掲げられた人口増・移住者増といった数値目標KPI(重要業績評価指標)を足し上げると総人口二億人を超えてしまう非現実的な見通しに対しても「人口や経済規模といった量的拡大を目指す目標自体が前時代的な画一的価値観に基づいており、本来地方が持つ魅力としての多様性や、集落を形成してきた伝統文化や独自の魅力を斟酌していないために的外れな政策がまかり通ってしまう」と考察している。東の指摘で重視したいのは、過疎地域における「しあわせ」のとらえ方を、人口や経済規模といった単純化するのではなく、地域が脈々と培ってきた文化的価値を含めて、複雑的に見ようとする点である［東　二〇一七］。

あらためて、本章で取り上げた過疎地域の神社を媒介にした地域おこし協力隊の活動を見直すと、先行事例の上山の祭礼復活は、単に行われなくなった行事をいわゆるヨソモノによって復活した、というだけではない。棚田再生によって深まり始めた地域住民と協力隊との信頼関係を前提に、丁寧で忠実な復活とともに、新たな挑戦も試みながら、その過程を通じて「祭りの意味」の共有にもつながっていった。また、川上村でのワークショップは、宮司と協力隊員との信頼関係が、従前の氏子・崇敬者を中心とした地域住民と、初めて参拝するワークショップ参加者との間に祈りを通じた交流を創りだすことにつながった。いずれの事例もまず地域外から「交流人口」を生み出し、それぞれの地域の良き理解者を増やした。加えて、地域住民の中でもこれまで休止であるとか、関わっていなかった新たな「活動人口」を増やしたことも忘れてはいけない［山崎　二〇一六］。そして何より地域に存在する神社を媒介とすることで、人間同士のみならず、あらゆる存在や価値への関係に気づき、深めたという点にこそ、数量化できない付加価値としての「しあわせ」観を見出せるのではないだろうか。

おわりに

現代の日本社会において「地方消滅」も「限界神社」も客観的な根拠に基づく喫緊の社会課題の一つであることは間違いない。それでも課題要因の複雑さに反して、「人口増」「雇用増」など解決策を単純にとらえてしまうだけではその本質を見誤ってしまうかもしれない。それは「移住者増」「定住率増」を成果目標とする地域おこし協力隊制度が、量的目標を達成している以上に、過疎地域で暮らすことの奥深さを質的に再確認させてくれるエピソードが隊員数の分だけ生まれていることからも明らかだ。すなわち注目すべきは、彼らが定住したのかしなかったのかという結果ではなく、地域活動を通じて紡がれる地域住民との多様で豊かな関係の過程であり、そこに新たな「しあわせ」観を創出している点であろう。その多様性や豊かさを歴史的文化的に高めてくれる地域資源として、地域に必ず存在する神社の潜在力は決して小さくない。

引用・参考文献

英田上山棚田団出版プロジェクトチーム　二〇一三『上山集楽物語――限界集落を超えて』(吉備人出版)。

東　大史　二〇一七「地域の豊かさを測る新しい指標――地域住民の幸福を目指す地方創生とは」(『地方行政』一〇六九七、時事通信社、八―一一頁)。

石井研士　二〇一五「神社神道と限界集落化」(『神道宗教』二三七、神道宗教学会、一―二四頁)。

上山集楽「UEYAMA shuraku」(https://ueyama-shuraku.jp〈二〇一七年三月三〇日閲覧〉)。

大谷栄一・藤本頼生編　二〇一二『地域社会をつくる宗教』（明石書店）。
大野　晃　一九九一「山村の高齢化と限界集落」（『世界』三二七、新日本出版社、五五―七一頁）。
大野　晃　二〇〇五『山村環境社会学序説』（農文協）。
大野　晃　二〇〇八『限界集落と地域再生』（信濃毎日新聞社）。
小田切徳美　二〇一五「多様な若者と多様な農山漁村をつなぐ地域おこし協力隊」（椎川忍他『地域おこし協力隊』学芸出版社、二三―三七頁）。
櫻井義秀・川又俊則編　二〇一六『人口減少社会と寺院――ソーシャル・キャピタルの視座から』（法藏館）。
佐藤　信　二〇一二「「限界集落」論と北海道の農村社会」（『開発論集』八九、北海学園大学開発研究所、六五―七六頁）。
椎川忍他編　二〇一五『地域おこし協力隊　日本を元気にする60人の挑戦』（学芸出版社）。
神社deワークショッププロジェクト「inoridesign」（https://inoridesign.com〈二〇一七年三月三〇日閲覧〉）。
神社本庁　二〇一六『神社・神職に関する実態調査報告書』。
総務省　二〇一七『「田園回帰」に関する調査研究中間報告書』。
総務省「地域おこし協力隊の概要」（http://www.soumu.go.jp/main_content/000405085.pdf〈二〇一七年三月三〇日閲覧〉）。
総務省「地域おこし協力隊の活躍先（受け入れ先自治体一覧）（平成二八年度）」（http://www.soumu.go.jp/main_content/000472882.pdf〈二〇一七年四月一〇日閲覧〉）。
総務省　二〇一六『平成二七年度版　過疎対策の現況』。
総務省地域力創造グループ過疎対策室　二〇一一a『過疎地域等における集落の状況に関する現況把握

調査報告書』。
総務省地域力創造グループ過疎対策室　二〇一一b『過疎地域等における集落の状況に関する現状把握調査結果の概要』。
村楽　二〇一四「地域おこし協力隊「失敗の本質」竹やりによる突撃を繰り返さないために」(https://www.facebook.com/585849434838881〈二〇一七年三月三〇日閲覧〉)。
日本フランチャイズチェーン協　二〇一七「ＪＦＡコンビニエンスストア統計調査月報二〇一七年三月度」(http://www.jfa-fc.or.jp/folder/1/img/20170420105224.pdf〈二〇一七年四月二〇日閲覧〉)。
藤本頼生　二〇一二「地域社会と神社」(大谷栄一・藤本頼生編『地域社会をつくる宗教』明石書店、四四―六八頁)。
文化庁　二〇一七『宗教年鑑　平成二八年版』。
増田寛也　二〇一四『地方消滅』(中央公論新社)。
山崎　亮　二〇一六「豊かな「縮充」社会へ」(『世界思想』四三、世界思想社)。

尊厳死は幸せな最期につながるか

片桐資津子
KATAGIRI Shizuko

(1) 変わりゆく幸せな最期のあり方

❖多死時代の要介護期と最期

日本の団塊世代の高齢者にとっての幸せな最期のあり方は、一つ前の世代と比べて、どう変わっていくだろうか。宗教とスピリチュアリティの観点から考えてみたい。そのための事例として、米国オレゴン州の尊厳死を取り上げる。

団塊の世代が人生の最終段階を迎える現代社会は、ポストモダンの特徴をもつ。そこで、この世代を「ポストモダン高齢者」と呼びたい。この世代は二〇一五年に全員が六五歳となり、さらに二〇二五年には七五歳を超え、病気や介護のリスクが高まる年齢になる。WHOの報告によると、二〇一六年における日本人の平均寿命は八三・七歳である。この事実を考慮すると、ポストモダン高齢者が最期と向き合うのは、二〇三三年がピークとなると予測される。いわゆる多死時代において、ポストモダン高齢者は、宗教やスピリチュアリティを支えにしながら、どのような要介護期を過ごし、どのような最期を遂げるのだろうか。日本では法制化されていない尊厳死を素材に、この問題を考えてみたい。

❖理念型としての「宗教型」と「スピリチュアリティ型」

ここで本章のキー概念となる宗教とスピリチュアリティについて説明しておこう。本章では、これらを理念型として用いることとし、便宜上、「宗教型」「スピリチュアリティ型」と呼ぶことにする。

表に示すように、これらを対比的に定義すると、まず、宗教型とは、〝教義の共有〟において「信仰の立場」から、「感情的利益」を重視する特徴がある。これに対して、スピリチュアリティ型とは、〝知識への到達〟を目指して「認識的スタンス」から「直接的経験」を重視する特徴を有する。宗教型は、「何かを信じたい」という志向性をもつのに対し、スピリチュアリティ型は、「何かを知りたい」という志向性をもつ。前者は非合理的で集合的な行為であるが、後者は非現象的で個人的な行為である［Metzinger 2009=2015: p.334, p.361］。どちらの理念型も、人々が幸せであるために重要な精神性の特徴となっている。

表　理念型としての宗教とスピリチュアリティの特徴

宗教型	スピリチュアリティ型
教義の共有	知識への到達
信仰の立場	認識的スタンス
何かを信じたい	何かを知りたい
感情的利益を重視	直接的経験を重視
非合理的	非現象的
集合的な行為	個人的な行為

出典：『エゴ・トンネル』［Metzinger 2009=2015: p.334, p.361］を参考に筆者が一部修正して作成した。Metzingerは宗教を「妄想システム」と表現するが、本章では、これが一般的な宗教学の表記からみて独特であると判断し、便宜上、“教義の共有”と言い換えた。これらの理念型に関する議論は別稿を要する。

これらの理念型に着眼したのは、一般的に日本人が教団としての宗教そのものには関心を示さないとしても、宗教型の要素を断片的に組み合わせて受け入れたり、スピリチュアリティ型の要素を含んだかたちで個人の行動様式や価値観を形成したりしているからだ。

多様化する戦後生まれのポストモダン高齢者の死生観

ポストモダン高齢者をより深く理解するため、一つ前の世代であるモダン高齢者との対比で描写してみたい。モダン高齢者は戦前生まれで、一〇〜二〇代で太平洋戦争の敗戦を経験し、四〇〜五〇歳代のとき高度経済成長期を迎えた。これに対してポストモダン高齢者は戦後生まれで、学卒後に高度経済成長を経験し、四〇〜五〇歳代のとき平成不況を経験した。

ここで改めてモダンとポストモダンの特徴を簡単に説明したい。

まずモダンでは社会全体で「大きな物語」[Lyotard 1979=1986]が共有され、人びとは同じ価値観、同じ目標に向かっていた。しかし一九九〇年前後を境に、それが少しずつ崩れだした。そしてポストモダンでは、いわば小さな物語が群雄割拠することとなり、人びとの価値観や目標は多様なものになった。

たとえば、モダン高齢者にとって最期までの人生の過ごし方については「施設ではなく、暮らし慣れた自宅で家族にケアされて過ごすのが当然」という共通認識をもつ傾向にあった。ところがポストモダン高齢者では、こういった共通認識が徐々に崩れだした。これにより様々な局面で選択肢をもつに至った。人生の残された時間については、これまでのように自宅で家族からケアを受けながら過ごすのも選択肢、自宅で家族ケアと介護保険の外部ケアサービスを組み合わせて過ごすのも選択肢、家族に迷惑をかけたくないので施設で職員にケアされて過ごすのも選択肢、といった具合である。こういった選択肢の増加は、型にはまった価値観や行動様式からポストモダン高齢者を解放することになった。

それだけではない。さらに医学が発展し、国民皆保険によりすべての日本人は医療サービスを受けられるようになった。これに関して、モダンとポストモダンでは医療サービスの受け方が異なっている。モダンでは医学的な専門知識は医師に独占され、治療方針は医師が決めていたため、患者は医師の治療に従うだけであった。

これに対しポストモダンになると、こういった医療のあり方はパターナリズムとして批判されるようになった。そして医学の素人である患者も、インターネットによる検索やソーシャルメディアの活用により、医学的な専門知識を得られるようになった。さらにインフォームドコンセントが求められ、患者が治療方針を選択できる機会も増えた。

しかしながら、ポストモダン高齢者は、不安感と不確実性が高まる事態にも直面した。複数の治療方針のなかから思いどおりに選択できるかのようにみえて、実際には、多すぎる選択肢の認識に確信がもてない。どれを選べばいいか分からず、あるいは選択肢が実際には制限されていて選べず、頭を抱えてしまうことになる。ある選択肢を選んでも、さらにまた次の何かを選択せねばならず、常に、不安感と不確実性が払拭できない。

このように、ポストモダン高齢者には、確かに、自分で選択できるというプラス面もあるが、同時にまた、不安と不確実性が高まるというマイナス面もある。ポストモダンの社会では、家族関係、死生観、ライフスタイル、行動様式等も人それぞれで多様化している。それぞれが「断片化」［Bauman 2000=2001］した小さな物語に囲まれているポストモダン高齢者にとって、幸せな最期のあり方も多様化してきていると考えられる。

イエ制度のもとで形成された戦前生まれのモダン高齢者の死生観

これに対して、戦前のモダン高齢者の幸せな最期はどのように説明されるだろうか。ポストモダン高齢者の幸せな最期のあり方をより深く考えるために、一つ前の世代である戦前生まれのモダン高齢者のそれと比較してみたい。

一九九七年から九八年にかけて、修士論文を執筆するため、近代を生き抜いてきた日本のモダン高齢女性八人に生活歴の聞き取り調査を実施した［片桐 一九九九］。その事例をいくつか紹介したい。たとえば、宗教を否定的に捉えていた活動的高齢女性Aさん（一九三一年生まれ）は、母親の〝死に顔〟をみて「自分も死んだら、こういう美しい〝死に顔〟になるんだろうなあ」と想像でき、「死への恐怖がなくなっていった」と話してくれた。

また、要介護状態で宗教には関心がないという特養入居者Oさん（一九一六年生まれ）は、死について「自分もいつかは、と覚悟している」「眠るように死にたい」と吐露していた。同じく宗教に関心がないという特養入居者Pさん（一九二二年生まれ）は「やはり死は一番恐ろしい」と言いながらも、「あちらへ住みかを変えるようになっても、悔いのないように、人にも心やさしく接していられたらいい。そうしたらあちらの鬼も許してくれるかな」「もし三途《さんず》の川を渡れなかったら、溺れて魚にでもなるかな」等と輪廻転生《りんねてんしょう》の考えを茶化しながら、自らの最期のあり方を語っていた。

他方で、身寄りのない特養入居者Qさん（一九〇四年生まれ）は、創価学会の信仰が生きがいではあったが、死後については、教義とはあまり関係なく「死んだら、早くに亡くなっている母や兄に会えるかな」とホトケとなった家族との再会に言及した。

このようにモダン高齢女性たちは、特定の教団への関わり如何によらず、イエ制度のなかで、仏教的なもの、神道的なもの、あるいは両者を組み合わせて、死と向き合っていたといえそうだ。Qさんの場合は身寄りがないため、その拠り所として、特定の教団にコミットしていたのかもしれない。いずれにせよモダン高齢者は、身近な家族の最期を通して死を理解したり、すでに亡くなっている家族との再会を信じて死と向き合ったりしていたことがわかる。つまりモダン高齢者が最期と向き合う際に、イエ制度が宗教型の代替機能を果たしていたと考えられる。

これに対して、ポストモダン高齢者の場合、さきにも述べたように、多様な最期のあり方が想像される。宗教型の要素だけでなく、スピリチュアリティ型の要素もまた受け入れられるようになったからだ。テレビ等のマスメディアに加え、インターネット等のソーシャルメディアにより、介護や死について、家族や身近な他者の経験や考え方だけでなく、世間一般の他者の経験や考え方もスピーディなかたちで認識できるようになった。

戦後、米国の文化や価値観が流入し、それまで中心だったイエ制度が徐々に衰退していくなかで、ポストモダン高齢者は、家庭、学校、職場等において、モダンを引きずりつつもポストモダンの環境に適応して年齢を重ねてきたといえよう。

このように、死生観や人生観もアメリカ化している日本のポストモダン高齢者に、米国の尊厳死は、いったいどのように映るのだろうか。

(2) 尊厳死の法制化をめぐる状況

❖日本の尊厳死と安楽死

米国の尊厳死を紹介する前に、まずは、日本における尊厳死と安楽死の定義を確認しておく必要がある。両者の中身が大きく異なっているためだ。

日本の尊厳死は、医療サービスを受ける際に、本人が希望しない過剰な治療――胃ろうや人工呼吸器等――を拒否することに焦点が当てられている。延命治療により患者のQOL（クオリティ・オブ・ライフ）が置き去りにされることへの批判が背景にあると考えられる。日本尊厳死協会によれば、尊厳死の定義は「不治で末期に至った患者が、本人の意思に基づいて、死期を単に引き延ばすためだけの延命措置を断わり、自然の経過のまま受け入れる死」となっている。その際、本人の意思は「健全な判断のもとでなされることが大切」であり、ゆえに尊厳死は「自己決定により受け入れた自然死」と同じであるという。

つまり日本における尊厳死とは、不治で末期に至った患者が判断能力のあるうちに、事前に、延命治療を拒否する意思を自己決定することでなされる最期である。そのミッションは、「終末期における医療の選択の権利を守ることができる社会」の実現をめざして、リビング・ウィルの理解と普及を図り、広く市民の人権の確立とその尊重に寄与することとされている（日本尊厳死協会）。

これに対して安楽死とは、不治で末期に至った患者に対し、医療の側から能動的・積極的なかたちで、致死薬を〝処方〟または〝投与〟することによる最期をさす。安楽死は、薬剤の〝処方〟もしくは〝投与〟による死への医療的加担に焦点が当てられている。

このように日本における尊厳死には致死薬の処方も投与も含まれておらず、安楽死とはまったく異なる。日本国内では、尊厳死も安楽死も法的に認められていない。

❖海外の尊厳死と安楽死

こういった日本国内で法制化されていない尊厳死や安楽死が合法化されていることで有名なのが、米国オレゴン州とオランダである。オレゴンでは、法律のもとで、医師から余命半年と診断された末期患者に致死薬を〝処方〟することが合法化されている。他方、オランダでは、同様の患者に対して医師が致死薬を直接〝投与〟し、死を幇助《ほうじょ》することが法的に認められている。日本人からみれば同じような制度に映るかもしれないが、両者は、〝処方〟か〝投与〟かという点で、大きく異なっている。オレゴンの場合はPhysician-Assisted Death、オランダの場合はEuthanasiaと表記されている。

ここで重要なことは、Physician-Assisted DeathもEuthanasiaも、両者とも、日本の定義では、安楽死に位置づけられるということだ。つまり米国の尊厳死は、医療の側から致死薬を処方するという意味で、日本でいうところの安楽死を指す。しかしながら米国ではこの表記がDeath with Dignityとなっているため、そのまま日本語に翻訳すると尊厳死となってしまう。ややこしい。

本章では、日本の場合も米国の場合も、尊厳死と表記する。しかし米国の場合は、処方された致死薬を服用するかしないか、患者の選択にゆだねられる、いわば「自己決定の塊《かたまり》」のようなものである。

この意味で、米国のDeath with Dignityは、日本の尊厳死と全く異なることに注意する必要がある。

❖尊厳死の法制化に反対する組織

尊厳死に反対する団体や組織も存在するので言及しておきたい。

日本では、「尊厳死法制化に反対する会」や「尊厳死の法制化を認めない市民の会」が挙げられる。米国ではNot Dead YetやTrue Dignity: Citizens Against Assisted Suicideが有名である。

米国の場合、尊厳死への反対活動は、主に、宗教との兼ね合いでなされている。たとえばCatholic News Agencyのウェブサイトをみると、カトリックの立場から、尊厳死の法制化に対する九つの反対理由が表明されていることがわかる。それらのキーワードを挙げてみると、①障害者差別、②抑うつ状態、③問題解決としての自殺幇助、④終末期のあいまいさ、⑤死刑制度との関連、⑥医師不在による致死薬の服用、⑦保険による尊厳死への誘導、⑧意思決定者が本人ではなく家族である危険性、⑨ホスピスと緩和ケアとの関連、となっている。

これに対して日本の場合は、宗教とスピリチュアリティの理念型でいえば、宗教型の観点からというより、むしろ障害者支援者／団体／当事者が声を上げ、命そのものの扱いに対する危惧、そして障害者の生きる権利を重視するスピリチュアリティ型の観点から、尊厳死の法制化に反対しているといえる。

米国のクリスチャンにおける尊厳死への反対理由は、必ずしも、すべてが教義と関連しているように見受けられない。一般にクリスチャンの反対理由は、GODから授かった命を人間が勝手にコントロールすることは教義から外れるのではないかといったような宗教型の要素の批判が想定される。しかし必ずしもそれがすべてではないようだ。これは、米国において世俗化が進展している証であるとともに、日本における障害者支援者／団体／当事者が反対するスピリチュアリティ型の要素を含む理由とも類似している。

尊厳死への批判としての「すべり坂」

尊厳死の法制化に対する別の批判は「すべり坂（Slippery Slope）」と呼ばれる。まるですべり坂をすべり落ちるように、尊厳死法が整備された状況において、多くの患者らが尊厳死を選択するよう導かれることを危惧する概念である。

この「すべり坂」の概念は、ある患者が主体的かつ能動的に尊厳死を選択したとしても、それは本当に自己選択なのかという点に注目している。こういった問いは、さらに、われわれに、「人が自分の意思で選択することは本当に可能か」という新たな問いを突きつける。別の言い方をすると、「自分で選んでいるつもりでも、実は周りの状況や制度によって選択させられているのではないか」という疑問が呈されることになる［Iyengar 2010=2010］。

たとえば、痛みのコントロールが可能な薬剤が手に入れられれば、患者は尊厳死を選ばないかもしれない。あるいは、高性能の介護ロボットが普及した社会状況であれば、患者は、家族に対して介護の負担になっていると感じなくて済むため、尊厳死を選ばないかもしれない。要するに、痛みのコントロールが可能な薬剤や高性能の介護ロボットの不在が、患者に、尊厳死を選ばせているのではないかという見方もできてしまうわけだ。

このように、尊厳死の法制化をめぐっては賛否両論が存在する。実際、オレゴン州において二度も、住民投票により尊厳死法が可決されたときも、一九九四年の結果は五一対四九、一九九七年の結果は六〇対四〇ということで、その賛否は拮抗《きっこう》していた［Oregon Health Division 1999］。この結果をみると、尊厳死の法制化に対して、オレゴン住民の半数強が幸せをもたらすと考え、半数弱はそうではないと考えている傾向が伺える。

つまり、尊厳死の法制化は、自己決定を重んじる価値観とカルチャーを有するオレゴン住民にとっても、幸せをもたらすと同時に、そうではない可能性もある。尊厳死という選択肢の存在がオレゴン住民に幸せをもたらすか否か、正解はなく、意見が割れた状況にあるといえよう。

(3) 米国の尊厳死者の葛藤

❖ 米国オレゴン州の尊厳死

続いて、米国オレゴン州の尊厳死法とその制度を利用して尊厳死を選んだ患者に着目し、尊厳死と幸せのあり方について、掘り下げてみよう。

オレゴン州では、一九九七年一一月、世界で初めて住民投票によって、尊厳死法（Death with Dignity Act）が可決された。尊厳死法下で致死薬が処方される要件は、オレゴン州に在住していること、年齢は十八歳以上であること、自己決定能力があること、そして医師から余命半年と診断されていることとなっている。

具体的な手続きは、口頭リクエストと文書リクエストから構成される。口頭リクエストは一五日以上あけて二回実施され、文書リクエストは二人の立会いにより実施される。これら一連のプロセスにおいて、患者本人に対する意思確認が繰り返しなされる仕組みになっている。また、処方医師と相談医師による診断と判断能力の審査等が実施される。

いったいどのような人びとが尊厳死を選んでいるのだろうか。

❖尊厳死者の基本的属性

オレゴン州政府は一九九八年以降、州内で尊厳死法のもとで致死薬を処方した患者に関するデータの提出を担当医師に義務づけており、それらを『年報』にまとめてウェブサイトにおいて公開している。それらの過去六年間のデータのなかで、尊厳死者の関心事に注目し、図1に示した。これをみると、いずれの年も「①自律の喪失」と「②趣味が楽しめない」が最多となっていることが確認できる。

州政府が発行する『年報』によると、州内で尊厳死を希望した患者の基本的属性は、高学歴、白人、既婚者、悪性新生物（癌）や呼吸器系疾患に苦しむ患者であること等が読み取れる。尊厳死者の関心事として「⑤家族等への負担」も近年の傾向として確認された。

米社会には、さきに確認したように、自律した個人が尊重されるため、家族等を含む他者の負担になるべきでないという「死に直面したときにとるべき行動の基準」［Glaser & Strauss 1965=1988: p.88］があるという。

確かにこれを裏づけるデータがある。二〇一一年から一六年までのデータから尊厳死を希望した患者の家族構成をみると、既婚者が四三・八%、死別者が二三・八%、離別者が二四・二%、そして未婚者が七・四%となっている。この傾向から、ケアしてくれる人がいないために尊厳死を選ぶというより、既婚者の多くは配偶者のケア負担になることをよしとせず、最期まで自律した自由な存在でありたいという理由から尊厳死を選択することもあると考えられる［片桐 二〇一四］。

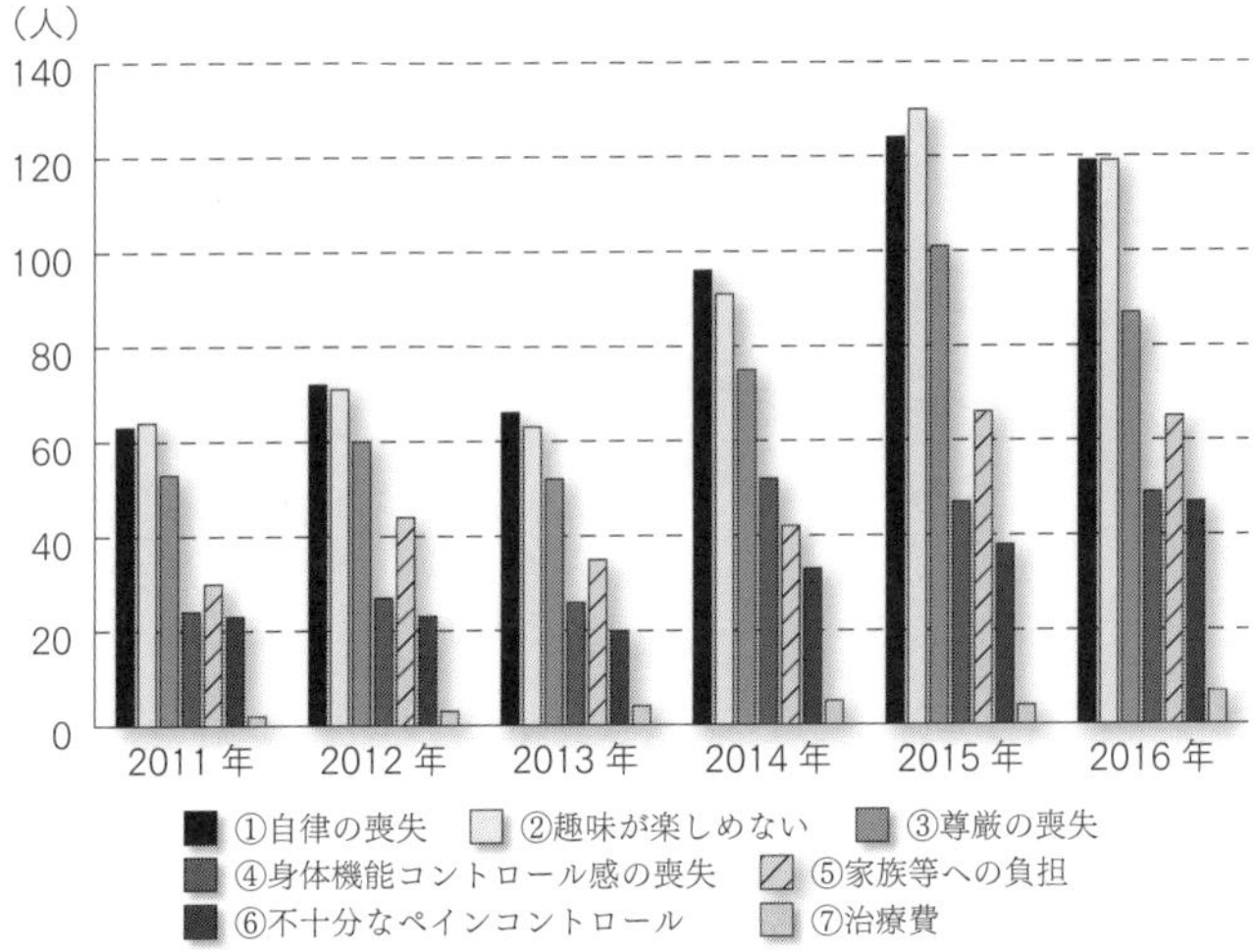

図1　尊厳死者の関心事の年次推移

出典:オレゴン州政府発行による『年報』を参考に筆者が作成した。

このように、米国オレゴン州では、自らの人生の延長線上にある死期をコントロールする権利が共有されている。しかし尊厳死に対する葛藤もまた確認されたことに目を向ければ、こういった葛藤を根底で支え得る拠り所として宗教やスピリチュアリティが必要なのではないかと考えられる。

さらに死期をコントロールする際に、患者が、どのような状況のもとで選択の決断に直面するのかが重要な問題となってくる。

❖米国における長期ケアの状況

この問題に関連して、ここで、米国における長期ケア（Long-term Care）の状況を紹介したい。ある患者が急性疾患に罹患すると、そのまま長期ケアに移行することが多い。エンド・オブ・ライフ期において、前述したような葛藤が生じるのは、米国において施設での長期ケアの質が充分なものとして認められていないためであると考えられる。さらに制度的にも公的保険であるメディケアは、その後メディケイドに移行するとしても、基本的には一〇〇日までの適用となっている。

確かに、近年は米国における施設ケアは改善されてきている［澤田 二〇一二］。しかし、オレゴン州に限らず、全米のどの地域であっても、中産階級の米国人は、施設ケアよりも在宅ケアを希望することが多いように見受けられる。実はこれは施設ケアだけではない。自宅での長期ケアもまた、家族に多大なるケア負担をもたらすため、在宅での長期ケアを避けたいという社会的認識も存在する。家族に迷惑をかけたくないのである。ここに高齢者のエンド・オブ・ライフ期における葛藤がある。

つまり、施設であれ自宅であれ、長期ケアを要する寝たきり状態になると、このような葛藤に直面する。

さらには、自律と自由に価値を置く米国人にとって危惧されるのは、認知症である。認知症になり、判断能力が失われ、自律が確保できないことは恐怖以外の何物でもない。そうなる前に自らの最期をコントロールしたい。その手段として、判断能力があるうちに、尊厳死法により致死薬を手に入れたいと考えるのかもしれない。

もちろん、このように考えるのは、最期のあり方についての一つのパターンであり、ポストモダンでは、このほかにも多様な最期がパターンとして出てくるだろう。さらなる調査が必要である。

❖処方された致死薬を服用しない患者の葛藤

つづいて、尊厳死に対する葛藤の問題を考えるために、図2に示すように、処方された致死薬を服用しない患者が二割弱も存在するという事実に注目したい。つまり、処方された致死薬を握りしめているにもかかわらず、実際には服用しない患者が五分の一である。なぜだろうか。

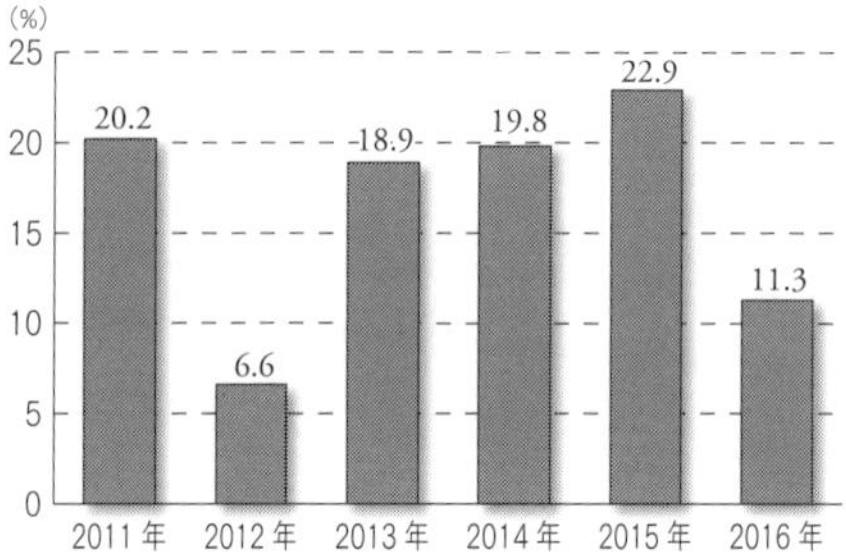

図2　致死薬を処方されたにもかかわらず服用しなかった患者の割合

出典：オレゴン州政府発行による『年報』を参考に筆者が作成した。ただし、不明は除く。

いつ死ぬか見極めているのだろうか。人生の最終段階に、痛みのせいで自己がコントロール不能になる時期を見極めているのだろうか。コントロールできない痛みに我慢できず、大切な人たちと、これまで通りに接することができなくなることが不本意なのだろうか。痛みにより自由を奪われたくないのだろうか。いずれも想像の域を超えない。

しかし確実なことがある。それは処方された致死薬を飲むか、飲まないかという選択が患者の自己決定によりなされる状況になっていることだ。この状況はまさにスピリチュアリティ型である。なぜなら知識への到達がなされ、認識的スタンスから、いつ最期を迎えるかをコントロール可能にする、

「死のスイッチ」を自分自身で押すことができるからだ。

　こういったコントロール可能さの認識は、しかしその反作用として、葛藤をもたらすこともある。コントロールできると認識してしまうがゆえに、最高の選択を成し遂げようとするが、刻一刻と変化する病状、環境、感情といった複雑な状況のなかで迷ってしまう。失敗が許されない切羽詰った判断が求められるからだ。幸せな最期をめぐって、複雑かつ不確実性の高い複数の選択肢が、新たな葛藤を生じさせる。皮肉なことに、実際のところ、患者はこれをコントロールできない。

　しかし興味深いことに、こういった「死のスイッチ」が押せるというスピリチュアリティ型の状況は、宗教型の側面もあわせもつ。医師から処方された致死薬をもっているだけで安心という感情的利益が得られるからだ。まさにこれは「お守りのような機能」、すなわち宗教型の要素である。つまり、患者にとって尊厳死法により処方される致死薬は、宗教型とスピリチュアリティ型の両要素を含んでいるものといえよう。

(4) 幸せな最期とスピリチュアリティ

❖選べるのか、それとも選ばされるのか

　再度、論点を整理しよう。米オレゴン州の尊厳死法では、処方された致死薬を所有することで自らの死をコントロールできる感覚が得られる。こういったコントロール可能さがもたらす両義性はどう説明されるのだろうか。果たして尊厳死の法制化は、新たな選択肢を患者に提示するという意味で、

患者の幸せな最期につながるのか。それとも、尊厳死法という法的環境のもとで、死を強制的に選ばされるような、幸せとはいえない最期になるのだろうか。

この問題と向き合う際、オレゴンの尊厳死の場合、少なくとも三段階にわけて考える必要がある。①致死薬の処方を受けることを決めるまでの段階、②尊厳死法のもとで致死薬が処方されるまでのプロセスの段階、そして③致死薬を手にしてからそれをいつ服用するか決める段階である。本章ではこれらの諸段階に詳しくは触れないが、ポイントとなるのは人々がどのような価値観と状況認識によって選択肢を把握するかであろう。たとえば、尊厳死における保険適用、施設における長期ケアの質の低さ、ケア負担になることへの忌避感、家族が遠くに住んでいること等が挙げられるだろう。

いずれにせよ、人生の最終段階で、こういった解決不能な事態に直面したとき、ポストモダン高齢者は、宗教型とスピリチュアリティ型を組み合わせて「宗教」に拠り所を求めたり、あるいはまた、宗教型とスピリチュアリティ型を組み合わせて「スピリチュアリティ」に拠り所を求めたりするのではないだろうか。別の言い方をすると、宗教にコミットしている患者であってもスピリチュアリティ型の要素を取り入れ、逆に、世俗化して宗教にコミットしていないスピリチュアリティ重視の患者であっても宗教型の要素を取り入れ、自らの最期と向き合おうとしていると考えられる。これはポストモダン高齢者における精神の拠り所の多様性といえよう。

❖日本における尊厳死という選択肢

日本では、団塊の世代に相当するポストモダン高齢者は、日本の高度経済成長を牽引《けんいん》し、消費社会を生き抜き、自由を謳歌してきた。一世代前のモダン高齢者と異なり、職業と結婚相手を自分で選び、健康についても自己管理してきた。要するに、人生のさまざまな局面で自己決定し続けてきたのである。ゆえに、これまでの経緯からみても、ポストモダン高齢者が、自らの最期のあり方も自己決定したいと考えるのは、自然な流れであろう。

しかし、すでに述べたように、自己決定できることは同時に苦しみや不幸ももたらすようだ。むしろ体系的な知識をもつ専門家等に決めてもらうほうが楽であり、幸せな場合もあるかもしれない。あるいはまた、〝知識への到達〟を手放して、〝教義の共有〟のなかで運命や義務として決められていることを全うするほうが、それが達成されれば幸せを感じる可能性もあるだろう。

二〇一五年と一六年、勤務先の大学で「福祉社会学」の講義をおこなった際、受講生にレポートを書いてもらった。受講生の多くはオレゴン州の尊厳死の法制化に賛成だと述べていた。ポストモダン社会を生きる現代の若者である受講生は、二〇一四年に二〇歳代で尊厳死を遂げたブリタニー・メイナード（Brittany Maynard）さんの選択に共感していた。確かに若者は、高齢者のように死が身近に差し迫っているわけではない。ゆえに若者が安易に賛成だと言っているにすぎないとの批判も聞こえてきそうだ。しかしながら若者もまた、アニメ、ゲーム、映画、小説といった多様なジャンルの世界観に触れながら、さらにはソーシャルメディアを日常的に使って、彼らなりに、死をリアリティあるものとして認識している。

若者だけではない。講演会において、団塊の世代であるポストモダン高齢者に米オレゴン州の尊厳死について話す機会があった。その際、受講していた高齢女性からこんな意見が出された。「自分はオレゴンの尊厳死を希望するが、夫には尊厳死を希望して欲しくない」と。これはどう解釈できるだろうか。自分は家族に迷惑をかけたくないし、負担にもなりたくない。しかし、自分が家族から迷惑をかけられたり、負担を背負ったりすることはOKである。ケア役割を当然視するポストモダン高齢女性のコメントである点を考慮すれば、これは、ジェンダー役割意識と関連している可能性が高いといえよう。高齢男性の意見も気になるところではあるのだが。

いずれにせよ、日本のポストモダン高齢者にも、家族等に迷惑をかけたくない、ケア負担になりたくないといった強い思いがあるようだ。迷惑や負担がどの程度なのか、見極めたいのかもしれない。致死薬が処方されてから、自分の意思で服用するまでのあいだに、人生の棚卸《たなおろ》しをおこなう。そして、できるだけ家族等に迷惑をかけないようにして、苦しまずに、あちらの世界に逝きたい。とはいえ「実際にそのときになってみないとわからないよ」というポストモダン高齢者の声も無視できないのだが。

❖葛藤を俯瞰する視点

他方で、尊厳死の法制化に反対する理由や批判として、先にも述べたように、重度の障害や認知症のため、日常生活や人生の様々な局面においてコントロールがままならない場合が挙げられる。このような場合、ケア負担になっていることに負い目を感じながらエンド・オブ・ライフ期を過ごしていると想像される。ゆえに幸せをもたらす選択肢のはずの尊厳死は、ときにこれを選ぶよう強いられるものに豹変するかもしれない。

尊厳死を自分の意思で選んだつもりが、逆に尊厳死へと誘導される。あるいは尊厳死に誘導されたはずが、逆に自分で尊厳死を選ぶ。こういった禅問答のような状況は、エンドレスな葛藤になっていく。

このような状況のなかで、幸せな最期を手に入れるには、禅問答のようなエンドレスな葛藤を俯瞰しようとする視点を認識し続ける必要があるだろう。そのうえで、一人ひとりの個人が苦悩する際、その拠り所を、宗教やスピリチュアリティを普通名詞として捉えるより、むしろ二つの理念型――宗教型とスピリチュアリティ型――の混合型として捉えることが、宗教学にとって実りある議論につながるといえよう。

引用文献

Bauman, Zygmunt, 2000, *Liquid Modernity*, Cambridge: Polity Press.（=2001, 森田典正訳『リキッド・モダニティ』大月書店）。

Glaser, Barney G. & Anselm L. Strauss, 1965, *Awareness of Dying*, New York: Aldine.（=1988, 木下康仁訳『死のアウェアネス理論と看護――死の認識と終末期ケア』医学書院）。

Iyengar, Sheena, 2010, *The Art of Choosing*, New York: Twelve.（=2010, 櫻井祐子訳『選択の科学――コロンビア大学ビジネススクール特別講義』文藝春秋）。

片桐資津子　一九九九「長寿化する女性の〈自己表現〉にみるプロダクティビティ――長寿化における「装い」と〈親密な他者〉の観点から」（北海道大学大学院文学研究科一九九八年度修士論文）。

片桐資津子　二〇一四「米オレゴン州の尊厳死――州政府による統計と専門職への聞き取りからの考察」

（北海道社会学会編『現代社会学研究』二七、五五—七一頁）。
Lyotard, Jean François, 1979, *La Condition Postmoderne: Rapport sur le Savoir,* Paris: Editions de Minuit.（=1986, 小林康夫訳『ポスト・モダンの条件——知・社会・言語ゲーム』書肆風の薔薇）。
Metzinger, Thomas, 2009, *The Ego Tunnel: The Science of the Mind and the Myth of the Self with "Spirituality and Intellectual Honesty, an Essay,"* New York: Basic Books.（=2015, 原塑・鹿野祐介訳『エゴ・トンネル——心の科学と「わたし」という謎』岩波書店）。
Oregon Health Division, 1999, *Oregon's Death with Dignity Act: The First Year's Experience*, 1-17.
澤田　如　二〇一二『アメリカ高齢者ケアの光と陰——ケアの質向上のためのマネジメントシステム』（大学教育出版）。

参考ウェブサイト（すべて二〇一七年三月九日閲覧）

Catholic News Agency, 2016, "Nine Reasons to Oppose 'Death with Dignity' Laws"　http://www.catholicnewsagency.com/blog/nine-reasons-to-oppose-death-with-dignity-laws/
日本尊厳死協会　http://www.songenshi-kyokai.com/
Compassion and Choices, 2017, "About Compassion & Choices"　https://www.compassionandchoices.org/
Not Dead Yet, 2017, "Who We Are"　http://notdeadyet.org/
"Oregon Public Health Division"　http://public.health.oregon.gov/ProviderPartnerResources/EvaluationResearch/DeathwithDignityAct/Pages/index.aspx/
尊厳死法制化に反対する会　http://songeshihouseikanihantaisurukai.blogspot.jp/
尊厳死の法制化を認めない市民の会　http://mitomenai.org/message

"True Dignity: Citizens Against Assisted Suicide" http://www.truedignity.org/audio-ed-paquin-2013-vt-senate-testimony/

"WHO"（世界保健機関） http://www.who.int/kobe_centre/mediacentre/whs_2014/en/

「幸せ」をつなぐ

宗教にみるジェンダーとケイパビリティ

猪瀬優理

INOSE Yuri

(1)「幸福とは何か」

「幸せとは何か」。人類史上、さまざまに幾度も問い返されてきた問いである。

幸福には多様な側面があるが、「一時的な幸福」と「持続的な幸福」の二つに分けられることがある。「一時的な幸福」とは、目前の「欲望」「欲求」が満たされることによって得られる満足感である。「最大多数の最大幸福」を追求するベンサムの功利主義に基づくモノ・カネを中心とした経済指標と関連が深い(1)。それに対して、「持続的な幸福」とは、目的のある人生を送る機会、善く生きる意味・方針を人びとが得ていることが幸福であるというアリストテレスが唱えた幸福観に基づいたもので、周囲の環境に左右されず「何が自分にとって大切なのか」を確かに見極める能力が備わっていることで得られる幸福である。

ケイパビリティ(capability)・アプローチは、「幸福」を所得や資産などの「資源ベース」で捉えることから、ケイパビリティが十分に発揮できる「生活の質(Quality of Life)」の程度で捉える方へ転換することを促した[OECD開発センター編 二〇一六：二九頁]。このアプローチは機能(functioning：実現された行動や状態)と潜在能力(capabilities：機能を実現するための能力・選択の自由)を区別し、後者を重視する。つまり、実際に得られたものよりも得られる機会の方を重視する。これは「持続的な幸福」につながるアプローチである。

フェミニストの視点からケイパビリティ・アプローチを提唱しているヌスバウムは「女性はいつも他人の目的に奉仕する存在として扱われ、自分自身のために自分自身を目的として生きてこなかった」とし、これを解消するための原理として「ひとりひとりのケイパビリティの原理(a principle of each person's capability)」を重視する。そして、「ケイパビリティの閾値(threshold level)」、つまり「このレベル以下では本当に人間らしい機能を達成できない最低水準」を示す必要を主張する[ヌスバウム二〇〇五:六頁]。ヌスバウムは政策提言につなげることを重視して、以下の具体的な一〇の潜在能力群を提示している。

(1)生命、(2)身体的健康、(3)身体的保存、(4)感覚・想像力・思考、(5)感情、(6)実践理性、(7)連帯、(8)自然との共生、(9)遊び、(10)環境のコントロールである[2]。

このなかでも(6)「実践理性」はケイパビリティの根幹をなす要素である。これは、自身の人生をよりよくすために自らの良心・価値に基づいて計画し、行動していく能力である。ケイパビリティ・アプローチでは、基本的な健康や衣食住の確保だけでなく、感情や思考、人びととの連帯、自然との共生など、個人の自己確認や自己表現、社会的な役割や居場所が一定水準まで確保されていることが「幸福」の条件となる。どれ一つにおいても水準以下であれば、客観的には「幸福」とは言えない[3]。この考え方は「不幸の減算」としての幸福研究のあり方とも通じる[高坂 二〇〇四]。

多くの社会において女性たちは男性よりもケイパビリティの実現を阻害される可能性が高い。その背景には「ひとりひとり」を重視しないジェンダー化された社会制度がある。これを解消するため、国際的な人権擁護の動きのなかで一九九〇年代から「ジェンダー主流化(gender mainstreaming)」、あらゆる領域とレベルにおける「ジェンダー平等」を実現しようとする潮流が起こっている。男女で異な

る影響を及ぼすあらゆる政策や法律を適切に評価し、新たな政策立案に反映していくためのプロセスである。(4)

本章では、ジェンダー主流化を目的の根底に据えて「ひとりひとりのケイパビリティの原理」を重視するケイパビリティ・アプローチに基づいて宗教と「幸せ」のつながりを考える。

(2) 幸福感とジェンダー

日本宗教学会は、二〇一四年に学会誌『宗教研究』において「しあわせと宗教」という特集を組んだ。この特集では、九名の執筆者が民俗学や社会学・哲学など異なる学問的視野、異なる宗教的伝統に基づいた多様な観点から示唆に富む論考を提出している。しかし、ほとんどの論考においてジェンダーの観点は取り上げられていない。(5)

川橋［二〇一六］は、ジェンダーの視点を宗教研究に取り込む重要性を主張する編著の序章において、以下のように書いている。

現代日本では、社会の問題を解決する担い手としての宗教への期待が高まり、宗教の公的な役割を好意的に評価する研究が多く生み出されている。残念ながら、その多くはジェンダーの視点からの批判を欠き、社会関係に内在する権力構造が生み出す抑圧や不公正を見過ごしてしまっている。性差別的なシステムを温存したまま宗教が社会とのかかわりを持つことは、抑圧的な考え方

を社会に持ち込み、さらに強化することにもつながる。［川橋　二〇一六：二頁］

上記の引用では、「宗教の公的な役割を好意的に評価する研究」である「宗教とソーシャル・キャピタル論」にジェンダーの観点から批判を加えた小松［二〇一五］を参照している。小松は、「宗教に持ち込まれたソーシャル・キャピタル論は、宗教団体や組織の成員であることによって、社会の中で何らかの役割を果たそうとする動きを描き出す一方、既存の宗教組織にある権力関係に無関心となりがちである」［小松　二〇一五：七一頁］と指摘する。

宗教集団にはジェンダーの観点から見た不均衡や不公正をはじめとする、さまざまな権力関係が存在しているという指摘は、ジェンダーと宗教にかかわる先行研究で示されてきた［奥田・岡野編　一九九三、奥田編　一九九五、川橋・田中編　二〇〇七、川橋・黒木　二〇一二　など］。多くの宗教にある男性中心主義、家父長制の働きによって、女性は周縁化され、不可視化されてきたが、現代における宗教はそのような従来の価値観に基づく解釈を再構築していく必要性が求められている。しかし、実際はそのような働きは鈍い。

ジェンダー主流化を進めるには、女性のエンパワーメント推進も重要だが、女性のみに焦点をあてていても対処療法に終わりがちである。男性がその立場についていることの多い、集団の意思決定者など社会への影響力が大きい人々（行政官、教育者、政治家、宗教指導者など）の意識変革と制度改革が女性への支援と同程度かそれ以上に必要不可欠なのである。

川橋［二〇一二］は、日本の妻帯仏教の現状を批判的に検討する中で、寺族女性の置かれた不安定な地位や役割にかかわる諸問題の根本に、宗門の妻帯に対するあいまいな姿勢があることを見出して改革の声を挙げた女性たちの取り組みを解説している。教団自体も女性たちの置かれた境遇を改善する取り組みをしてこなかったわけではないが、女性たち自身の必要からはズレたものであった［川橋二〇一二：九四頁］。取り上げられている曹洞宗の事例では、女性たちが声を挙げているにもかかわらず、宗門の公聴会が同じ受け答えの繰り返しで変革をかわし続けていること、その一方で、寺族側にはこの点に関する批判的な視点を持つようになっている層が広がっている状況を指摘している［同上：一一一頁］。

それぞれの宗派において具体的な取り組み状況や抱えている課題は異なるものの、女性宗教者や寺族女性に関連した問題への対応には、男性を中心とした組織の上層部の意識の変革が必要不可欠である。むしろ、変革されない意識・制度にこそ問題の根本はある。

「幸せ」と宗教との関係について論じるために、ジェンダーの観点は不可欠である。ケイパビリティを損なう大きな要因の一つに人種、民族、国籍などに基づく様々な差別がある。その中でもジェンダーの問題は普遍的に存在している差別構造である。(6)

川橋［二〇一六］は宗教にかかわる女性たちの自己実現や尊厳、あるいは女性たちの主体性というものを正当に評価しつつ、同時に「女性たちを搾取し抑圧する権力構造の働きを等閑視あるいは無化しない語りを提示すること」をフェミニスト人類学の観点による宗教研究の課題として提示している［川橋　二〇一六：三頁］。

本章では、このアプローチをもとに日本最大の新宗教集団である創価学会を事例にして考察してみたい。

(3) 創価学会における幸福論

❖創価学会の概要

歴　史　創価学会は一九三〇年、牧口常三郎《つねさぶろう》（一八七一―一九四四）により日蓮正宗の在家集団として設立され、戦時中に壊滅状態となったが、戦後、戸田城聖《じょうせい》（一九〇〇―五八）によって組織の再興と拡大が進められた。戸田死去の二年後、一九六〇年に池田大作が第三代会長に就任し海外布教も開始される。一九九一年には、一九七〇年代に表面化した日蓮正宗（宗門）との葛藤が決定的となり、分裂するに至っている。

二〇一七年現在、公称で八二七万世帯、教学部員二六〇万人という教勢を誇る。世界布教も進んでおり、日本を含めた一九二カ国・地域に会員が在住している。また、創価学会が創設し、主要な支持母体となっている公明党は一九九九年九月から二〇〇九年八月までと二〇一二年一二月から現在に至るまで連立内閣の一翼を担う与党となっている。

詳細は割愛するが、創価学会の歴史は社会や教団成員の変化に伴って組織構造と教理解釈や儀礼を柔軟に変化させてきたところに特徴がみられる［猪瀬　二〇一一］。

組織―性別組織　現在の創価学会地域組織は、性別・年齢あるいは婚姻状態別の組織によって重層的に形成されている。

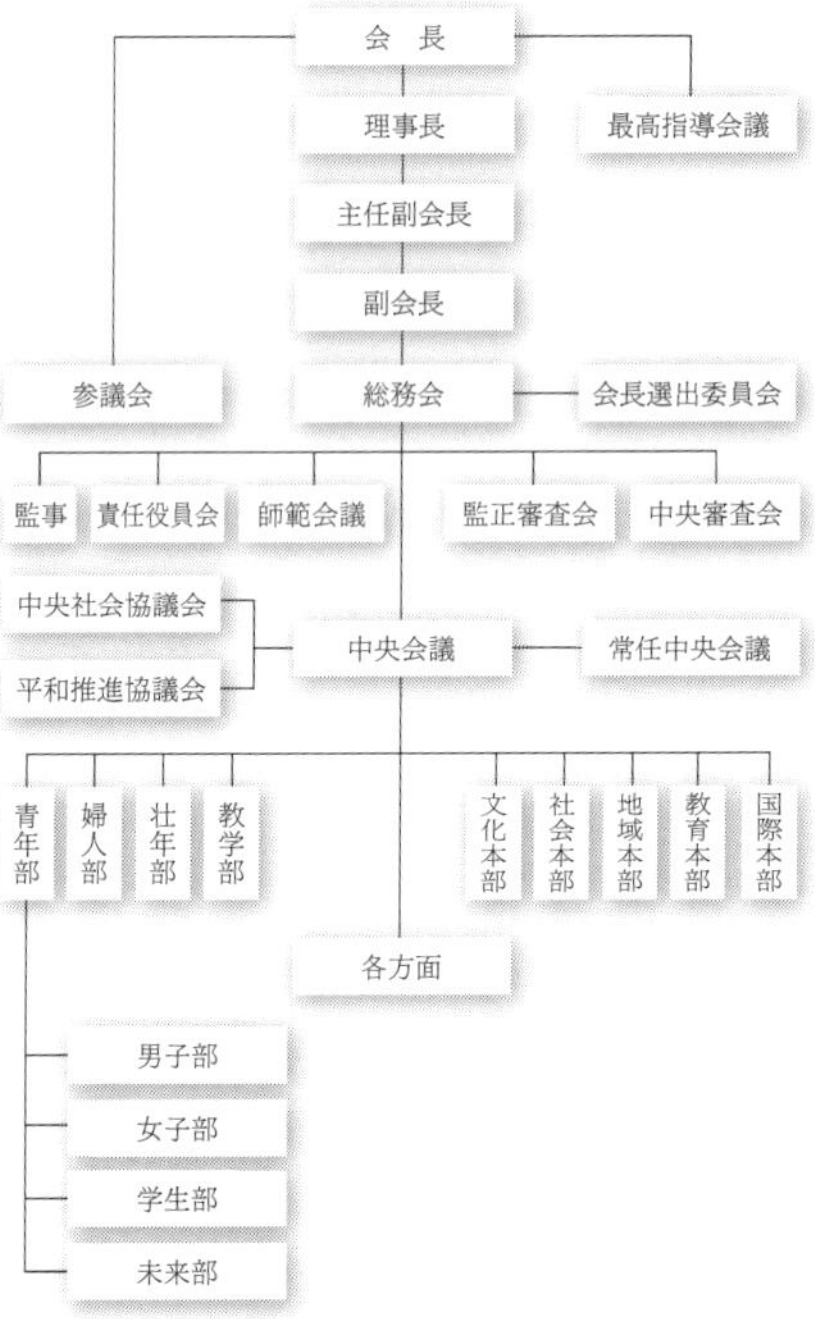

図　創価学会　機構図

出典：SOKAnet（http://www.sokanet.jp/info/kiko.html）を参考に作成

四者《よんしゃ》とよばれる「壮年部」「婦人部」「男子部」「女子部」という年齢あるいは婚姻状態別・性別組織が日常的な活動の基本となる。座談会など四者が一堂に会する会合もあるが、多くの活動は壮年部・婦人部・男子部・女子部と学生部がそれぞれで動いている。壮年部、男子部は男性、婦人部、女子部は女性が所属する。男子部員は四〇歳くらいになると壮年部に移行し、女子部員は結婚すると婦人部に移行する。ただし、四〇歳を過ぎても結婚していない女性は、婦人部に移行する慣例があり、また男子部も人材不足の場合は、四〇歳を過ぎても壮年部に移動しない例もある。また、一〇代でも結婚したら婦人部になるため一〇代の若者から八〇代以上の高齢者まで幅広い年齢層が所属する。そのためヤング・ミセスなどの年齢別組織も設けられているほか、婦人部内でも社会で働く女性が増える中、ワーキング・ミセスという別の活動組織を形成するなどの対応がとられている。学生は「学生部」、児童・生徒は「未来部（少年少女部・中等部、高等部）」に所属する。

ほかに、教育部、学術部、芸術部などの職業別組織、国際部など海外メンバーとの交流などの責務にあたる組織、団地部・農村部・離島部など住んでいる地域の特殊性に応じた組織などがあり、多様な立場や能力を持つ会員へのきめ細かい対応・指導を可能にしている。

創価学会の組織特徴としては、⑴実力本位、⑵実践主義による理論と実践の統一と分業、局面に合わせて柔軟に対応する機構があるということ、⑶小集団と巨大組織との運動における統一、⑷メンバー間に信念体系と理念体系について完全な統合・合意が目的以上に重要な位置を占めることが挙げられている［鈴木　一九七〇：三一八―三二三頁］。これらの特徴を総合してみれば、目標達成に対して、効率的に組織された集団であるといえる。

創価学会の組織は女性を活用しているように見える半面、性別組織が基盤であるため、女性は創価学会全体の長には決してなれない。女性職員は結婚退職することが慣例であり、副会長にも女性はいない。その内実は「男性を長とし、その下で多数の婦人部員が活動に励むという伝統的な権威構造」が「上から下に至るまでとうぜんのように貫かれて」おり、創価学会創設以来現在までの学会の組織構造の基礎として「男女の特質を活かしながら、一体和合する」形式である［薄井　一九九五：一七二―一七三頁］。

活　動　創価学会では、第一に「勤行唱題」、第二に「折伏・弘教の実践」、第三に「個人指導」、第四に「座談会」、第五に「教学」といった様々な活動を行う。

宗教的な儀式として最も重要なのは、毎日朝晩の勤行（法華経のうち方便品第二と如来寿量品第一六の読経）と、唱題（題目を唱えること）である。[7] 題目「南無妙法蓮華経」は、「仏法の究極の悟りである宇宙生命の根源」に帰命することを意味する。これを何度も唱えることによって「宇宙リズムと合致した生命活動」となり、活力が生まれ、何事にも立ち向かう生命力が養われる。

活動的信者の信仰活動の中心となり、最も時間・労力が取られるのは、布教や会合参加、部員訪問など他人との交流を行うこと、いわゆる学会活動である。ここでは一対一の対話が重視される。

月一回、地区やブロック単位で開かれる座談会に加えて、拠点となる会館において本部幹部会のビデオ上映が行われ、信者が池田名誉会長のスピーチなどを聞く機会がある。[8] このほか、日常的な活動としては各地域の協議会などがあり、活動者が集まって今後の地域活動方針などを決めている。

また、男子部、女子部、婦人部、壮年部の各部、また未来部の各部においては、毎月一回程度の部員会が開かれる。地区やブロックの担当幹部は、その地域の名簿に記載されている部員の管理を担当する。具体的には、部員会や各種の会合の開催の手はずを整え、部員に連絡をし、会合に連れ出す責任を負う。担当幹部は担当している部員の家を訪問するなどして連絡をつけ、会合への参加促進、活動者への勧誘活動を行う。この活動を「家庭訪問」という。部員宅への「家庭訪問」は、性別や年齢、婚姻状況が類似した担当幹部が行うことになっており、部員の親近感を増す機能や活動的信者の身近なモデルを担当幹部が提供する機能を持っている。このほかにも様々な役職や役割が信仰活動の中に存在する（新聞普及活動や選挙活動、「財務」とよばれる献金など）。

これらの活動はすべて広宣流布につながるとされ、またこれらの活動をやり遂げることが、自分の持っているさまざま宿命・宿業を転換し（宿命転換）、世界平和を実現することにつながると考えられている。
このように組織構造と活動実態は、ともに世代とジェンダーによって上手く機能するように設計されている。一般的な日本社会のジェンダーや世代への見方と照らし合わせてみても、特に際立って特異な点はみられない。創価学会は戦後の社会変動の中で個人が求めてきた「成功」のイメージと道筋を指し示す機能を果たしてきた。

❖創価学会の幸福論

教義　創価学会の教理の基盤は、『法華経』と日蓮の書簡・論文集『御書《ごしょ》』である。これらに対する解釈は、日蓮正宗が根本となっており、これに創価学会独自の理論づけとして、第一代会長牧口常三郎の「価値論」、第二代会長戸田城聖の「生命論」がある。現在の創価学会の「教理」は「第三代会長池田大作」を介して解釈された『法華経』『御書』、初代・第二代会長の指導が中心である。この要点をまとめると以下の五点になる。

第一に、「日蓮大聖人の仏法」は、現代社会に適合した全世界でも唯一正しい民衆のための宗教である。

第二に、人間の生きる目的は、絶対的かつ永遠の幸福を確立することである。個人の幸福も社会の幸福も「末法の本仏日蓮大聖人の三大秘法の仏法によってのみ得られる」〔戸田　一九六一：九六頁〕[9]。

第三に、「日蓮大聖人の仏法」は「生命の法理」をあらわしている。これによって「宿命転換」することが、「絶対的幸福」への処方箋となる〔原島・飛田編　一九七〇：一〇七―一一〇頁〕。

第四に、創価学会の究極の目的は、日蓮大聖人の教えを「広宣流布」することである。広宣流布とは「日蓮大聖人の仏法を全世界の人々に広く宣べ流布すること」である。

第五に、創価学会は「日蓮大聖人の仏法」を正しく護持・弘教している唯一正統の団体である。[10]

人生の目的を「幸福」とし、その方法として創価学会における御本尊への信心・活動を基本に据える教えである。創価学会では「永遠の五指針」というものを提示している。これは、戸田城聖第二代会長が一九五七年一二月に「永遠の三指針」として発表されたものに、二〇〇三年一二月、池田名誉会長が新たに二項目を付け加えてできたものである。

① 一家和楽の信心
② 幸福をつかむ信心
③ 難を乗り越える信心
④ 健康長寿の信心
⑤ 絶対勝利の信心

新入会員向けの「幸福をつかむ信心」の説明では以下のように述べられている。

幸福は、誰かから与えられるものではありません。どこまでも、自分の力で「つかみ取っていく」ものです。その原動力が私たちの信心です。そのために、私たちは学会活動を通して、自分

の心を鍛え、強い自分自身を築いていくのです。［聖教新聞社編集局　二〇一六：二〇頁］

また、学会活動の中でも重要な「折伏・弘教の実践」の基本理念は、唯一正しい教えを伝え広めて、ともに活動することをとおして、「自身の幸福だけでなく、悩める友を救い「自他共の幸福」を実現し、崩れぬ平和な世界を築いていく」［聖教新聞社編集局　二〇一六：四八頁］ことであり、いわば利他の精神に基づいた「幸福」である。

創価学会では「真の幸福」について、「相対的幸福」と「絶対的幸福」という二つの幸福感を提示する。「相対的幸福」とは、財産・名声・地位などの目先の欲望を満たすことによって得られる一時的な幸福であり、「絶対的幸福」とは「どんな苦悩や逆境に見舞われようとも、それを力強い生命力と豊かな知恵で乗り越え、「生きていること自体が楽しい」という境涯を築いていくこと」であり、「万人が目指すべき人生の根本的な目的は何より「絶対的幸福」の実現」にあるとされる［池田SGI会長指導選集編集委員会　二〇一五a：一二頁］。

創価学会ではこの「絶対的幸福」をつかむための確かな手段として創価学会の組織と信仰活動を据《す》えている。

そして、どこかほかの場所に幸福があるのではなく、「今生きている場所」「自分自身の生命」にあると明言する［同上：二五―三三頁］。「幸福を開く六つのカギ」として、「充実」「深き哲学を持つ」「信念を持つ」「朗らか」「勇気」「包容力」をあげており、これらはすべて「信心」に行きつき、信心に生き抜く人生こそが「最高に幸福な人生」であるとする［同上：三四頁］。

そして「苦しみや悩みが大きければ大きいほど、強き信仰の力によって、大きな幸福、大きな歓喜に転換していくことが出来る」とも断言する［池田SGI会長指導選集編集委員会 二〇一五b：一〇頁］。

以上を総合すると、創価学会の教えとは、自分が絶対的幸福になるためには、唯一正しい宗教である「日蓮大聖人の仏法」を正しく護持している唯一正統の団体である創価学会に属して布教活動をしなければならない、というものである。その幸福論は、理念と手段が明示された明快な幸福論である。「絶対的幸福」の概念は「善き生」を求めるアリストテレスの幸福論につながるものであり、以上の基本理念の通り、「善き生」のための指針と他者とのつながりをつくる利他の精神、自立・自律の精神の涵養に努めることは、各自のケイパビリティを高めることにつながるだろう。

創価学会においては、仏法において男女の差や世代の差はないとされている。しかし、具体的な生活上の苦悩や悩みには男女差が生じている。

男女の実践の違い　「幸福」を人生の目的とするには男女の区別はないが、池田SGI会長のメッセージなどで「幸福」と結び付けて語られる「性」は女性に偏っている。男性向けに特化した書籍で「幸福」と題された書籍はほぼ見当たらないが、女性向けの書籍としては、『幸福抄』（主婦と生活社、二〇〇三年）、『幸福の太陽――ヤング・ミセス指導集』（聖教新聞社、二〇一一年）、『女性に贈る100文字の幸福抄』（主婦と生活社、二〇一二年）、『幸福の花束――平和を作る女性の世紀へ：池田SGI会長指導集』（聖教新聞社、二〇一六年）など複数ある。

また、婦人部・女子部に対して「私は、婦人部・女子部の皆さまが、一人も残らず、幸福になられるよう、勝利されるよう、毎日真剣に祈っています」［創価学会婦人部 二〇一六：二二六頁］と励ます一方、壮年部に対しては「創価の黄金柱よ。勇者にして勝者の一生を！」〔『黄金柱の誉れ』編集委員会　二〇一六：二頁〕といった形で、創価学会のもう一つのキーワードである「勝利」という言葉が強調される。女子部は将来の「婦人部」として、男子部は「壮年部」としての期待や役割に関する言葉が加わるが「励まし」の傾向の男女の違いは類似している。

婦人部が既婚女性とされていることでもあらわれているように、創価学会においても、男は仕事、女性は家庭という性別役割分業が前提とされている。

婦人部には二〇〇九年に「実践の五指針」が出されたが、その内容は「一、祈りからすべては始まる」「一、わが家は和楽の前進」「一、後継の人材を伸ばす」「一、地域と社会を大切に」「一、生き生きと体験を語る」である〔創価学会婦人部　二〇一六：二二七頁〕。

壮年部への三モットーは「生涯求道の壮年部」「職場で勝利する壮年部」「地域貢献の壮年部」である〔『黄金柱の誉れ』編集委員会　二〇一六：巻頭部分〕のに対して、婦人部は、家庭と地域における役割が中心で、「後継の人材」を育てるという役割が指針に入っている。

このように女性の活動範囲を主に家庭役割と信仰活動に差し向けるような構造的な制約がある。創価学会の組織活動の基盤を支えているのは婦人部であるが、女性にとって必ずしも有利とは言えない環境の中で、自らの時間や金銭などのコストを払ってでも信仰に従事することにどのようなメリットがあるのだろうか。

男女の体験の違い　ここでは、性別役割分業の影響が色濃く出ていると思われる体験談を機関誌『大白蓮華』に掲載されたものから選んで要約を紹介する。

①**支部副婦人部長**（『大白蓮華』二〇一五年一〇月号掲載）

働かない父に代わり働きづめだった母が一一歳の時に亡くなって以降、四人の弟たちの母親代わりとなった。生きるのに精いっぱいの生活。一五歳の時、働きに出たが漢字も時計の時刻も読めない苦労が。その時、字を教えてくれたのが温かな創価家族だった。会合に参加し、御書や「大白蓮華」を読むのを聞いて振り仮名を振り覚えた。弟が自立したのち、自分の幸せを願って結婚。三人の子どもに恵まれたが、夫はギャンブル好きで仕事が長続きしない。自分が必死に働いても経済的に苦しい。母と自分の姿が重なり、宿命に押しつぶされそうになった。〝お金のこと、家のこと、仕事のこと、子どものこと、どんな願いも御本尊の前からスタートしよう〟と決めると、不思議なことに大変な時ほど信心の炎が燃え上がるように。祈って勝ち取った公営住宅は四〇年以上、座談会の会場に。周りの人にあげるために野菜を作ると驚くほど良く育ち、喜ばれ友好が広がっている。夫婦で広布の活動に励む中、夫も驚くほど働き者に。聖教新聞の配達も担い、長年地区部長を務め、自分をほめてくれる人に。祈って決めた結婚は苦労もしたが、大正解だった。三人の子どもも、それぞれ幸せな家庭を持ち、孫も後継の人材に。娘が「お母さんたちのような夫婦になれるかな」と聞いてくると、「祈っていけば絶対なれるよ」と確信をもって答えている。食べることしか考えられなかった昔から、他人の幸せを心から願える自分になれた今が一番幸せである。学会、師匠とともに生きる人生の偉大さをかみしめている。

②**総区ヤング・ミセス委員長**（地区婦人部長）（『大白蓮華』二〇一六年四月号掲載）

結婚前までは親が学会員で「つかず離れずの信心」。看護師をしていた時は忙しさを理由に学会活動を避けることも少なくなかった。母親の乳がん、長女の出産を機に真剣に題目を唱えるようになり、信心の功徳に触れるなかで「御本尊の前から出発する姿勢」が根付く。ヤング・ミセスの活動は、「同じ世代、自分と似た境遇の人と家庭や育児の悩みを共有し、励まし合える輪が、ありがたく、楽しかった」。しかし、活動が活発になると夫との間に衝突が生じる。夫に学会への無理解の言葉を言われ、「自分の人生が否定されているよう」に感じた。学会のことになると人が変わったようになる夫の顔色をうかがいながらの活動。婦人部から「いい奥さんになるんやで」と言われ夫に尽くすが、心の底では夫のことを思えておらず、学会に理解を示さない夫を心で責めるように。夫の目には、妻が活発に活動するにつれ、その姿が冷たく映るように。婦人部の励ましを支えに、一家和楽を御本尊に祈る。池田先生は「わが主人こそ日本いな世界で一番、立派な人である」と確信せよという。七〇〇万遍の題目に到達するとき、夫の意見が全部「家族を守ろうとするやさしさだった」、自分の考える一家和楽の枠に家族、夫を無理やり押し込めようとしていたと気が付き、夫を「私の信心を強く鍛えてくれる善知識なんだ」と感謝できるように。その後、夫も学会に理解を示すようになった。「今が一番幸せです」。優しい夫、最高の信心を得て、どんな道のりも幸福に続くと確信して、一家和楽に進んでいく。

③（壮年部）**支部長・美容師**（『大白蓮華』二〇一六年八月号掲載）

若者向け雑誌の取材で記者に「人生で、一番幸せだった日」を尋ねられた。一番つらかった日ならすぐに思い浮かぶ。同じ店で働く妻の折伏で入信。三六歳、長女が生まれ、次の子も妊娠中、家庭も仕事も〝いよいよこれから〟と希望にあふれていたとき、経営者が突然に閉店し、失職した。間もなく二人の子の父親になるというのに収入はゼロ。不安の中〝家族を守るために、自分の店を持とう〟と固く決意。金策に走り、男子部の仲間の応援も得て、店をオープン。半年後、平和文化祭に参加し、池田先生と出会い〝「生活」と「家庭」と「職場」と「健康」を貫いた活動を〟との指導を受け、「信心即生活」をモットーに妻とともに、以来三〇年以上、誠心誠意、仕事に、活動に全力で励んできた。ここ一五年は〝地元への恩返しを〟との思いで、外出困難者への訪問カットサービスを実施している。辛かった当時を振り返ると、師匠や同志、お客さんとの原点がよみがえり、つらい経験の積み重ねがあればこそ店を続けられてきた。記者には「一番幸せなのは、案外、一番つらかった日々だったりするんだ」と伝えた（ただし、完成した雑誌には信心の話は一切載っていなかったと笑う）。

④**男子部県主任部長兼本部長・調理師**（『大白蓮華』二〇一七年四月号掲載）

両親・親戚が学会員だったが、信仰心はゼロ。反発していた。二二歳の時、長野で調理師としてホテルに就職したが、早朝から深夜までの長時間労働、休日出勤、ミスをすると罰金、掃除という「異常な職場環境」で、パチンコだけが息抜きの場。二七歳で結婚し子どもが生まれ、〝家族を支えなければ〟との自覚はあったが、職場で精神がむしばまれ、楽な方に流れる自分の弱さでパチンコに逃げ、妻とケンカも絶えず、離婚。仕事にも行けなくなり〝廃人状態〟に。「自律神経失調症」と診断され、故郷・群馬に戻る。療養中、イトコの男性Tが何度も訪ねてきて信心の話をされた。「俺は創価学会と話をしたいんじゃねえんだよ。Tと話がしてえんだよ！」と胸倉をつかんで追い返したこともあるが、それ以降もやってきた。ふと長野にいたころからTが送ってきていた手紙を見返すと、手紙とともに調理師の体験や一家和楽の体験など当時の自分の状況に合った聖教新聞の切り抜きが。Tが本気で自分を何とかしたいと思ってくれたこと、反発しても見捨てず、何倍もの激励を返してきたことに気付き、「こんな男になりたい」と思った。男子部の活動に参加し、すべての学会活動に挑戦。無気力だった心に生命力が湧いてきた。弘教の勇気が出ないとき、先輩の「結局は自分」、池田先生の「幸福は自分の胸中にある」との指導にハッとし、環境に負けてきた自分を変えようと対話を続けて五年、弘教を実らせた。その間に就職も決まり、地元の消防団に所属して地域貢献にも挑戦している。牙城会（創価学会男子部の人材グループ）にも参加した。今、部員さんのために行動できる自分になれたことが嬉しい。悩みのある部員さんにも自分の経験をもとに励ますことが出来る。苦しみも失敗もすべて意味があったと実感している。「妙とは蘇生の義なり」との御書の御文を体験できた喜びが、体中溢れている。救ってくれた学会、先生への報恩を誓う。

『聖教新聞』『大白蓮華』などの学会の機関誌には上記のような体験談が無数にある。会員の数だけ体験があり、そこには紆余曲折《うよきょくせつ》が当然あるが、掲載された物語は、紆余曲折を含めて創価学会において公式に認められている望ましい形での信仰体験である。病気や貧困、家庭不和などの苦難があっても、時にその信心を信じられない時期があったとしても、最終的には最高の信心を得て、御本尊に祈り、同志・師匠（池田大作）からの励ましを得ることで「幸福」になれた、という物語である。ここに男女の違いはない。

男女の違いが現れるところは、その苦難の捉え方と乗り越え方であろう。同じ家庭の悩みであっても、男性は仕事や自分自身の弱さの問題に収斂《しゅうれん》する一方で、女性は家族とのつながりのあり方に焦点が向けられる傾向があるようである〔豊田 二〇一四〕参照)。

取り上げた四つの体験談のなかには親などが既に学会員であり、その縁で信心している人の例があった。また、「後継の人材」という言葉も見られる。創価学会は最高の信心であると信じているなら、大切な家族や友人にも信心してもらい、幸福になって欲しいと願うのは道理ではある。だが、この思いは四番目の事例のように、同じ価値観を持っていない人には、単に布教を達成したいがための行動だと受けとめられて「信心抜きで話ができないのか」などと逆に反発を引き起こす可能性もある。この反発が解消されない場合、信心は継続されず、教団から離れていくことになる。

信仰継承と離脱　現在、創価学会の機関誌では信者の子どもたちを中心として構成されている「未来部」に対する言葉かけや特集が意識的に組まれることが多くなっている。未来部担当者向けの専門のサイトも開設されている。創価学会が今後も盤石《ばんじゃく》な組織として継続していくためには、二世信者(三世以降も含む)の信仰継承が必要不可欠だという組織的な判断によるものであろう。また、信仰継承とはただ家庭だけに任せていたのでは、スムーズには行われないもので、組織的な支援が必要なことだと認識しているということであろう。
継承した事例は、前項で紹介した体験談にもみられるように「後継の人材」となって創価学会によって「絶対的幸福」をつかむことができたという物語の中に含まれることになる。これは「幸せ」

をつないでいく者の一員になれたということである。創価学会では、他の幸せを思って信心・布教をする自分たちを「法華経の行者」「地涌の菩薩」といった表現で称《たた》え、世界を平和にする使命を持った者として位置づける。周囲の人々を幸せに、世界を平和にする使命を持った「勇者」として、ひとりひとりが勇気づけられ、鼓舞されながら、苦難があってもへこたれない「信心即生活」の日々を送ることを可能にするのである。

しかし、この物語を成立させるためには、「創価学会が幸福をもたらすことのできる唯一の団体だ」という信念を共有することが必要不可欠である。ここを信じられなければ、すべての活動も、苦労も無意味な物と化してしまう。この観念の共有と補強を可能にする要件は、前項の体験談からもいくつか確認することが出来る。

第一に、「御本尊への祈り（唱題）」が自分自身の生命力を高めたという実感を得たかどうか、第二に、「池田先生」「同志」による「励まし」が心から自分自身のために向けられていると感得できる経験や「気づき」があったかどうか、第三に、「幸福は自分の胸中にある」のような創価学会における幸福論などの教義の言っていることが「正しい」と自分自身で納得できたかどうか、第四に、自分自身の信仰活動が「人のために」なっているという実感を得たかどうか、第五に、信仰の正しさが他の人（配偶者や子ども、職場の人びと、折伏相手など）に受け入れられた・受け継がれたという実感を得たかどうかである。

すべての事例ですべての要件が確認できるわけではないが、以上の五つは創価学会における信仰が「幸福」に繋がっていると納得し、その納得を継続するための重要な要件である。これらの要件があると、人々は信仰活動によって、実際に病気や貧困問題が解決されなかったとしても、自分自身のケイパビリティが高められたと実感することができる(11)。

一方で、創価学会では一度は信仰活動に熱心に取り組んだものの、組織活動から離れる人々も少なくない。学会組織からの活動要請を義務的なものに感じ、時間やお金や精神力をつぎ込んだ結果、信心を続けることに疲弊している人たちもいる。信仰継承の要因を調査した際にも、親が信仰活動を行うことを強制するような姿勢は信仰継承を妨げるという結果も得られている［猪瀬　二〇一一］。信仰を継続している人の反転でもあるので、詳しい事例の紹介は省くが、離脱を選ぶ人々の要件もいくつかあげておく。

第一に、唱題の働きについて神秘性を認められなくなったこと、第二に、組織活動の目的がひとりの「幸福」にあるよりも「組織の維持・発展」にあると感じた体験があること、あるいは、組織からの「励まし」が上滑りして逆に「押し付け」として捉えられてしまう体験があること、第三に、創価学会の教えが「正しい」とは受け止められなくなる体験があったこと、第四に、自分自身の信仰活動が「人のために」なるような意味のある活動だと思えなくなる体験があったこと、第五に、周囲の人々から学会の信仰が受け入れられない理由に納得する体験があったこと、あるいは、創価学会の理念や組織・活動以上に「正しい」と感じられる理念や組織に出会ったことである。

以上のような要件は、組織からの離脱を促す。特に「押し付け」や「義務感」が強いと感じられると、創価学会に所属して活動していることの方が自分自身のケイパビリティを損ない、「幸福」を遠ざけるものとして認識され、離脱を促進することになる。信仰活動から「幸せ」を得るためには、自らが主体的に納得して選択し、行動することが重要である。

以上から、創価学会に所属して、活動すること自体は「幸福／不幸」を分ける要件ではないことがわかる。そこからひとりひとりがケイパビリティを促進するような「儀礼」や「励まし」、「解釈枠組み」を得られたかどうかが要点なのである。

本章では十分には提示できなかったが、創価学会は、状況に合わせて組織を改編したり、困難に陥りやすい女性に対して「幸福」を冠した書籍を発行して「励まし」たり、子どもたちを信仰につなぎとめるために支援を手厚くするなど、ひとりひとりが「幸福」を感じられるように促す助けを組織として意識的に提供する取り組みを行っている。もちろん、この取り組みを実のあるものにするには、それこそ「励まし」を提供する組織のあり方やひとりひとりの会員の姿勢が問われるため、うまく機能しない場合があることもある。(12)

(4)「幸福」をつなぐ宗教へ

宗教が人々を「幸福」にするために何が必要なのか。創価学会の事例から学べることはいくつかある。

第一に、宗教集団は、ひとりひとりに苦難、つまりケイパビリティを阻害される要件があったとき、「教え」「儀礼」「仲間集団」を提供することによって、ひとりひとりの会員がケイパビリティを促進するための「支え」を与えられるということである。

第二に、信仰活動から「幸せ」を得るためには、自らが主体的に納得して選択し、行動するというケイパビリティが発揮されることが重要であるということである。

第三に、宗教集団は、「人のために」という利他の精神をその「幸福」の背景に持つことによって、ひとりひとりが「幸福」を得ただけで満足して終わるのではなく、次の人に「幸福」をもたらせるように伝え、つないでいくことが出来るということである。

宗教が人々にもたらす「ジェンダー」規範の枷《かせ》は、女性を周縁化し、不可視化し、抑圧・搾取し、男性に女性を従属させるような行動をとることから逃れられなくするような男女の間の不均衡な権力関係をもたらすものでもある。一方で、宗教の教えや儀礼や仲間集団からの「励まし」が男女ともにもたらす可能性は、そのような不利な立場に立たされた女性たちや現状に違和感を持つ男性にとっての新たな道を指し示すものでもある。

宗教がひとりひとりの「幸福」を実現することが目的というのなら、宗教や社会の在り方がひとりひとりの「ケイパビリティ」を損ねる可能性がないかどうか配慮して、人びとの選択肢を確保する手助けをする必要がある。

創価学会では、それぞれの状況に合わせて柔軟に組織的な対応を行い、「励まし」という形でひとりひとりのケイパビリティの実現を促進しようとしている。ただし、ジェンダーという観点では、女性職員の結婚退職の慣行や専業主婦を中心とした既婚女性を布教・選挙で「ただ働き」させる形が従来の創価学会の組織活動のやりかたである。しかし、このような性別役割分業にもとづいた組織は、共働き家族が過半数を超える現代に合わなくなっていることも確かである。実際に、現代における働き方と多くの時間と労力を取られる創価学会活動との折り合いがつかずに、組織活動から離れる人は少なくないだろう。

「現在も、世界のさまざまな場所で、宗教伝統の名の下に、多くの女性たちが苦痛と閉塞感を経験している」［川橋　二〇一六：一二頁］。創価学会を含めて、現代における宗教集団がひとりひとりの「幸せ」をもたらす宗教となるためには、そこにかかわるひとりひとりのケイパビリティを重視する視点、現代の社会状況や、ジェンダー主流化の動きに合わせた組織活動を展開していくことが求められる。具体的に何をすべきかについては、それぞれの地域や宗教施設、宗教者の資質や環境によって異なるが、川橋［二〇一二］が示していた事例のように少なからぬ宗教集団が自らの「正しさ」や「伝統」に拘泥《こうでい》して変化できない場合が多いと思われる。

どのようにしたらこの殻を破り、宗教がもたらしうる「幸せ」をつなぐことができるのか、その力が問われている。

註

（1）経済指標は五〇年前に作成されたものであり、時代に合った新たな政策基盤となる指標の作成が求められている［カラベル　二〇一七］。

（2）(7)「連帯」には、Aとして「他の人とともに、他の人のために協働する能力」、Bとして「他の人と等しく尊厳ある存在として扱われること」が挙げられ、(10)「環境のコントロール」には、A政治的として「自分に影響のある政治選択への参加可能性」、B物質的として「自ら資産を持ち、他者から侵害されずに管理できること」が挙げられている。

（3）主観的には「自分は幸福だ」と感じる人もいるだろう。不十分な状態であっても人間は「幸福」と感じることが出来るし、満たされた状態であっても「不幸」と感じる場合もある。いわゆる「幸福な農民と不満足な富裕者」の例である。グラハムはこれを「適応」の問題として、アフガニスタンでの調査の例を提示している。不安定で緊張感の高い情勢下にありケイパビリティが大きく阻害されているアフガニスタンの人びとだが、主観的幸福感は高かった。これは喜ばしいことだが、不足した状況になれてしまっているということでもある。だが、同じアフガニスタンの人々も他者との比較の視点を入れた指標の回答は、有意に低下した。主観的に幸福であるとして状況を乗り切る姿勢を持つとともに、客観的に自分たちの状況を捉える視点もあるのである［グラハム　二〇一三：一二六―一三一頁］。

（4）ジェンダー平等は女性だけでなく、男性の幸福感も高めるという調査報告もある［吉田　二〇一四］。

（5）セクシュアリティについては二、三の論考で多少触れられてはいるが主題ではない。

（6）ヌスバウムが指摘するように、特に発展途上国の女性はケイパビリティが著しく奪われている。日本は先進国と呼ばれる国のひとつであるが、世界経済フォーラムが毎年発表しているジェンダーギャップ指数における二〇一六年の日本の順位は、一四四カ国中一一一位（二〇一五年は一四五カ国中一〇一位）と毎回非常に低迷している。経済、教育、政治、保健の四つの分野のデータから作成されるものだが、日本は教育と保健の分野では平等度が高い一方で、経済、特に政治の分野における平等度が低く、毎回順位が低くなっている。

（7）朝に五回、夕方に三回、法華経の方便品・寿量品（長行・自我偈）を読んだ後に題目三唱をして祈念するという五座・三座の形式だったが、二〇〇四年から朝晩一回ずつ方便品と自我偈を読誦するだけの簡易な形式に変更された（目安として三〇分から一〇分への短縮）。ＳＧＩ会員（海外会員）から簡潔な勤行形式を正式にして欲しいとの要望を受けたためとされる。

（8）池田名誉会長は二〇一〇年以降、公式の会合の場に姿を見せていないが、本部幹部会ではほぼ毎回最後のスピーチは過去の池田名誉会長のスピーチの録画映像を放映している。

（9）戸田会長は御本尊を〝幸福製造機〟と表現した［原島・飛田編　一九七〇：一二八頁］。ただし、後の版ではこの部分が削除されている。

（10）以上の基本的な内容は、時代を経ても大筋に変更はないが、創価学会の教理的な面では、大きな変更点がいくつか見られる。大きな変更点は以下の三つであろう。

第一に、日蓮正宗に対する立場である。一九九一年の分裂以降は批判の対象となった。

第二に、「王仏冥合」「国立戒壇」という用語が用いられなくなったことである。

第三に、キリスト教、イスラームなどの諸外国の宗教に対して批判的・否定的な表現を用いなくなったことである。ただし、これは実務的対応での変更であり、日蓮の「宗教批判の原理」自体には変更はない。

（11）ただし、創価学会においては、「実証」といって実際に問題解決が得られることもその信仰の正しさの証明として非常に重視している。

（12）創価学会から離脱した人が告発書を出す例は少なくない［蓮　一九七二、創価学会脱会者の会編一九八七、創価学会問題研究会編　一九九三、島田　二〇〇六、原島　二〇〇七、小多仁　二〇〇七、野口・滝川・小平　二〇一六　など］。インターネット上にも創価学会からの脱会者が体験を語ったり、告発したりすることを目的としたサイトは多く存在する。創価学会の「教え」が誤りだと感じて脱会するパターンとしては、日蓮正宗との分裂に関わった例が見受けられる。

引用文献

第一〇回宗勢基本調査実施センター
二〇一六a『第10回宗勢基本調査　中間報告（単純集計）（宗報　二〇一六年一月号）』（浄土真宗本願寺派総合研究所）。

二〇一六b『浄土真宗本願寺派　第10回宗勢基本調査　教区別集計』（浄土真宗本願寺派総合研究所）。

グラハム・キャロル、多田洋介訳　二〇一三『幸福の経済学――人々を豊かにするものは何か』（日本経済新聞社）。

原島　嵩・飛田敏彦編　一九七〇『創価学会入門』（聖教新聞社）。

原島　嵩　二〇〇七『絶望の淵より甦る――創価学会を脱会した歴史の生き証人　体験を通して真の信仰へ』（日新報道）。

池田SGI会長指導選集編集委員会
二〇一五a『池田SGI会長指導選集　幸福と平和を創る智慧――第1部（上）』（聖教新聞社）。

二〇一五b『池田SGI会長指導選集　幸福と平和を創る智慧――第1部（下）』（聖教新聞社）。

稲葉昭英　二〇〇二「結婚とディストレス」（『社会学評論』五三―二、二一四―二二九頁）。

猪瀬優理　二〇一一『信仰はどのように継承されるか――創価学会にみる次世代育成』（北海道大学出版会）。

猪瀬優理　二〇一六「第12章　仏婦がつくる地域――ビハーラの可能性」（櫻井義秀・川又俊則編『人口

減少社会と寺院――ソーシャル・キャピタルの視座から』法藏館、三三三―三六〇頁)。
カラベル・ザカリー、北川知子訳　二〇一七『経済指標のウソ　世界を動かす数字のデタラメな真実』(ダイヤモンド社)。
川橋範子　二〇一二『妻帯仏教の民族誌――ジェンダー宗教学からのアプローチ』(人文書院)。
川橋範子・黒木雅子編　二〇〇四『混在するめぐみ――ポストコロニアル時代の宗教とフェミニズム』(人文書院)。
川橋範子・小松加代子編　二〇一六『宗教とジェンダーのポリティクス――フェミニスト人類学のまなざし』(昭和堂)。
川橋範子・田中雅一　二〇〇七『ジェンダーで学ぶ宗教学』(世界思想社)。
高坂健次　二〇〇四「頻ニ無辜ヲ殺傷シ――幸福と不幸の社会学序説」(『先端社会学研究』創刊号、関西学院大学出版会)。
野口裕介・滝川清志・小平秀一　二〇一六『実名告発　創価学会』(金曜日)。
ヌスバウム・マーサ、池本幸生・田口さつき・坪井ひろみ訳　二〇〇五『女性と人間開発――潜在能力アプローチ』(明石書店)。
OECD開発センター編、徳永優子訳　二〇一六『幸福の世界経済史――1820年以降、私たちの暮らしと社会はどのような進化を遂げてきたのか』(明石書店)。
奥田暁子編　一九九五『女性と宗教の近代史』(三一書房)。
奥田暁子・岡野治子編　一九九三『宗教のなかの女性史』(青弓社)。
「黄金柱の誉れ」編集委員会　二〇一六『黄金柱の誉れ――創価学会壮年部指導集』(聖教新聞社)。
蓮　悟空　一九七二『変質した創価学会――現創価学会大幹部の告発』(六藝書房)。

聖教新聞社編集局　二〇一六『新入会の友のために』（聖教新聞社）。
島田正人　二〇〇六『創価学会協議の検証　破折――「即身堕獄」から「即身成仏」へ』（日新報道）。
創価学会脱会者の会編　一九八七『入信から脱会までの軌跡　私はこうして創価学会をヤメた』（日新報道）。
創価学会婦人部　二〇一六『幸福の花束――平和を作る女性の世紀へ：池田SGI会長指導集』（聖教新聞社）。
創価学会問題研究会編　一九九三『学会員への最終通告‼　池田大作・創価学会に騙されるな――「ヤメて良かった……」元学会員たちの声、声』（日新報道）。
鈴木　広　一九七〇『都市的世界』（誠信書房）。
戸田城聖監修　一九六一『折伏教典　第3版』（創価学会）。
豊田尚吾　二〇一四「生活意識から見る男女の違いと主観的幸福度」（『個人金融』二〇一四冬、一三―二六頁）。
薄井篤子　一九九五「女性と宗教と組織――創価学会婦人部を巡って」（奥田暁子編『女性と宗教の近代史』三一書房、一四三―一八二頁）。
吉田　浩　二〇一四「男女共同参画社会の推進と女性の幸福感、男性の幸福感――国際的データによる実証的確認」（『個人金融』二〇一四冬、二七―三七頁）。

孤立化社会における傾聴ボランティアの役割

止まり木と順送りの互助

横山忠範
YOKOYAMA Tadanori

はじめに

❖孤立化社会の現状

わが国の構造的な問題である少子高齢化の下で「孤立」「無縁」「孤族」「一人ぼっちの社会」など「孤立化」がクローズアップされている。人口は、戦後、一貫して増加を続けてきたが、二〇〇八年の一億二八〇八万人をピークとして減少局面に入り、国立社会保障・人口問題研究所（出生中位・死亡中位推計）によると、このままのペースでは、二〇四八年には人口が一億人を割り込み、二〇六〇年には八六七四万人（参考推計）まで減少するとも推計されている。三五年連続で総人口に対する一五歳未満の子どもの数は下がり続ける一方、高齢者（六五歳以上）の割合は三九・九％まで上昇する見込みである。[1]

また、戦後の一九四七年（昭和二二）の日本人の平均寿命は男性が五〇・〇六歳、女性が五三・九六歳だったが、今や男性は八〇・五〇歳、女性は八六・八三歳である。[2] しかし、健康寿命は、二〇一三年に男性が七一・一九歳、女性が七四・二一歳とされる。厚生労働省は平均寿命と健康寿命の差をできるだけ小さくすることを目標に掲げている。[3] 実際、高齢者の半数近くが何らかの自覚症状を訴えているが、二〇一六年の高齢者三二九六万人の約八割が介護サービスを必要としない自立した生活を送っている。[4]

斉藤は、「「孤独」が仲間づきあいの欠如、あるいは喪失による好ましからざる感情を抱くという主観的な状態であるのに対して、「孤立」とは家族や地域とはほとんど接触が無いという客観的な状態をあらわすものとされている」というタウゼントの「孤独」と「孤立」の定義をあげ、さらに研究領域によって、孤独概念の構成要素として社会的孤立と情緒的な孤立や宗教などのスピリチュアルな面からみた孤立、他者との交流が乏しくて生活に満足していない状態を孤立とした研究もあると紹介している［斉藤 二〇一三］。

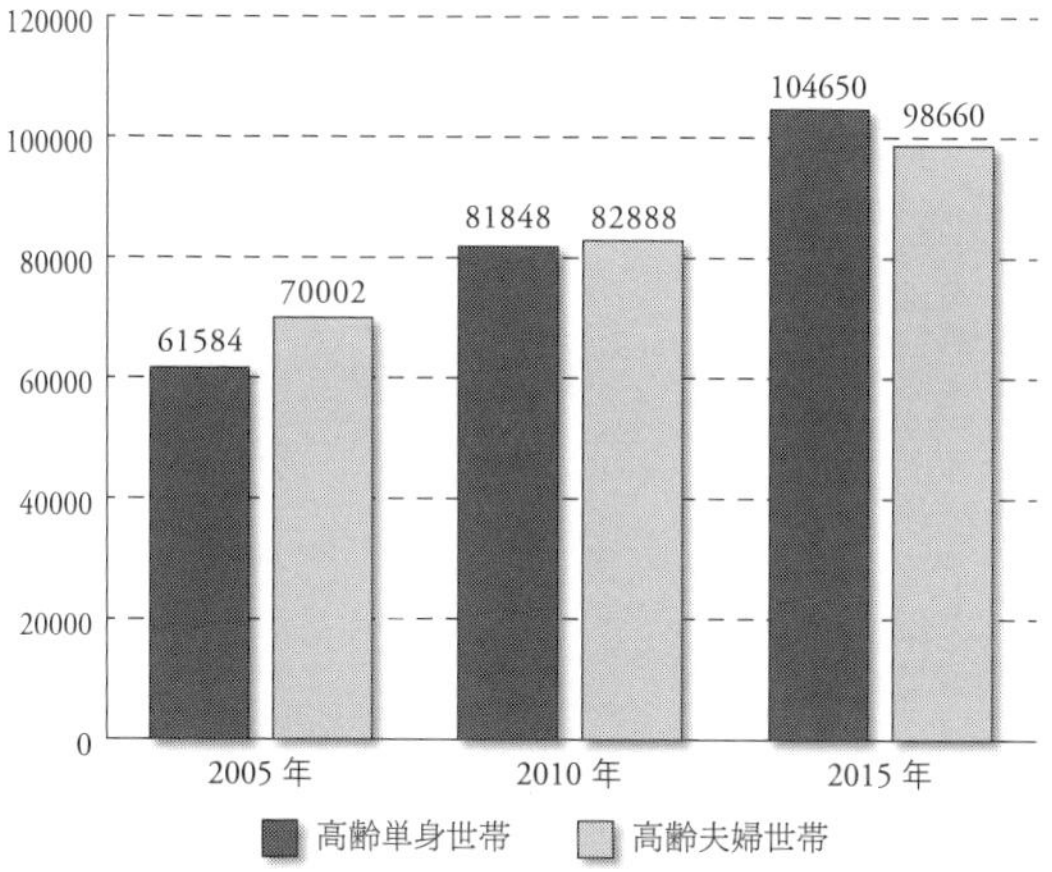

図1 札幌市在住高齢世帯数

出典：国勢調査のデータ（総務庁統計局）から筆者作成

ここで調査地である札幌市において平成二七年一〇月一日現在の「国勢調査」結果の確定値が発表されたので、六五歳以上単独世帯で暮らす者（高齢単身世帯）、夫六五歳以上、妻六〇歳以上の夫婦のみの世帯（高齢夫婦世帯）の変遷を、図1に示した。

❖高齢者のプロダクティブ・アクティビティの展開

こうした状況下において、高齢者のポテンシャルをいかにして、社会全体の活性化につなげるかが問われている。いわゆるロバート・バトラーらのプロダクティブ・エイジングとしての提案「「老い」についての考え方の枠組みを、「依存」「介護」「社会的コスト」といったおきまりの課題から、むしろ高齢者のプロダクティビティ「生産性」という発想に転換し、もっと社会に活用すべきである」ということである。ここでいう「生産性」とは、単に物財をつくりだすことではない。本質的な意味で社会を豊かにすることである。つまり、長寿化とは、高齢者の障害度や有病率が単に増すことでなく、大きな割合で、健康で、向上心に富み、活動的で、精力的で、そしてその生産性によって自らと社会の向上と豊かさに貢献している高齢者が増えることであるととらえる［バトラー他　一九九八］。どうすれば高齢者は働き続けることができるのか、どうすれば社会参加し続けることができるか、どうすればボランティア活動を続けられるか、健康を維持できるのか、社会的経済的あるいは文化的変動を推し進められるか、などが課題となる。

高齢者のプロダクティブ・アクティビティの中でもっとも身近で、参加し易い活動はボランティア活動であるといわれている。それは、経済社会において少子高齢化、成熟化、グローバル化が進む中、ボランティアが国民生活を豊かにする上で大きな可能性を持つのではないかと注目されているのである。全国ボランティア活動実態調査報告書によると、具体的なボランティア活動として「話し相手になる、一緒に遊ぶ等」の活動がもっとも多くあがっている。[5] そして、介護保険制度により、手段的なサポートの外部化がある程度浸透することによって、情緒的サポートの必要性が認められるようになり、核家族から子どもが巣立った高齢者夫婦世帯、さらに配偶者と離死別した独居世帯が増加している近年、傾聴ボランティアが特に注目されるようになった［中西等　二〇〇九］。

(1) 傾聴ボランティアとは

❖聴くことは待つこと

村田［一九九六］によれば、「傾聴ボランティアとは、福祉や医療の実践の場で患者やお年寄り、あるいは障害を持つ人など、援助を必要としている人々を訪問して、そのさまざまな思いや言葉に耳を傾けることで共感と心のケアを共にすることをめざすボランティアのことである」と定義づけている。

傾聴ボランティアについて、「傾聴——聴く」に焦点を当てる。「聴くこと」の意味について、鷲田［二〇一五］は、「〈聴く〉というのは、何もしないで耳を傾けるという単純に受動的な行為ではない。それは語る側からすれば、言葉を受け止めてもらったという、確かな出来事である。すなわち、「聴くことが、言葉を受け止めることが、他者の自己理解の場を劈《つんざ》く」、力を感じるとして、論考を進めている。それは、語る、諭《さと》すという、他者に働きかける行為ではなく、論じる、主張するという、他者を前にしての自己表出の行為でもなく、聴くという、他者の言葉を受け取る行為、受け止める行為の持つ意味である。聴くことそのもの、聴く人がいるから意味がある」と言っている。

さらにまた、「聴く——待つ」について、鷲田［二〇〇六］は、「聴くという事が誰かの言葉を受けとめることであるとするならば、聴くというのは待つことである。話す側からすればそれは、何を言っても受け容れてもらえる、留保をつけずに言葉を受けとめてくれる、そういう、じぶんがそのまま受け容れてもらえるという感触のことである。とすれば、〈聴く〉とは、どういうかたちで言葉がこぼれ落ちてくるか予想不可能な〈他〉の訪れを待つということであろう」とまさに傾聴の極意を言っている。

❖傾聴ボランティアの発祥過程

わが国の「傾聴ボランティア」の活動としては、京都ノートルダム女子大学の村田久行（現日本傾聴塾代表）が一九九三年、山形県で特養ホームを訪問し、お年寄りからお話を聴くボランティアを始め、それを「傾聴ボランティア」と命名したといわれている。村田は、臨床パストラルケア（キリスト教をベースにした魂のケアする専門職）の教育を受けた後、オーストラリアのセークレッド・ハート・ホスピスにおいて聴くメソッドを学ぶ。しかし、帰国後、日本で傾聴を実践するために病院に行き、「パストラルケアを実際させて頂けますか」と言ったら、「うちにはキリスト教は要りません」と全部断られた。それで特別養護老人ホームからはじめたといっている。日本傾聴塾の傾聴ボランティア活動と傾聴ボランティア養成講座は、日本各地に広がり、現在、会員の総数は四〇〇名を超えている[6]。

また、NPO法人ホールファミリーケア協会理事長である鈴木［二〇〇九］は、「高齢者を対象としたボランティア電話相談を発展的に解消して、あらたに、カウンセリングの基礎を身に付けた高齢者が悩みや不安を持つ同世代の高齢者の話し相手になるというアメリカの「シニア・ピア・カウンセリング」の原型を大切にしながら、日本の実状に沿って「話したくても話せない（話す機会がない）」高齢者の相談相手、話し相手として活動に合うよう発展したもので、一九九九年NPO法人として設立して活動している」と言っている。

第三の流れは、宗教界の参画である。説教が本職の僧侶・牧師たちが、聴き手にまわって、傾聴

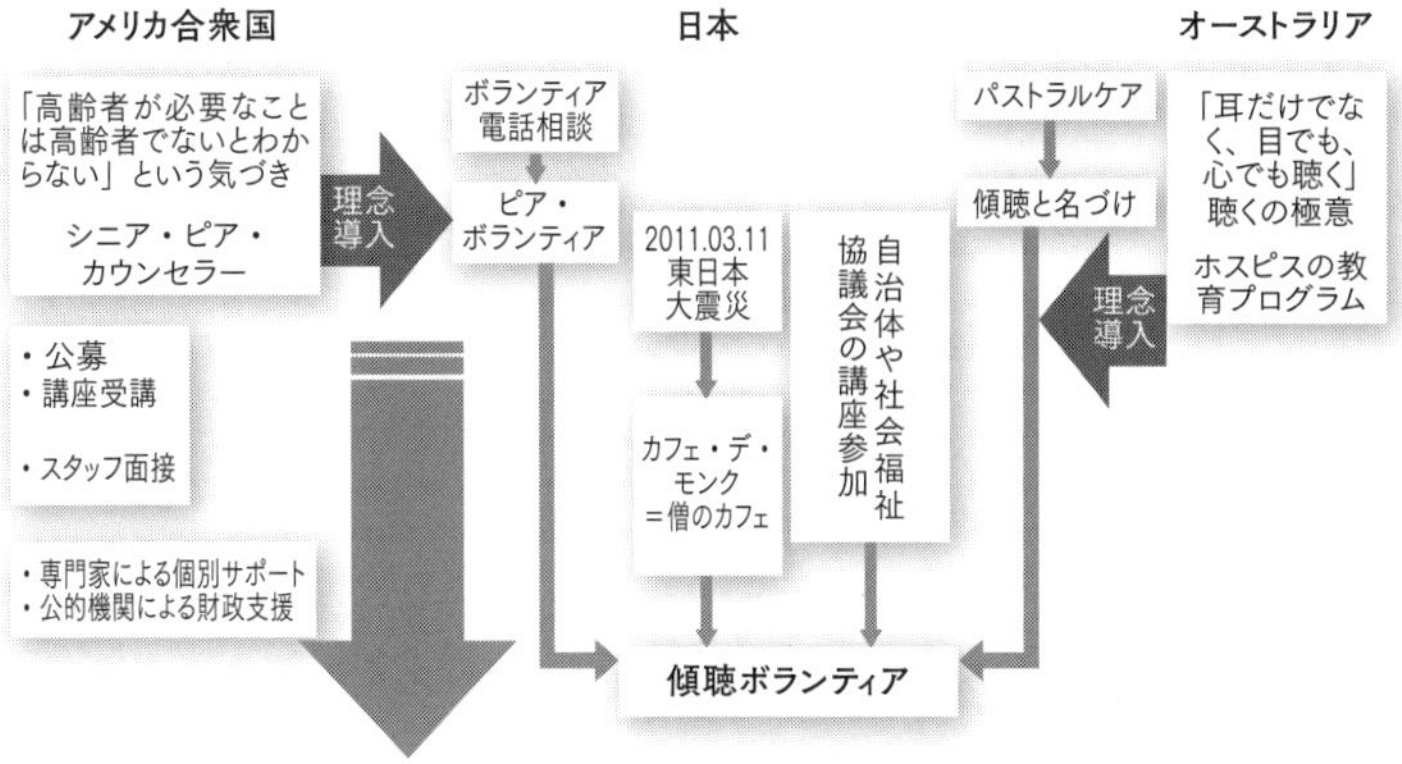

図2　日本における傾聴ボランティア活動の流れと発祥過程

ボランティアをしている。この流れは、二〇一一年三月一一日の東日本大震災からの災害復興活動からみえるようになってきた。僧侶の役割を〝斎場（や葬儀の場）での読経〟と位置付けるあり方から、軸足を〝葬儀〟から〝遺族のケア〟さらには〝心のケア〟へ移そうという動きとなった。たとえば、東北地方の「お茶っこ飲み」文化（お茶を飲み、漬物を食べながら、四方山話をする）を踏まえた移動傾聴喫茶〝Café de Monk〟（カフェ・デ・モンク＝僧のカフェ＝カフェで文句〈を言う〉）の活動である。宮城県栗原市の金田諦應《たいおう》曹洞宗通大寺住職（日本臨床宗教師会副会長）[7]がオーストラリアの仏教者による義援金をもとに始めた[8]。そのジャズピアニスト、セロニアス・モンクの曲が流れる〝Café de Monk〟が、各地に広がった。

また、近年、多くの自治体や社会福祉協議会において傾聴ボランティア養成講座が開催されており、その講座の受講者が中心となり傾聴ボランティアグループを立ち上げている。いま、その活動が静かに広がっている。

これら主な傾聴ボランティア活動の流れと発祥過程は図

表1　傾聴ボランティアグループAIの概要

設　立	札幌市ボランティア研修センターの『第1回傾聴ボランティア養成講座』受講修了者を中心に平成17年に結成された。札幌市社会福祉協議会ボランティア活動センター、札幌市市民活動サポートセンターなどへ団体登録。
組織・運営	会則により、組織は代表1名と8名の役員からなり、年会費3000円により運営している。会員約70名。
活動内容	・毎月1回、定例学習会（第1金曜日）。（部内外講師による講義、傾聴ボランティア実践報告、傾聴タイム〈ロール・プレイング〉など） ・毎月1回、新入会員向け傾聴講座（定例学習会の日の午前中）。 ・3カ月に1回、新入会員向け1日集中傾聴講座。 ・高齢者施設、デイケア、病院、個人宅の訪問傾聴ボランティア活動。 ・札幌市社会福祉協議会からの傾聴講師の派遣依頼に対応。
主な行事	『傾聴サロン』を開催し、傾聴実践と「傾聴文化の理解と普及」活動を行っている。（開催場所：毎月みんたるレストラン、年1回札幌駅前通地下歩行空間）

（2017年、筆者作成）

2に示すとおりである。

傾聴ボランティアの本質については、櫻井［二〇一五a］が、「傾聴ボランティアがカウンセリングと異なるのは、専門家が実施するかどうかということ以上に、治療でないこと（契約を結ばず対価も要求しない）、当事者自身の気づきに任せて聞き手は介入しないこと（回復という言葉は使わない）、聴き手自身の成長が促されるという契機を重視していることがある」と現実を捉えた説明をしている。

以上が傾聴ボランティア活動の流れと発祥過程であるが、活動は、いまだ、萌芽期の段階である。

調査を行った傾聴ボランティアグループＡＩについて

私は、傾聴ボランティアＡＩ（自治体や社会福祉協議会の講座参加者が創設した）グループに注目し、調査をおこなった。全会員（六一名）に配布し、八六・九％にあたる五三名から回答を得た。(9)

傾聴ボランティアグループＡＩの概要は、表1のとおりである。
ＡＩの川本顧問にインタビューを同意していただき、生い立ちまで語っていただいた。

福祉の世界に入ろうと思ったのは、小学校の時であり、それは、小児マヒに感染して、小学校では体育の時間は見学、修学旅行も行けなくなり、仲間と一緒に協同で何かをすることができなくなった時、障がい者の手助けをする仕事をしたいと思ったからである。大学に進み、脳性麻痺の障がい者施設に就職し、六年間住み込み生活で、まずは、志を実現した。それから、老人施設に二〇年勤めた。傾聴ボランティアのきっかけは平成五年の南西沖地震のとき、奥尻島に行って、小学校で、子どもたちとお母さんの悩み事相談をやり、夜は、老人ホームでお年寄りとお話しをした経験から、帰ってから、ボランティア活動の中でも、こういう人の話を聴くという事は大事だなあとつくづく思ったからである。傾聴は何かを聴かなければいけないことではなくて、その人が自然と話したくなったことを私たちが受け止めることと思っている。資格が先立つとそこが目標になってしまうが、相手の人の反応と実績が自分の喜びとなって行かなければならない。膀胱ガン、腎臓ガン、大腸ガンになってから一六年がたち、今年の春に脊髄に腫瘍ができて、手術をした。それでも、千歳、岩見沢、美唄と、まだ、体調のいいときは、傾聴の思いが少しでも全道に広まればと、講習会に行って講師として思いを伝えようとしている。

また、川本顧問の語り（まさに口頭伝承）「脳性麻痺の障がい者の物語」「認知症のお年寄りの物語」

などの「布団に潜り込んで来る、一緒に寝泊り、黙って手を握って傍にいると一番穏やかになる」からは、自分の声を持たなかった社会的弱者たちに対する親近の極意として、傾聴ボランティアＡＩの礎を築き、それらの想い・取り組みが、現在、新入会員向け傾聴講座（無料）などいろんな運営の中においても引き継がれている。

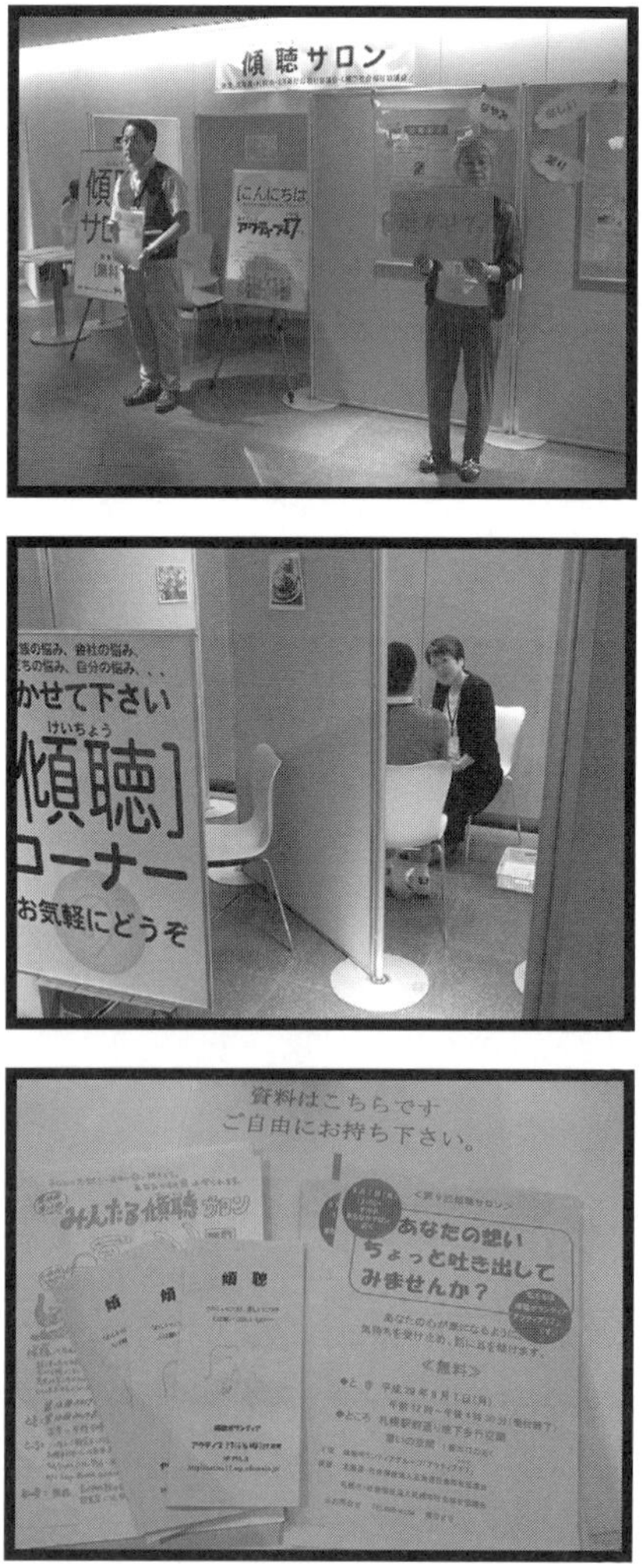

写真　傾聴サロンの様子
（2018年、札幌市地下歩行空間にて筆者撮影）

(2) 傾聴ボランティアのアンケート調査

アンケート調査の回答結果として、基本属性（年齢構成）とボランティア活動の分野について示す。

❖年齢構成

五三名の回答者の性別は、男性が九名、女性四四名であった。平均年齢の男性は六三・六七歳、女性は六五歳であり、若年年齢は四六歳、最高年齢は七八歳である。

最頻値年齢は、男女とも六五歳層であり、現在の日本社会の企業定年と年金支給年齢の前期高齢者からの参画が多く、高齢者社会の一端があらわれている。

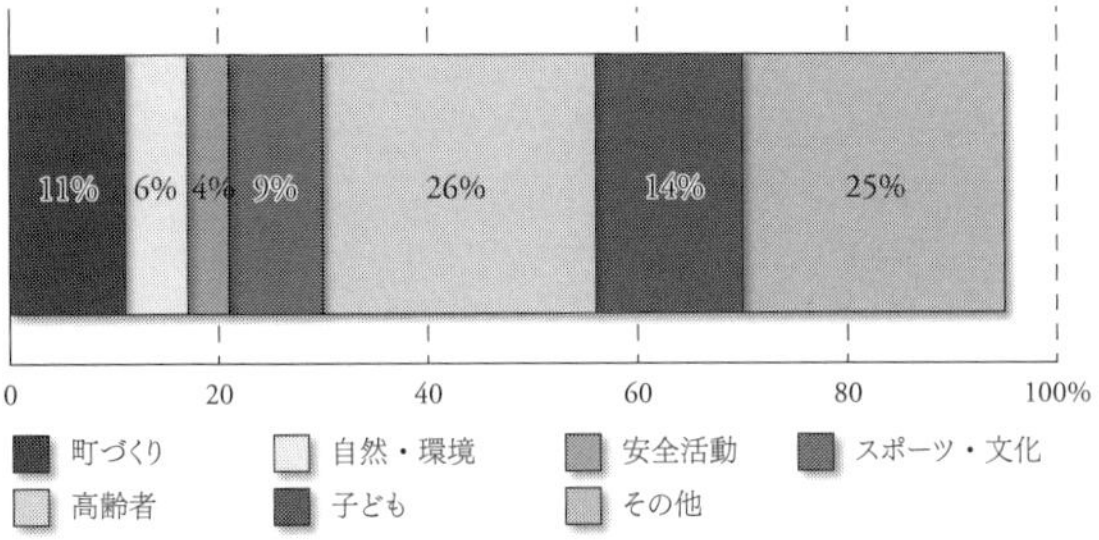

図3　ボランティア活動の分布

❖ボランティア活動の分野

多重回答であるが、活動の分野でもっとも多かったのは「高齢者を対象とした活動」であり、二六％に及ぶ（図3）。

傾聴ボランティアAIの会員の特徴は、傾聴ボランティア専属でなく、兼業、幅広くボランティア活動をしている現実がアンケートの供述回答から分かった。

具体的内容は、車イス、朗読、病院受付での案内、被災地の復興支援、災害支援、外国人に日本語を教える、視覚障害者への朗読サービス、電話相談（いのちの電話）、バザーの益金寄付、マクドナルドハウス（難病の子どもの病院・施設の家族が泊まれる施設）のボランティア、図書館での本の修理、ＦＭラジオを通じて引きこもりの人に元気になってもらう、消費者運動（添加物を使わない食品を共同購入）、北海道移住の被災者交流会活動、知的障害者へのそば打ち、ガン患者への傾聴、手話を使った通訳、点字で点訳、施設で暮らす子どもとの文通支援、ドックセラピー活動（高齢者施設・病院・高度身障児施設）、見えない聞こえない身体障害など重複障害者の介助、視覚障害者対象の録音テープ作成、国際教育支援・国際交流等である。

(3) 傾聴ボランティアのインタビューのナラティブから

傾聴ボランティアＡＩ会員の男性五名女性一五名、計に二〇名のインタビューを実施した。各人のインタビュー時間は、一時間三〇分から二時間であったが、半構造化質問というより、語り手に委ねたライフストーリーの語りを傾聴させていただいた。なぜならボランティアは、傾聴をする経験から、自己に関する情報を他者に伝えるという行為、すなわち自己開示の能力に長けているからだ。

やまだ［二〇〇〇］によると、「人生の物語とは、日常生活で人々がライフ（人生、生活、生）を生きていく過程、その経験プロセスを物語る行為と、語られた物語をさし、「物語」は彼らが考えた静的な「構造」や「形態」としての筋ではなく、語りがたえずつくられ組み替えられるライヴ（生きた）生成プロセスとして筋立てる行為である」といっている。二〇人のインタビューに対しての語りは、まさに生成のライフストーリーであったので、これらから個人的なナラティブを抽出していく。

❖私のボランティア観

鈴木［一九九四］によれば、「日本でボランティアといえば、まずは無償性という要素が重要視されるが、本来は自発性の方が根底にある。自発性は、本来、神の意志に基づく自由意思を意味し、無償の福祉行為は、実はそれが神に嘉《よみ》せられるという絶対の報酬に導く」と述べている。

それでは、この傾聴ボランティアグループの中における個人の思いはどうなのであろうか？

◎選択は消去法（N氏　女性　六五歳）

消去法なのですよ。私は五年前から関節リウマチの治療を始めまして、運動はまずダメ、好きなコーラスもその内に狭心症になってしまい自信が無くなってしまったのですよ。そうしたら私には何が残るのだろう、手もダメ、足も駄目、心臓・呼吸器もだめ。そしたら認知症予備軍ではありますけど頭はまだ働いてくれているし口が達者で元気なのですよ。

◎自分が老いるのを勉強（K氏　女性　七四歳）

ボランテイア活動は、私にとって自分が老いるということに凄く勉強させられますので、また自分の行く末も他人の行く末も分かるし、いいのではないかと思います。

◎趣味の延長（E氏　女性　五七歳）

「好き」「性に合っている」「それが人の役にも立つなら嬉しい」という、趣味の延長のような気持ちからですね。

◎**自然体**（T氏　女性　七五歳）

自然体で出来るから。無理して自分が具合悪くなったら周りに迷惑をかけると思うから、とりあえず、自分はいつまでも元気でいたいと思うから。それで出来る範囲でやろうと思っています。

これらの思いからは、奉仕の精神より、それが行為者自身の選択に基づいた自発的な行為である「自主性」「好きだから」が第一に感じられる。

❖幸福感を感じるとき

主観的幸福感は「自己の主観的なよい状態の評価」と定義される［有倉　一九九六］。それは、日本人においては、空気みたいなもの、すなわち、あるのが当たり前、失って初めて気づく、しかし、なくては生きていけないもの、といえるかもしれない。

◎**お役所の世話にならないで暮らせる幸せ**（T氏　女性　七五歳）

特にうわー幸せだと感じることはないですが、何とか、こうやってそれこそお役所の世話にもならないで暮らせるのが幸せなのかなあと今は思います。

◎**ほんの小さいことでも幸せと思う**（N氏　女性　六五歳）

わりと意識してほんの小さなことでも「あー今、幸せ」「あー、ラッキー」と思うようにしているのですよ。実は、去年からなのですけど、イベント〝笑いヨガ〟があって、これだと思って入りました。先生が「朝から夜寝るまでの間に一つでも何かあったら、それは幸せ、ラッキーで「今日は良かった」と思えるのだから、どんな小さなことでもいいから」と言われてから、そう「幸せだ」と思うようにしたのですよ。

これらの幸福感の想いについては、何かの余裕が感じられる。ここでは、幸福感は、高価なものに対する喜びから発するのではなく、「家族が皆、健康である」のが幸せという、ささやかさが、今の日本人の主観的幸福感であると思えるのである。それは、今、世界で一番平和な国とされる日本でも、なお、健康・安全・安心に幸せを求めているのが感じられるからである。

❖人間関係は距離が大事

人間関係について、名言がある。それは、J・M・エリクソンとE・H・エリクソン〔二〇〇二〕が言うように、「深く関わりをもちつつ、かかわらないこと」である。以下も人生経験を生かし、人間関係・傾聴の極意・思いを語ってくれた。

◎**鵜呑みにしない、客観的に、距離を置く**（E氏　女性　五七歳）

体調が良くないとき感じます。子どもが小さいときに友人関係で落ち込んで参ったことがあったので、それから、どんなに親しい友だちでも鵜呑みにしないで客観的にみる、相手に期待しない、距離を置くスタンスにしたので、裏切られたとか孤独を感じることはありません。

◎ボランティアの基礎をつくってくれた女の子（Q氏　女性　六二歳）

私は、社宅に永くお世話になっていたのですけど、そこで一番仲良くしていたご家族の三七歳の奥さんが、癌で急逝してしまったのです。八歳の女の子が残され父子二人になってしまったのです。父のいない時のすべてのケアをしますとなった訳です。

新しいお母さんをみつけて船出するまでで結果的に二年半くらいお預かりしました。

その時のことは私にとって宝ですよね。で、一番気を付けた事は、ママはいつか帰ってくるというようなスタンスで居ることでした。「たまたまお母さん今日お留守だから御飯一緒に食べようね」「お母さんお留守だから一緒に勉強しようか」っていうような感じで、距離を置いて人に関わるようにしました。人の家庭と関わる時には、侵食せずになお且ついい関係を保ちながらやっていく、そんなことを経験して、私のボランティアの基礎をその子がつくってくれたような気がするのですよ。

❖レジリアンスの素（子ども・夢）

櫻井［二〇一五b］によるレジリアンスとは、①弾力・弾性・復元力、②（病気・失意などからの）回復力、立ち直る力、快活さ、③（物理）変形された弾性物体が持つ復元力のエネルギーと解説されている。インタビューのなかでは、転勤問題（男の意地）から、自分の子どもとの関わり（母は強し）までのレジリアンス（復元力のエネルギー）のナラティブ（語り）である。

◎私の居場所はボランティアだった（O氏　女性　五八歳）

下の男の子はちょっと変わっていて、今思うとアスペルガーに近かった子だったのですよ。すごく人とぶつかるのが全然わからなくて、小学校幼稚園の頃はほとんどクラスで誰かと喧嘩になり、誰かに暴力をふるったり、必ず年に何回かはお宅に謝りに行くことがずっと続いていて、「どうして言っても分からないのだろう」って親としての責任を感じて、すごく自分にしんどくて、主人は単身赴任だったりして、あの時ボランティアがなかったら頭がおかしくなっていたかもしれないです。

◎左遷で夢を実現（A氏　男性　六五歳）

昔、札幌からずーと離れた地に単身赴任になった時、「何でこんなところに飛ばされて」とめげていた。だけど、こんなことでめげてはいられない、何かプラスのことを探さないと、と思っていた時に、今までの夢であった、中学校のバスケットクラブのコーチを頼まれた。その時は、「君らに、モーション・オフェンス、生きる知恵・勝つ力を教えるよ」「それは、一つ感謝しなさい。二つ逆境に耐えてね。三つは仲良くしなさい、協調だ。四つは挨拶を大事に、これらを主に学んでください」と話し、練習メニューを貼り出し毎日二時間、皆がついてきてくれた。嬉しかった。

回復力・立ち直る力は、キッカケは何なのか。この例からいうと、Oさんの場合は、「自分と通じるものがある人からの言葉かけ」、また、Aさんは、「自分の夢の実現」である。まさに「逆境をバネに飛躍する」「苦境を好機に変える」とはよく言うが、精神的な落ち込みに底打ちした後は、上方向に向けて這い上がるプロセスのためのキッカケである。また、這い上がるための力としては、自分の力を過小評価しない自尊感情、自分が成長していると感じることができる自己効力感、一人で頑張る力は限られているので共有できる人間関係である。それらがプラスに働いたのを感じられた。

❖傾聴ボランティア実践の場の葛藤

一人の人格をケアするとは、最も深い意味で、その人が成長すること、自己実現することをたすけることである。他の人々に役立つことによって、その人は自身の生の真の意味を生きているのである。それは支配したり、説明したり、評価したりしているからではなく、ケアし、かつケアされているからなのである［メイヤロフ　一九八七］。ケアと同様に傾聴についても、村田［一九九六］は、「援助者が自ら『聴く』態度をとることによって、傾聴が他者に存在を与えることを明らかにし、さらに、対人援助における傾聴の援助的意味を『他者の存在の回復と支持』にあると結論する」、と分析している。傾聴ボランティア実践において、まさに、〝自己実現〟と〝ケアすることによってケアされる〟があらわれた語りであった。

◎自慢ばかりの八〇代婦人（P氏　女性　六七歳）

私の傾聴相手は、脳梗塞の後遺症を抱えて施設に入居していました。まず、初回にいきなり子どもや孫の高学歴や実家の家柄、経済力を自慢され、こうしたことにこんなにも価値を置き、それを臆面もなく自慢する人がいることに、まず驚かされました。話を聴いていくうちに、物心共に豊かで教育熱心な家庭で育ち、洋裁の先生をして沢山の生徒を教え、三人の優秀な子どもを産み育てて、家庭の内外で指導的な立場で生きてきた人であり、そうしたことでのプライドの高さがうかがえました。それだけに、今は何の役にも立たず、施設では人の世話になるだけの老人の一人としてしか扱われない、そんな自分が悔しくてたまらなかったのでしょう。「こんな所、大っ嫌い」「こんな身体で生きているのって大変なのよ」などの言葉を私にぶつけます。驚いたまま沈黙してしまう私に、「何かお話して下さいよ。タメになるお話を」などと続けます。私はこうした言動をすぐには受容できず、傾聴者としても人間としても、自分の未熟さを思い知らされます。後日、親の話題になった時には、突然、嗚咽《おえつ》し、泣き出したのにも驚かされます。愛情深く育ててくれたご両親への感謝と哀惜《あいせき》の気持ちが、一気に噴出したようです。私は背中をさすり続けました。自分の幼児性や我儘《わがまま》や、泣く、といった素の自分を私に早々と曝《さら》け出してしまったことで、却って心が解放されたのでしょうか。それ以降は私を「先生、先生」と呼びながら、私への感謝の言葉も口にするようになり、しだいに謙遜も多くなって行きます。人生の先輩としてのこうした姿勢や気遣いに出会う時、真の誇りや人間の尊厳とでもいうようなものが、今なお保たれているのを感じて、とても喜ばしく嬉しかったものです。最後の方では寝たきりでほとんど口もきけなくなり、ただ手を握り合うだけの傾聴になりましたが、帰り際にはいつもその手を離したがらず、ここまで私に信頼を寄せてくれる、感謝と切なさとで、胸がいっぱいになったものでした。それ以来、傾聴の会は、私にとって、現場での苦労や愚痴を聞いてもらう場、癒してもらう場、励ましてもらう場にもなりました。

◎二本の杭に勝った八〇代婦人（Q氏　女性　六二歳）

息子さん夫婦の共働きのところに一緒に暮らしていて、家の中で転倒して足の骨を折って入院してリハビリしている間に、認知症がうわっと進んでしまってお家に帰れなくなったケースなのです。すごく気性の激しい方で「私は、今まであの人がたの面倒をずっと見てきたのに、脚を折ったぐらいで私を厄介者払いしこの施設に入れたの」と恨み骨髄なのですよ。最初から怒りぷんぷんという感じが前面に出ている人で施設の人に頼まれて、月二回くらいお目にかかっていました。毎週末には息子さん夫婦が様子を見に来ているのですが、「放りっぱなしで一度も来ていない」と言うくらい認識度がなくなっています。行く度に恨み骨髄の相乗効果がすごいのですけれど、まあ一時間近く傾聴、ただただ聴くだけです。でもその怒っている傾聴というのは、結構ストレスになるのですよ。とても頭の良い人で日舞からお琴、そして、日本画を描ける才能のある人だったので、「何で私がこんな所に居なければならないのか」って延々と治まらなかったのです。皆で一緒に行くので、帰りは二〇分くらいトボトボ駅まで歩いてそこに喫茶店があるので、そこでクールダウンするのですよ。今日どうだったとか情報交換するのですけど、やはりホッとしますし、皆それぞれ頑張っているなあという感じで、励みになって「また頑張ろう」と思うのです。それで忘れちゃうのですけど。でも一年後のある日に、私は普段通り「今日はいかがですか」と始めたら、「目の前にあった二本の杭に勝ったのよ。なんだか知らないけど、目の前が展《ひら》けてきたのよ、積極的にお風呂に入りたくなって、ご飯も美味しいの。体に良いことをしなくちゃと思って、タバコも減らすようにしたの。自分を大切にして、希望を捨てないで最後まで生き切りたい」などと悟りの境地に入ったみたいなことを言い出して、ビックリしました。「あなたのように優しい人にずっと見守っていてもらうことは、嬉しいの」とも言ったのです。私はウルウルとしてしまいました。傾聴冥利に尽きる日でした。

◎認知症の傾聴――世間話――ユマニチュード（M氏　男性　七四歳）

グループホームの認知症のお年寄りにコミュニケーションを楽しんでもらうのが目的で、表向きは傾聴となっています。傾聴で楽しんでくれる方は傾聴します。しかし、言語障害とか話せない方がいるのですよ。そういう人の場合はむしろこっちからこう働きかけて、楽しい世間話「こんなことがあったんだよ。こんなところに旅行行ったんですよ」など、ご本人のいろんな経歴とか、趣味、故郷に合わせて関連の話をします。こっちからこう話しかけて〝語り聞かせ〟、そういう形で楽しんでもらうケースとかです。もう一つ、どうにもならない、言葉も通じない、こっちの話もわからないしむこうの話もわからない、そういう人にどう相手するかといったら、ユマニチュードです。要するに言語は通じないです。それで、正面で向かい合って、手を取ったり肩に手をかけたり、後は表情とスキンシップでお互いに関わりあい、気持ちを通じ合わす。最初から最後まで手を握り合い、息がかかるくらい顔と顔が近づいて、一生懸命気持ちを伝える、このやり方です。それぞれ、いくつかのやり方をやらないと少なくとも認知症の方には通用しない。だから、その一つとしての傾聴です。言いたいことがある、聴いて欲しい、という人に対してまさしく傾聴は素晴らしい効果を示すのですけれど、すべての人間はそうでなく、活力がなくなってくるのは高齢者、そして認知症の方です。そういう相手に対してはただ聴いていても何も出来ない。こっちでイメージを膨らまして、働き掛けないと。

認知症の高齢者の姿、ひとりの人間が生涯を終える過程が、物凄く教えられるものがありますね。人間ってこうやって、早い話が、悩みから逃れてそれで煩悩から逃れて、楽しいこともないけど悲しいこともないし、苦しいこともない。ああ、そういう世界でだんだん消えていくのだ、ということを、認知症の方に教えられますね。

これらのナラティブから、お互いの信頼が感じられる。信頼できてはじめて、率直に自分自身をさらけ出すことができ、また、相手をよく知ることができることがよくわかったナラティブであった。

❖人生の生成継承性(ジェネラティビティ)の想い

ジェネラティビティ(Generativity)は、エリクソンの造語であり、生成する(generate)と、世代(generation)をかけあわせた、新しいものを生み出す力、生み出したものの世話をし、次世代へとつなぎ継承していく力のことである。生殖性、世代継承性、生成継承性などと訳されてきた[鈴木・西平 二〇一四]。インタビューのナラティブ(語り)から、孫・お返し・伝えるなどジェネラティビティの思いが彷彿する。

◎「**父母姉の看取り**」から「**孫の為に生きる**」(J氏　女性　六八歳)

私は、もともと、生まれつきの難病を持っていたから、三〇歳位まで生きられたら、その後は生きられるかも知れないと言われていたのですよね。三〇、三〇と思って生きたら、とっくにもう過ぎて、あっと言う間に六八歳にもなっちゃったのだけれど。そしたら、今は、孫の為に生きなきゃと思ってきたのです。私は父の亡くなる時も、母の時も、姉の時も看取っているのですよ。「亡くなっている人皆に見守られて私は長生きするぞう」って勝手に思っているのです。

◎「**お返し」・「伝える」のが私の生きがい**（A氏　男性　六五歳）

自分は体が弱いと思っています。弱いのですが、六五歳まで生きてこられたのは、自分の努力もあるのですが、いろんな方のお蔭であると思っています。残りの人生を社会に少しでもお返しすることが出来ればいいなあ、そういうことができる自分であることを誇らしく思えれば、それが生きがいとなってくるのではと思います。自分だけの趣味や自分だけでなく、それを他の方にも一％でも及ぼして良いことが伝わればよいかなあと思っています。そういう生活を残りの人生で送りたいです。そして、健康寿命七一歳までをひとつの目途として自分の持っている力と気持ちをぶっつけて悔いの無い人生を送りたいと思います。これは、自分のためだと思います。自分がそうすることにより、「自分が生きているんだなあ」「生かされているんだなあ」、そういった実感があり、良いのだなあと今、最高の時間であると思っています。そのような思いが生きがいとなり元気のもとになっていると思います。

おわりに

ここで、傾聴ボランティア自体がボランティアの主体的な役割を果たすか、それとも別のものがあるのか、「傾聴ボランティアの役割は何か」についてさぐってみる。

傾聴の名付け親である村田［一九九六］によれば、傾聴の援助的意味を「他者の存在の回復と支持」にあると結論した。また、傾聴ボランティアＡＩの創設顧問川本氏によれば、傾聴ボランティアは資格が目標でなく、相手の人の反応と実績が自分の喜びとなって行かなければならないといっている。さらに、これらを踏まえて、アンケートとインタビューに秘めた傾聴ボランティアＡＩの特徴をプロパティ・ディメンションから抽出し、それから役割を見出していくと、表2のとおりであった。

表2より抽出された特徴は、「他者の存在の回復」より「自己の回復の場」であり、傾聴ボランティアＡＩのひとつの役割は「居場所」である。別な言い方をすると、「止まり木」であり、着地の場、留まる場、飛び出す場でもある。一般の組織は上下関係のある役職がしっかりしないと成り立たないのが普通であるが、傾聴ボランティアＡＩは弱い紐帯のグループである。しかし、その危うさが強さとなり、人を惹きつけるのである。つまり、高齢者や身体の弱い人から避けられていた雁字搦めに縛りつけるボランティアから、だれでも簡単に参加できるボランティアとして変容できたのである。

また、見逃してはいけないもうひとつの無意識なシステムの存在を発見した。インタビューに秘められたもの、それは、順送りの思いがあふれていたのである。傾聴ボランティアを通して、好きなことをすることの喜びをかみしめながら、次の世代に思いを伝え続けていく思いである。それも、家族

表2　傾聴ボランティアAIの特徴

ラベル	プロパティ・ディメンション	インタビューおよびアンケート・データ
私のボランティア	「犠牲と奉仕」＜「自由」・「好き」	「興味があった」「楽しい」 「趣味の延長」
ボランティア活動	「専業」より「兼業」	手話による通訳、いのちの電話など 24 種類
会員の関係	「縦の関係」＜「横の関係」	「だれが偉いというわけでなく、対等な関係で活動する」
場	「学び」＜「自由な居場所」	「癒しの場」「出遭いの場」 「自由なスタンスの自分を受け容れてくれる場」 「いろんな方の人生を垣間見られる場」 「自分で話すことで心が整理される、はけ口の場」
人間関係	距離をおいた（弱い紐帯）	「ベタッとした関係でなくサラッとした関係」 「友だちは仲良くし過ぎないほうがいい」 「客観的に見る、相手に期待しない」 「思いやりという暴力のやり方はしない」
体　力	体力的には弱い 口と耳の感覚	「手もダメ、足も駄目、心臓・呼吸器もだめ。 だけど、耳が良くて口が達者」

制度と違った、弱い紐帯であるのである。「順送りの思い」は、ジェネラティビティとも連想される。「育てられる者」として人生を開始し、成長して「育てる者」になる。そして、先行する世代を「看取る者」になり、いずれ今度は「看取られる者」になっていく［鯨岡　二〇〇四］。興味深いのは「看取る――看取られる」という関係と「傾聴する――傾聴される」関係である。それは「傾聴する側」であったものが、いずれ「傾聴される側へ」と立場が変容する。そしてそのことが「育てられる者から育てる者へ」という傾聴ボランティア養成プログラム（新入会員向け講座）の延長上に描き出されている。これは、成人期よりは老年期だからこそできること、つまり、インタビューから第二の人生の思いがあらわれていた。それも、高齢者同士のピア・ボランティアであるので、高齢者ボランティア活動が健康増進・うつ状態軽減・機能障害の悪化の緩衝など先行研究の報告から期待できるものは大きいと思われる。そうなれば、孤立化社会である現代の病院・高齢者施設などにおいて人手不足のためできない情緒的サポートとなり、単身世帯に限らず、「家族と住んでいても孤独」な高齢者に対しても精神的なサポートとして、傾聴ボランティアの役割を果たす場・機会が見出されていくのである。それは、順送り・順繰りである。よって、〝傾聴すること〟と〝育てること〟は〝自分の居場所――止まり木〟と〝お返し・伝える――順送り〟という二つの概念を提示してくれた。

註

（1）国立社会保障・人口問題研究所による「日本の将来推計人口」（平成二四年一月推計）に基づく、今後のわが国は、二〇一〇年には人口一億二八〇六万人、このうち一五～六四歳の生産年齢人口は八一七四万人、六五歳以上の高齢者の数は二九四八万人であった。生産年齢人口と高齢者の人口比は二・八対一である。二〇三〇年になると人口が一億一七〇二万人に減少するが、これは生産年齢人口が一四〇一万人、子どもが四四〇万人減少によるものであり、高齢者は逆に七三七万人増大する。この結果、生産年齢人口と高齢者の人口比は一・八対一である（http://www.ipss.go.jp/syoushika/tohkei/newest04/sh2401top.html〈二〇一七年一月一四日取得〉）。

（2）厚生労働省二〇一六年の簡易生命表の概況による（http://www.mhlw.go.jp/toukei/saikin/hw/life/life14/dl/life14-15.pdf〈二〇一七年一月一日取得〉）。

（3）健康日本21（第二次）の推進に関する参考資料厚生労働科学研究費補助金「健康寿命における将来予測と生活習慣病対策の費用対効果に関する研究」による（http://www.mhlw.go.jp/bunya/kenkou/dl/kenkounippon21_02.pdf〈二〇一七年一月一四日取得〉）。

（4）『平成二六年版高齢社会白書』（内閣府）。六五歳以上の高齢者の日常生活に健康影響のある者率（人口一〇〇〇人当たりの「現在、健康上問題で、日常生活動作、外出、仕事、家事、学業、運動等に影響のある者」の数）は、二〇一〇年において二〇九・〇となっている（http://www8.cao.go.jp/kourei/whitepaper/w-2014/zenbun/s1_2_3.html〈二〇一七年一月一四日取得〉）。

（5）社会福祉法人全国社会福祉協議会『全国ボランティア活動実態調査報告書』（平成二二年七月）によると「話し相手になる、一緒に遊ぶ等」三九・二％、「団体・グループの運営、イベント等の企画」三三・五％である。

（6）日本傾聴塾ＨＰ（http://keicho.mond.jp/aboutus.html〈二〇一七年一月一五日取得〉）。

（7）臨床宗教師とは、親しい人との死別や病気などで苦悩する人の話をじっと聴き、相手の心に寄り添う宗教者。価値観をそのまま受け入れ、自らの信仰を押し付けないのが原則。医療・福祉施設などでは医師や看護師らとチームを組んで活動する。キリスト教文化圏のチャプレン（施設で働く宗教者）をモデルに故東北大学医学部岡部健臨床教授が考案した。養成講座は現在、東北大や龍谷大、上智大など計七大学にある（二〇一六年一一月一一日『北海道新聞』朝刊第9面）。

（8）曹洞宗公式サイト（http://www.sotozen-net.or.jp/teqw/j20130808.html〈二〇一六年一月一五日取得〉）。

（9）調査方法は、定例学習会において三七名の当日出席者を一時間の集合調査法により、さらに二四名の欠席者については郵送調査法（グループＡＩ役員による宛名書きの協力を得て）によりおこない（郵送の回収率六七％）、合計五三名の回答を集計することができた。このアンケートには、「インタビューの同意のお願い」の回答も載せ、二五名の方々のインタビュー同意をいただいた。

参考文献

有倉巳幸　一九九六「主観的幸福感と自己開示の内面性の関係」（『鹿児島女子大学研究紀要』一七―二、六三―八一頁）。

Ｅ・Ｈ・エリクソン、Ｊ・Ｍ・エリクソン　二〇〇一『ライフサイクル、その完結』（村瀬孝雄・近藤邦夫訳、みすず書房）。

鯨岡　峻　二〇〇四「次世代育成の諸問題」（『教育学研究』七一―三、三〇二―三一三頁）。

斉藤雅茂　二〇一三「地域別にみる孤立高齢者の特性」（稲場陽二・藤原佳典編『ソーシャル・キャピタルで解く社会的孤立』ミネルヴァ書房、五六―七二頁）。

櫻井義秀　二〇一五ａ「傾聴する仏教」（『宗教と社会貢献』五―一、二九―五三頁）。

櫻井義秀　二〇一五ｂ「レジリアンス――回復する力」（櫻井義秀編著『カルトからの回復――心のレジリアンス』北海道大学出版会、三―三〇頁）。

鈴木絹英・NPO法人ホールファミリーケア協会　二〇〇九『新傾聴ボランティアのすすめ』（三省堂）。
鈴木　忠・西平　直　二〇一四『生涯発達とライフサイクル』（東京大学出版会）。
鈴木　廣　一九九四「ヴァランティア社会の可能性──Kパターン再訪」（『季刊社会保障研究』二九─四、三一〇─三一一頁）。
中西泰子・杉澤秀博・石川久展・杉原陽子　二〇〇九「閉じこもり高齢者への傾聴ボランティア活動に対する利用者評価」（『明治学院大学社会部付属研究所年報』三九、八五─九六頁）。
ロバート・バトラー、ハーバート・グリーソン　一九九八『プロダクティブ・エイジング──高齢者は未来を開く』（岡本祐三訳、日本評論社）。
ミルトン・メイヤロフ　一九八七『ケアの本質──生きることの意味』（田村真・向野宣之訳、ゆみる出版）。
村田久行　一九九六「傾聴の援助的意味──存在論的基礎分析」（『東海大学健康科学部紀要』二、二九─三八頁）。
やまだようこ　二〇〇〇「喪失と生成のライフストーリー」（やまだようこ編『人生を物語る』ミネルヴァ書房、七七─一〇八頁）。
鷲田清一　二〇〇六『「待つ」ということ』（角川書店）。
鷲田清一　二〇一五『「聴く」ことの力──臨床哲学試論』（筑摩書房）。

寺院は子どもの成長をどう助けられるか

稲本琢仙
INAMOTO Takusen

はじめに

❖地域に開かれた次世代養成

元来寺院においては子どもを対象とした活動が様々な形で行われてきた。歴史的には、寺子屋と呼ばれるような教育制度の一環として存在し、現在でも宗教系の私立学校として教育の機能を担っている。しかし市井の寺院においても子どもを対象とした活動は多く見られる。それらは宗派にとっては一つの教化活動であり、主に檀信徒の家庭の子どもを対象として、将来の寺院護持に関わる人材を育てるという意味合いがあった。

しかし、現在様々な形で行われている子ども向けの行事を見てみると、その対象は檀信徒やその地域にとどまらず、幅広く子どもを集めている例が多く見られる。これらの事例から、より地域に開かれた次世代養成として寺院がどのように地域社会とかかわるか、またそれが子どもにとってどのような意味を持ち、ウェルビーイングにつながっていくのかについて示唆する点があると思われる。これは良くも悪くも葬儀を中心とした役割のみが注目されている寺院仏教において、その存在を再認識する一つの視点になるのではないだろうか。

❖社会化としつけ

「社会化（socialization）」については、これまで社会学の枠組みの中で様々な研究がなされてきた。子どもを育てるというきわめて個別的なことが、子どもが所属する様々な社会集団との関係を考えるうえで非常に重要な概念とされているのである。社会化の代表的な定義としては、「個人がある特定の社会集団の生活様式を学習し、その正規の成員にしあげられる過程」といったものが存在する〔苅谷・濱名・木村・酒井　二〇〇〇：八四頁〕。

また、社会化の一類型として「しつけ」という概念も存在する。これは社会化の中でも日常生活における基本的な社会的ふるまいや習慣、価値、道徳などの型を身につけさせることに重点を置いたものである。山村〔一九八六〕は日本的しつけの特徴として、実際の行動という形で外に現れる型や形の習得を重視するという点や、子どもに対する親以外のものによるしつけの制度があり、年齢階梯組織への参加や親以外の他者がしつけに関わることによって、親では迷うようなしつけが効果的に行われていたという点をあげている。

社会化における課題

では現代社会において子どもの社会化に関してどのような課題が存在しているのだろうか。まず大きな問題としてあげられるのが、家庭における教育力の低下である。国立教育政策研究所が行った家庭でのしつけの実態や家族・子育てに関する意識についての調査によると、最近の家庭教育力の低下について、「全くそのとおりだと思う」「ある程度そう思う」と答えている人が、いずれの世代でも半数以上存在していた。また、自身の子育ての評価として、「よくわからないことがたくさんあった」と約半数が答えている。これは若い世代ほど多く、年代別の中でも若い二五歳から三四歳では六三・四％となっている。(1)

また千葉［一九九九］は家庭でのしつけを困難にしている要因として、子どもにとって信頼のおける集団が失われているという点（集団の喪失）と、児童中心主義の影響をあげている。集団の喪失については、少子化の影響により地域の子ども会が維持困難になり、その数が減少しつつあるといったように、学校外での集団が少なくなっているということが考えられるだろう。また児童中心主義は、子どもへの一方的な詰め込みを批判する形で生まれたもので、子どもの自発性や内発的可能性を重視する考え方である。

このような状況の中で、親や教師などのしつけ手にとっては、児童中心主義的、個人志向的なしつけを目指しながらも、実際行為面において依拠すべきしつけの枠組みを見出すことができず、不安な心理状況に置かれるという［柴野　一九八九］。従来は家庭外の様々な集団からも多様な枠組みを見出すことができていたが、集団の喪失といった形でその機会も失われており、「型の喪失」や「基準の解体」と呼ばれるような形で社会化における課題とされた。これらの議論は約二〇～三〇年前になされたものだが、ゆとり教育から脱ゆとりへといった動きからも察せられるように、現在でも同じような課題は存在しているのではないだろうか。さらに近年は子どもの貧困が社会問題として認識され、様々な領域で研究者や実践家による分野横断的な研究がなされている。ひとり親世帯の増加や子どもへの教育費の格差、虐待、ネグレクトといった問題は、現代社会の社会的排除を考えるうえでも非常に重要であり、このような絶対的なふしあわせの要素に目を向けていくことが現代宗教にとって必要であると思われる［櫻井　二〇一四、二〇一五］。

以上のような現状の中で、本章では寺院が行う子ども向けの行事に注目し、その社会化に対する役割について考察していく。具体的には、「禅の集い」と呼ばれる子ども向けの体験行事を事例に、その内容と保護者が行事に対して持つ期待などに触れ、子どもにとって寺院がどのような存在であるかについて述べていきたい。

(1) 次世代養成の取り組み

❖寺院の子ども向け行事

現在、日本の様々な寺院において、子どもを対象とした活動が草の根的に行われている。近年はそれらの事例が様々な媒体によって、寺院の活性化や次世代教化といった文脈で紹介されている。表1は、それらの媒体からの記述や、筆者が調査した事例をまとめたものである。[2] これを見ると様々な地域、そして様々な宗派において、多くの取り組みがなされていることがわかるだろう。

表1であげているような子どもを対象とした活動事例は、宗派や教団視点で考えれば「子どもへの教化活動」であるが、実際に開催している人の思いに注目すると、その多くがやりたい、興味があるといった理由、また子どもの情操教育に対して宗教が何かできるのではないかという思いをきっかけにして行動している。つまり、単純に教団の提唱する布教教化活動だけで表すことができないような内容が様々な環境で行われているのである。

本章では、表1に示した事例の中でも①長興寺子ども禅の集いに注目して述べていきたい。これは②とともに筆者が実際に参加・調査した事例であり、②と異なり毎年同じ場所で行っているという点

表1　子どもと関わる活動事例

活動名	主催
①長興寺子ども禅の集い	長興寺（曹洞宗）：三重県四日市市
年に一回夏休みの時期に開催される一泊二日の宿泊体験。坐禅を中心とした内容で、地域の子どもたちが多く集まる。	
②こども禅の集い	空知青年会（曹洞宗）：北海道空知地方
年に一回夏休みの時期に開催される一泊二日の宿泊体験。①と同じく坐禅を中心としている。教区の青年会が主催しているため毎年会場が異なる。	
③大多喜南無道場	妙厳寺（日蓮宗）：千葉県大多喜町
夏季に自然に囲まれた寺院での合宿体験。毎日のおつとめや坐禅・瞑想、自然体験を通じて自分のいのちを感じ見つめる。	
④常光寺日曜学校	常光寺（浄土真宗本願寺派）：北海道美唄市
毎週日曜日に子ども会を開催し影絵劇などを行う。人と人がつながる場所づくりをめざす。約 30 年の継続による OB 会の存在。	
⑤願成観音太鼓　子ども日曜坐禅会	潮音寺（曹洞宗）：愛知県田原市
毎週日曜日の子ども参禅会をきっかけに、子ども主体の芸能太鼓を始める。ボランティア活動として演奏活動を全国で行っている。	
⑥のんのんクラブ	円東寺（真言宗豊山派）：千葉県流山市
地域の子ども会が解散したことを機に始める。年五回、季節行事や寺での夏合宿行事も行う。	
⑦照光寺子供会	照光寺（真言宗智山派）：長野県岡谷市
年に一回開催しており、お経や阿字観の坐禅などを体験できる。	
⑧月窓寺こども会	月窓寺（曹洞宗系単立）：東京都武蔵野市
毎月第一土曜日に行っている。読経や坐禅、季節行事を行っており、若い僧侶も手伝っている。	

で、地域との関係を考えやすいと判断したためである。

❖「禅の集い」について

長興寺子ども禅の集いについて述べる前に、「禅の集い」という行事について、どのような歴史的展開のもと広がり、また宗派全体の中でどのような位置づけに置かれているのかという点について概観したい。

まず一般に「禅の集い」と称する場合は、夏休みなどに曹洞宗寺院に一般の青少年を集めて開かれる禅的な合宿研修会のことを指す［皆川　一九七三］。曹洞宗とは、日本における仏教宗派の中の一つで、その勢力としては浄土真宗に次ぎ大きい。開祖は道元で、本山は永平寺、総持寺である。そして「只管打坐（ひたすら坐禅に生き）」、「即心是仏（この坐禅の姿が仏であると信ずること）」を宗旨としている［大法輪編集部編　一九八一：一四九頁］。日本仏教の中でも坐禅を非常に重視する宗派である。

禅の集いについて歴史的に見ると、関連する運動は一九五八年に駒澤大学曹洞宗青年会と同静岡県人会（静陵会）が共催して開いた「曹洞宗青年会静岡結集」を契機として生まれたといわれている。その後様々な地域で広まっていき、現在では青年会単位だけでなく個々の寺院単位で行われている事例もあるため、数としてはさらに増加していると思われる［皆川　一九七三］。

ではなぜこれほどまでに禅の集いが全国的に発展することとなったのか。その発展要因については、皆川［一九七三］が以下の五点にまとめている。①坐禅を中心とした合宿生活は、曹洞宗僧侶全員が経験する禅林の教育を開放することで行えるため、実施しやすい内容であった。②当時の風潮として、青少年の教育の中で必要なものは生活規範であるといった認識が存在した。③中央からのタテ割りではなく、ヨコのつながりで広がっていった形であったため、大枠の内容以外は各組織がそれぞれ決めることができた。④禅の集いは生きた伝道法学習の場として機能し、他を教化する（参加者に対しての教化と、僧侶同士の学びあい）面もあった。⑤これらの動きに対して中央の宗務庁は、助成はするが干渉はしないという姿勢をとっており、これが結果的に各実施組織の自由な活動につながった。

以上の五点が、禅の集いが全国的に普及する要因となったと述べられている。この中で注目すべきなのは、①、②で触れられている点であろう。つまり、禅宗ならではの合宿生活が確固たる形として存在し、かつ僧侶全員がそれを経験していることで、特別な条件などがなくとも行うことができた。なおかつ青年会といった組織単位だけでなく、個々の寺院単位でも実施可能な点は、この活動が広まっていく上で重要な要素であったと考えられる。加えて、青少年にとっての生活規範としての認識は、前述した現代における社会化の課題にも関係する要素であると思われる。

そして現在の位置づけについては、曹洞宗における規則や規定を示した『曹洞宗宗制』の中の布教教化規定第四一条に、「寺院は、布教教化の実をあげるため、特に檀信徒の対機に応じて次の各号の一に該当する組織を設けなければならない」とされており［曹洞宗宗務庁　二〇〇七：二五九〇頁］、「参禅会」や「読経会」といった教化組織の中の一つとして「禅の集い」が記載されている。

以上のような歴史、制度のもと、青年会といった組織単位や、個別の寺院単位といった様々な運営形態で禅の集いが行われている。次節からは具体的に寺院単体で行われている事例について述べていきたい。

⑵ 寺院と地域社会

❖長興寺子ども禅の集い

長興寺は三重県北部の四日市市に位置する曹洞宗寺院である。四日市市は人口では県庁所在地である津市を上回り、三重県の中では非常に大きい町である[3]。長興寺周辺は住宅街となっており、私鉄とJRの駅にも近い。創建は七二二年と伝えられており、現在の本堂は二〇〇三年に竣工された。子ども禅の集いが始まったのもこの年からであり、本堂が新しくなり行事を行える施設が整ったことも、子ども禅の集いを始めるきっかけであったという。長興寺が位置する富田地区は、まちおこしの動きが活発になりつつある地域であり、地区内の道路に地域の人が絵を描いた行燈が設置され、夜にはろうそくが灯される「行燈まつり」といった地域の祭りが行われている。近年はこれと同時に三寺参りと呼ばれる長興寺を含む富田地区の三つの寺院をスタンプラリー形式で回るというイベントも行われており、禅の集いの参加者保護者の中にも三寺参りを通じて長興寺を初めて訪れたという人も存在した。

本節で取り上げる事例である「長興寺子ども禅の集い」は、二〇〇三年から行われている行事で、二〇一六年で一四回目の開催となった。参加費は一人三五〇〇円である。当初は二泊三日で行われていたが、六回目からは一泊二日に期間が短縮されて現在に至っている。基本的には夏休みの時期に行われる長興寺での宿泊体験である。参加者は小学校低学年から高学年まで様々で、異年齢間の関係ができるのも一つの特徴である。募集については昨年参加した人への案内状と、境内の掲示板に案

表2　長興寺子ども禅の集い参加人数推移(4)

2003年	2004年	2005年	2006年	2007年	2008年	2009年
27人	36人	35人	37人	35人	28人	36人
2010年	**2011年**	**2012年**	**2013年**	**2014年**	**2015年**	**2016年**
36人	31人	34人	27人	38人	41人	38人

内を貼るのみで、積極的に参加者を集める行動をしているというわけではない。しかし一四年行ってきた中で、多いときは四一人、少ないときは二七人と、おおむね三〇人前後の参加者を集めている（表2）。また参加者については、檀家の人はほとんどおらず、多くが檀家外であり、比較的近隣に住んでいる人が多い。

❖調査方法・運営体制

筆者が調査を行ったのは二〇一五年と二〇一六年の二回である。そして参与観察とともに保護者・中学生スタッフへのアンケート、インタビュー調査を行った。質問内容は、行事を通して子どもにどういった影響があるかという保護者の期待を尋ねるものや、参加のきっかけ、寺院に対するイメージなどである。参加者へのアンケート調査は、参加者が小学生であり、年齢幅が大きく調査が困難であるため行うことができなかった。本節ではこれらの調査結果を典拠に、事例を詳述する。

運営体制については、長興寺単体が主催して行っている。そのため、会場となる場所も長興寺で固定されている。その影響もあってか、参加者についても毎年継続して参加しているという人が多く、リピーターが多いのが一つの特徴である。基本的には住職と住職夫人が中心となって内容を企画しており、その他に僧侶二名程が当日の講師として参加している。また本事例において特徴的なのが、中学生以上はスタッフとして参加できる枠があり、この場合参加費は取らずに食事の準備やその他の手伝いといった役割を行いながら行事に参加するという点である。例えば、二〇一六年度はスタッフとして一三名参加している。このスタッフについては、小学生の時から継続して参加し、中学生になった後もそのまま関わり続ける中でスタッフとしての参加になった人が多い。彼らは小学生の時に参加していた時からスタッフへのあこがれがあったという。これは参加者がリピーターとして継続的に参加する中で、スタッフへのあこがれを持ち、そのあこがれが中学生になった後の参加につながっていると考えられる。

❖ 行事内容

具体的な行事の日程については表3の通りである。ここでは二〇一六年度の内容について、大まかに述べていきたい。

開始は一〇時であり、翌日の一六時に解散となる。一〇時に会場集合、受付け、受付時に教材一式を受け取る。これは教区の宗務所(5)に申請することで入手できるものである。その後、一回目の坐禅が行われる。坐禅は二日間で計四回行われ、時間は最長で三〇分ほどであった。食事に関しては、行事全体として精進料理の形で提供されるようになっている。ただし、味付けに関しては和風のみというわけではなく、子どもでも食べやすいように中華風にするなどの工夫がなされている。食事の準備についてはは住職夫人が中心となり、スタッフも手伝いながら作られている。スタッフの人数が多くなる

表3　平成28年度子ども禅の集いの日程

平成28年度　長興寺子ども禅の集い
日時：2016年8月25日・26日　会場：長興寺

日程	8月25日	8月26日
5		振鈴（起床）、洗面
6		坐禅・朝課、ラジオ体操・掃除
7		小食（朝食）
8		写経、おはなし
9		
10	集合、開講式	体験学習（琴体験）
11	おはなし、坐禅	
12	中食（昼食）	中食（昼食）
13	レクリエーション	坐禅
14		
15	おやつ	おやつ（クレープづくり）
16	数珠づくり	閉講式
17	晩課	
18	薬石（夕食）	
19	入浴（近くの銭湯施設へ）	
20	布団作務、坐禅	
21	就寝	

以前には、檀家の人が数人自主的に手伝いに来ており、食事や洗い物などの作業の多くを担っていたが、近年はスタッフの人数が増えたこともあり檀家の人が食事の手伝いに来ることは少なくなった。また食事で使う器にもこだわっており、曹洞宗の修行道場でも実際に使われている応量器[6]を使用している。食事の際には五観の偈[7]を唱え、全員が同じ部屋で食事をする。

　レクリエーションや数珠づくりでは、初対面で年齢も異なる子ども同士が互いにコミュニケーションを取りながら遊びや作業を行い、高学年の子どもが低学年の子どもを補助するといった光景も見られた。これは行事全体を通して見られた傾向であり、学校や年齢が異なる中での関係性の構築が行われているという点で重要である。

❖坐禅体験

坐禅体験については、参加者へのアンケートなどは行っていないためはっきりとその効果や感想を

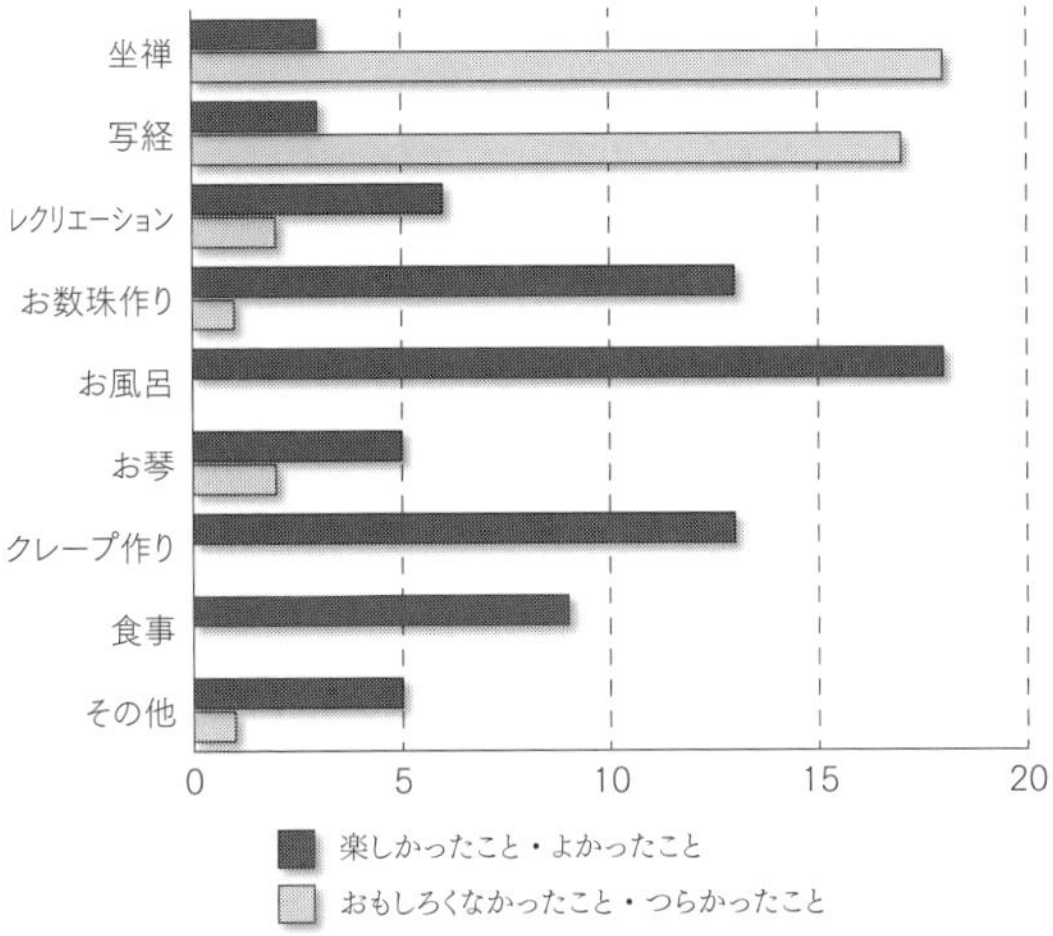

図1 「楽しかったこと、おもしろくなかったこと」に対する子どもの回答

写真 坐禅体験の様子
（筆者撮影：2016年8月26日）

把握することはできていない。しかし長興寺では最後に感想文のようなものを書かせており、それを見る限りは「つらい」や「足が痛かった」というようなネガティブな意見が多かった。その感想文の中で、「たのしかったこと」と「おもしろくなかったこと」として、坐禅や写経、お風呂などの行事内容それぞれについて尋ねている質問があり、その結果をまとめたものが図1である。これを見ると、「おもしろくなかったこと・つらかったこと」に関しては、「坐禅」と「写経」といった宗教的体験が圧倒的に多い。つまり参加者である子どもにとっては、「坐禅」や「写経」といった要素はあまり好ましくないものとして受け取られているのである。一方でその他の行事内容に関しては、ほとんどが「楽しかったこと」に選ばれている。

❖行事を通した子どもへの効果についての期待

図2は「行事に参加することによって子どもにどのような影響があると思うか?」について、一二項目それぞれに対して五段階で回答を求めた結果である。この一二項目については、二〇一五年に行ったアンケートにおける子どもへの効果として記述回答で得られたものをもとに筆者が項目を作成した。

結果を見ると、全体的に肯定的な評価が多いことがわかる。特に肯定的な評価が高い項目に注目すると、最も高いのが「家庭で教えないことを学べる」であり、「協働・協力の気持ちが育つ」「しつけになる」「お寺に興味・関心を持つ」という項目がそれに続いている。ここで注目すべきは、「家庭で教えないことを学べる」という項目が最も高いという点である。つまり、保護者にとっては行事に参加させることで、家庭では得られない効果を得られることを期待しているのである。また、「協働・協力の気持ちが育つ」「しつけになる」という項目は子どもの社会化において非常に重要な要素であり、これらへの期待が高いという点は子どもの社会化の役割を禅の集いが果たしうるものとして認識されていると捉えることができるだろう。

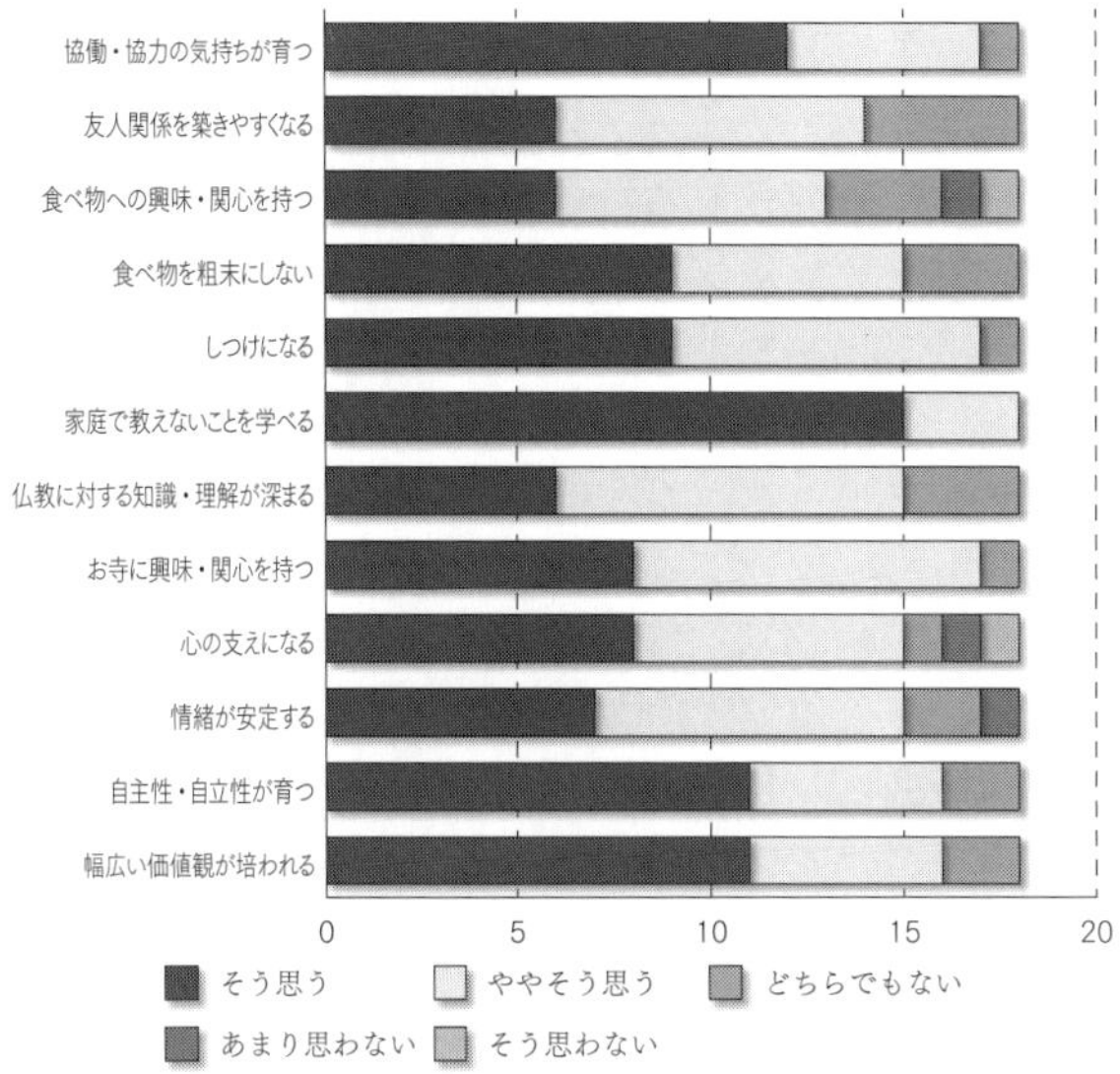

図2　保護者が考える「行事を通した子どもに対する影響・効果」（n=18）

次に、スタッフに対して行ったアンケート調査の結果（図3）を見てみる。スタッフは中高生で、なおかつその多くは参加者として参加した経験があるため、参加者の感じる効果として参考にできると思われる。この結果を見ると、「家庭で教えないことを学べる」「友人関係を築きやすくなる」「仏教に対する知識・理解が深まる」などについての項目に対して肯定的な評価が高い。「家庭で教えないことを学べる」という項目が、保護者、スタッフともに最も肯定的な評価になったことから、行事の大きな意味として、家庭で教えることができない、経験できないことを学ぶ機会であるとの認識が強いことがわかる。ま

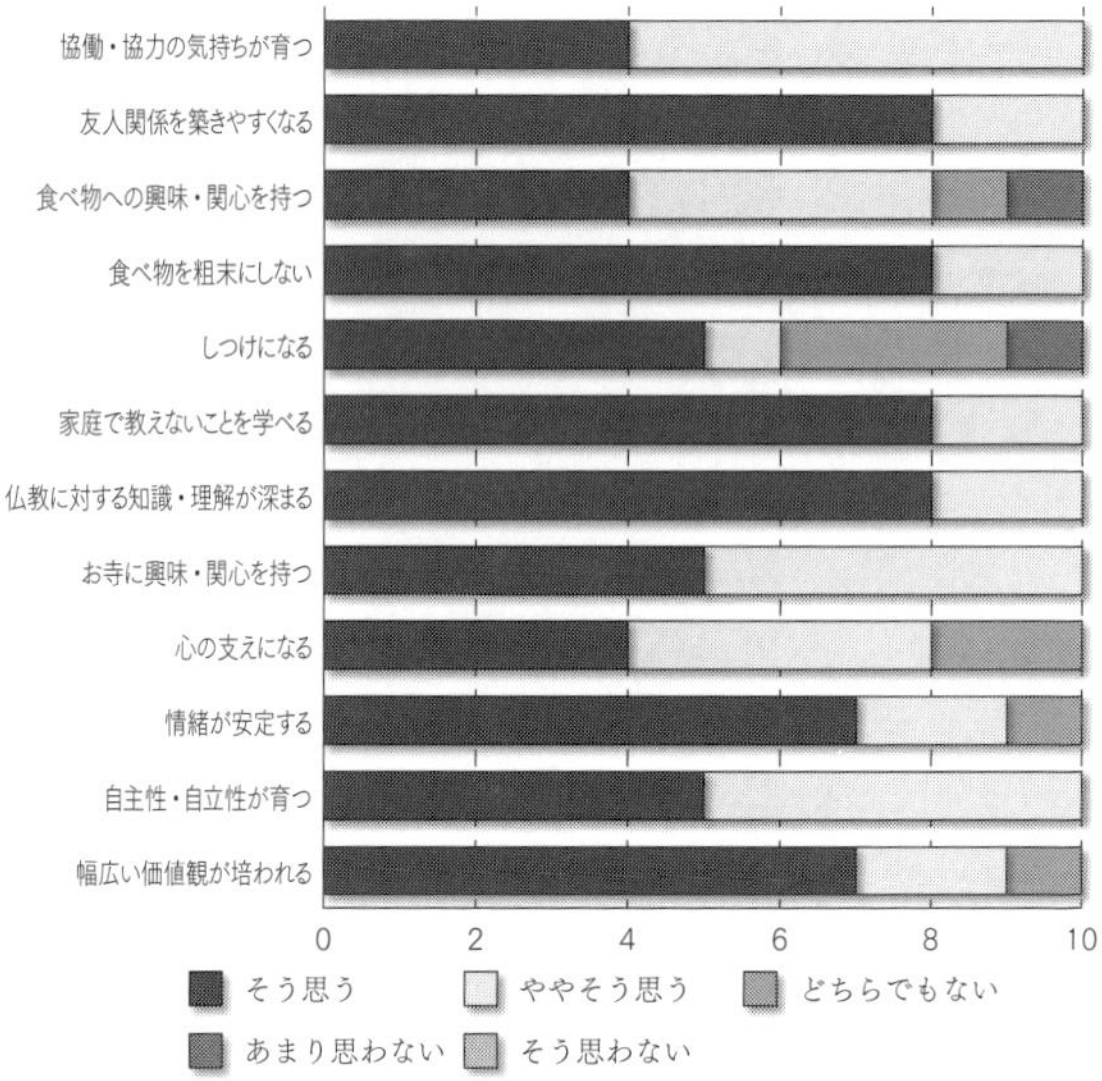

図3　スタッフが考える「行事を通した影響・効果」(n=10)

た、「友人関係を築きやすくなる」という項目に関して肯定的な評価が高いという点は、行事に参加することが対人関係能力としての「つながる力」の向上につながっている可能性を指摘できるのではないだろうか。これは社会化の要素としても一つ重要な点である。

ある保護者は、「集団の中で同じ作業をしたり、縦割りの集団の中で過ごす」といった点や、「規則正しく、行儀よく座ったりすること」といった点で家ではできないことであると述べており、行事を通した経験に肯定的なイメージ、期待を持っていることがうかがえた。

また、寺院での行事と寺院以外での行事との違いについては、一人の保護者がインタビューの中で以下のように述べている。

「まったく別のような気もしますけどね。お寺の体験は別ものと思うし。お寺の体験もまたいいとは思うし、楽しいとかではないかなとは思うけど、いつもとは違うことをするのは、子どもはおもしろかったといって帰ってくるかもしれないし、貴重な体験だと思いますよね」

このように、普段体験できないことを体験できるという点と、楽しいことではない要素も含まれるという点が違いとして認識されていた。これらのインタビュー内容のみで判断することはできないが、行事に直接参加していない保護者にとっても、その認識としては「貴重な体験」であり、「楽しいものとは違う」要素を含みうるという認識を持っているようである。

また、楽しいとは違うという点で、ある保護者から興味深い語りを聞くことができた。それは参加することになった時の最初の子どもの反応について尋ねたもので、以下のような内容である。

「最初なんて言おうかなと思ってて。別にお寺でお泊りでよかったんですけど、ちょうどそこに行く一週間かそれくらい前に、なにかうそをついたんです彼は。なにかをやっていないのにやったって言ったので、あんたうそついたからお寺さんから呼ばれてお説教があるから行ってきてみたいなことを私は言ったんです。うそをつくとそういうことやでっていう何か言ったんですね。……別に坐禅が怒られる意味でもないですけど、びびりながら行ったと思います。だから行きたくないとかうんぬんじゃなくて、本人も悪いと思っているから素直にというか、しょうがないと」

この語りからは、寺院に行くことに懲罰的な厳しいイメージを持たせており、なおかつ子どもにもそれが共有されていることがうかがえる。この内容からも、保護者にとっては楽しい以外の厳しい要素も期待するものとして、禅の集いが認識されているということがいえるのではないだろうか。

特に「楽しいものとは違う」といった要素は、寺院での体験を語るうえで非常に重要なものである。参加者の感想の中で、おもしろくなかったこととして坐禅や写経が突出してあげられていたことからも、保護者のイメージだけでなく実際の参加者にとってもそれは同様に「楽しくない」要素として受け止められているといえるだろう。そしてそれを否定的に捉えるのではなくて、むしろ貴重な体験であるとして肯定的に受け止めている傾向があるというのは、寺院が子どもの社会化にかかわるうえで注目すべき点である。

(3) 親は寺になにを期待したか

❖ 型を持つしつけとしての期待

ここまで見てきたように、禅の集いにおける宗教的実践の体験は、子どもにとって「楽しいだけではない体験」になっていることが重要である。これは保護者にとっても同様で、「楽しいだけではない体験」を経験する場としての期待を禅の集いに対して持っており、これは「しつけ」への期待にもつながっていると考えられる。そして保護者が子どもに対する効果への一定の意図を持ち、寺院での坐禅という組織性や体系性を持った基準や方法で子どもに働きかけるという点で、宗教的実践の体験は意図的な「しつけ」であり、現代のしつけにおける「型の喪失」という問題に対応する形で、型を持つしつけの一つとして再認識されつつあると捉えられる。これは宗教の持つ規範や宗教的実践が、「型を持つ」しつけ内容として求められているといえるのではないだろうか。本事例では特に坐禅というものがその厳しさの中心的なイメージにあると考えられるが、坐禅だけでなく寺院の持つイメージとして、厳しさや非日常性が檀信徒以外の人々にも共有されていることが重要であろう。以上の点から、現代社会における子どもの社会化において、寺院仏教が保護者の期待、需要の受け皿として存在する可能性が見えてくると考えられる。

❖地域における集団の機会

また、型を持つしつけとしての期待に加えて、子どもにとっての地域における集団の機会を提供していることも、禅の集いが果たしている大きな役割の一つである。最初に述べたように、現代社会では子どもにとっての集団が失われつつある。それは学校外での子ども集団であり、かつて地域で存在していたような子ども間の関係というのが、現在では希薄になってきている。「無縁社会」という言葉が話題になって久しい社会において、子どもにとっても関係性の希薄化、関係づくりの機会の喪失といった問題は、非常に重要であろう。参加した保護者の一人は、インタビューの中で以下のようなことを述べていた。

「私は一人で行かせるために行かせてるところもあるので。むこうで友達をつくるっていう、二、三日ならちょっとがまんというか、つくれるじゃないですか。それが学校にぽんと入ったら、一年間上手にやっていかないといけないじゃないですか。二、三日失敗してもいいけど、一年間だと大変だから、失敗してもいい環境を何回もつくってあげれば、友達付き合いも苦手な子もいると思うんですが、なにか学んでくるんじゃないかなと」

子どもにとっての集団の機会が少なくなっている中で、社会性を学ぶための一つの練習の場としての役割が期待されていることがうかがえる。このことからも、禅の集いで形成されている学校外での人間関係は、子どもにとって非常に貴重なものであると考えられるだろう。それは、子ども同士、特に年長が年少の面倒をみるといったような異年齢間も含んだ関係であり、このような関係性をつくっていくのは対人関係能力としての「つながる力」を醸成する一助になると考えられる。「つながる力」は集団内での社会化を通して身につけていくものであり、これは結果的に「生きる力」にもつながりうるものである。つながる力は生きる力であり、様々な集団での関係性の中で、自己と他者からの承認を得ることが、子どもにとって、ひいては人間にとっての生きがいにつながっていくのではないだろうか。

(4) 寺院が果たしうる社会的役割

ここまで、禅の集いを事例に、それが子どもの社会化にどのような役割を果たしうるのかについて述べてきた。社会化に関わる集団が失われつつあることや、「型の喪失」といった問題に対し、本章で取り上げた禅の集いという試みは、地域における集団の機会の提供や、「型を持つ」社会化内容の提供といった形で、その役割を果たしていると考えられる。

そして子どもの社会化は、特に「つながる力」の醸成といった形で作用しうるものである。これはつまり対人関係能力の向上ということであり、「生きる力」、さらには幸福感にも関わりうる要素であろう。現在の日本仏教は葬儀のみが注目されがちであるということを最初に述べたが、社会化にあたって「型を持つ」内容を持っていることや、学校外での集団を形成し受け入れるだけの施設、そして僧侶という人的資源を持ち合わせているという点で、地域社会に貢献する要素は少なくないと思われる。これは現代宗教が人々のウェルビーイングにどのように寄与するかを考えるうえでも重要になる点であろう。

それぞれの宗派や個別の寺院において、伝統的な教説・儀礼、そして施設・人の強みを生かした運用を行うとともに、社会のニーズに応じてその対象を檀信徒に限定せず、必要としている人の需要を受け止めることができるように活動していくことが、「生きる力」を涵養する宗教として存在していくために重要なのではないだろうか。

註

（1）国立教育政策研究所［二〇〇二］「家庭の教育力再生に関する調査研究」（https://www.nier.go.jp/seika/seika0207_01/seika0207_01.htm〈二〇一七年一月五日参照〉）。

（2）表1の事例は筆者が調査した事例と、神［二〇一〇］、雑誌『月刊住職』で紹介されている事例の中からいくつか取り上げたものである。

（3）平成二七年度の国勢調査によると、四日市市の人口は約三一万人で三重県最大であり、県庁所在地である津市の人口約二八万人よりも多い。詳細は以下を参照。「三重県統計データライブラリH27国勢調査　市町別人口」（http://www.pref.mie.lg.jp/common/content/000664374.pdf〈二〇一七年一月二日参照〉）。

（4）中高生スタッフの人数も含む。

（5）曹洞宗における支部のような行政組織。通常、都道府県単位に設置され、上部機関と各寺院との中間にあって、宗政や宗内人事を担っている。

（6）応量器とは、主に禅宗において僧侶が使う食器のことであり、大小五重になっている［禅学大辞典編纂所編　一九八五：一二六頁］。

（7）僧侶が食事に臨んで起こすべき五つの観念を示したもの。食物が供されるまでの人々の辛苦と施主の恩、自己にこれを受ける徳があるかどうか、多くを貪らないこと、飢渇をいやす良薬であること、道を修めるための食物であること、といった五つの内容が含まれる［中村ほか編　二〇〇二：三一八頁］。最初に配布される教材一式の中に箸袋があり、その箸袋に五観の偈が記載されている。

参考文献

苅谷剛彦・濱名陽子・木村涼子・酒井　朗　二〇〇〇『教育の社会学』（有斐閣）。
国立教育政策研究所　二〇〇一「家庭の教育力再生に関する調査研究」（https://www.nier.go.jp/seika/seika0207_01/seika0207_01.htm〈二〇一七年一月五日参照〉）。
櫻井義秀　二〇一四「人口減少社会日本における希望ときずな――しあわせとソーシャル・キャピタル」

（『宗教研究』八八―二、三一五―三四二頁）。
櫻井義秀　二〇一五「傾聴する仏教」（『宗教と社会貢献』五―一、二九―五三頁）。
柴野昌山編　一九八九『しつけの社会学』（世界思想社）。
神　仁　二〇一〇『仏教教育の実践（仏教教育選集5）』（国書刊行会）。
曹洞宗宗務庁　二〇〇七『曹洞宗宗制』（曹洞宗宗務庁）。
大法輪編集部編　一九八一『日本仏教宗派のすべて（大法輪選書3）』（大法輪閣）。
千葉聡子　一九九九「家族によるしつけを困難にしている要因――社会集団を必要とするしつけ」（『文教大学教育学部紀要』三三、四八―六一頁）。
中村　元・田村芳朗・末木文美士・福永光司・今野達編　二〇〇二『岩波仏教辞典』（岩波書店）。
濱嶋　朗・竹内郁郎・石川晃弘編　一九九七『社会学小辞典』（有斐閣）。
三重県庁「三重県統計データライブラリ　H27国勢調査　市町別人口」（http://www.pref.mie.lg.jp/common/content/000664374.pdf〈二〇一七年一月二日参照〉）。
皆川広義　一九七三「禅の集い運動における問題点――集団運営とタテ・ヨコの変化」（『教化研修』一六、九九―一一〇頁）。
山村賢明　一九八六「しつけ」（日本教育社会学会編『新教育社会学辞典』東洋館出版社、三五二―三五三頁）。
「お寺の将来託す子供を仏の子に教化するにはどうする」（『月刊住職』一九四、七二―八一頁）。

宗教は韓国人を幸せにするのか

「セウォル号沈没事故」を手がかりに

李 賢京
LEE Hyunkyung

はじめに

韓国南西部の珍島《チンド》沖で二〇一四年四月一六日に沈没した旅客船セウォル（歳月もしくは世越）号事故から三年が経ち、船体が三年ぶりに引き揚げられた。高校の修学旅行生ら三〇四名の死者・行方不明者（二九五名が死亡、九名が行方不明）を出した韓国史上最悪の事故から三年を迎える二〇一七年三月二三日未明、引き揚げ作業で船体右舷の一部が海面に浮上した。※ また、同年四月九日には船体の陸揚げ作業が完了し、行方不明者の捜索と事故原因の究明を行うための作業が本格化した。しかし、事故はまだ終わってはいない。

この三年間、韓国では様々な事件・事故が発生した。なかでも、二〇一六年一〇月から朴槿恵《パククネ》氏の辞任を求める大規模集会が韓国中で開かれ、そのおよそ五カ月後の二〇一七年三月一〇日、韓国憲法裁判所が朴氏の罷免を認める判断を下した。「国の運営が麻痺する事態を招いた責任を重くみて、罷免に相当する重大な法律違反があった」(1)とした。これまで韓国憲法裁判所は法理とともに世論の声をも重視してきた。そのため、「国の運営が麻痺する事態を招いた責任」として、旅客船セウォル号の沈没事故への対応も争点になった。しかし残念ながら、セウォル号沈没事故については、朴氏が当日、直接救助活動に参加しなければならないなどの特定の行為義務が発生するとみるのは難しかった。また、裁判所は事故当日に朴氏が職責を誠実に遂行したかどうかは、「誠実の概念が抽象的であるため、弾劾審判手続きの判断対象にはならない(2)」として退けた。朴氏はセウォル号沈没事故への対応の遅れなどの責任には問われなかったものの、事故当日の行動がはっきりしない「空白の七時間（セウォル号が沈没した当日に、朴大統領が一時所在不明になったこと）」を追及され、遺族らの反発を背に国会も弾劾訴追の理由に盛り込むなど、事故は朴氏の失政の象徴でもあった。

一方、韓国人・社会にトラウマになるほどの衝撃を与えたセウォル号沈没事故をめぐっては、当初から「宗教」が密接に関わっているとされてきた。一つは、セウォル号の乗組員のなかに「救援派《クウォンパ》」系列教会の信徒が多いと報道されたことや、指名手配された同会の元代表（兪炳彦《ユビョンオン》）の逃亡を助けた容疑で同会信徒らが書類送検されたことである。そしてもう一つは、二〇一六年、朴槿恵氏の退陣をめぐり、再び浮上した「空白の七時間」問題をめぐって朴氏の支援者（崔順実《チェスンシル》容疑者）とその父で「霊世教《ヨンセギョ》」の教祖であった故・崔太敏《チェテミン》が関わっているという主張である。

他方、セウォル号沈没事故直後から、現地で遺族や救助活動に携わる人々への支援活動を行った宗教者・団体の活動も目立った。また、事故から三年が経過した現在も、宗教者・団体は事故の真相究明のための活動や遺族への支援、追悼、慰霊祭、記憶の風化を防ぐことを目的としたメモリアルイベントなど、継続して活動を行っているのである。

こうした状況から、今日、韓国人・社会の宗教に対するまなざしには、「社会問題をもたらす宗教」と、「社会問題の解決に貢献しようとする宗教」という「二極化」がみられる。本章ではセウォル号沈没事故をめぐる宗教への二つのまなざしについて検討し、現代韓国社会における宗教の役割と今後の展望について述べていきたい。

(1) 沈没事故発生から現在まで

❖沈没事故の発生

二〇一四年四月一六日午前、韓国南西部の珍島付近で、「仁川《インチョン》」発「済州島《チェジュ》」行きの旅客船「セウォル号」が沈没する事故が発生した。セウォル号は、二〇一二年九月まで鹿児島県奄美市のマルエーフェリーが所有し、鹿児島――奄美――沖縄を結ぶ定期航路で「フェリーなみのうえ」の船名で運航していたが、新しい船の就航に伴って同年一〇月、韓国企業「清海鎮海運《チョンヘジン》」に売却された。

セウォル号の事故原因は、未だはっきりしていないが、旅客船の老朽化（海運法施行規則の改正〈二〇〇九年〉により、運用期限が二〇年から三〇年へ延長）や清海鎮海運の違法増築による過積載、潮流に注意せず行った急旋回により船体が傾いたこと、荷崩れ、船長の離席と航海士の経験不足などが重なり合って起こった惨事であったとされている。事故発生後も船長らが乗客に事故を知らせず放置して逃げ出したことに海洋警察庁などの初動対応の不手際も重なり、被害が広がった。乗員・乗客四七六名のうち、一七二名が救助、死亡二九五名、行方不明者九名が出た。この事故でソウル近郊の京畿道《キョンギド》安山市《アンサン》にある檀園《ダンウォン》高校の二年生だった生徒二五〇人、同高教員一一人が死亡・行方不明となった。生徒と教員らは、済州島へ修学旅行に向かう途中であった。参考までに、二〇〇九年、日本で起きた類似の事故を挙げておく。セウォル号と同じ日本の造船所で建造された「フェリーありあけ号」は、かつてセウォル号と同じ運航会社に所属するフェリーだったが、二〇〇九年に起きたありあけ号の沈没事故による死者はゼロであった。このことからも事故後の乗客への避難指示などの対応の違いが、事故の被害にかかわっていることは明らかだといえよう。

❖事故発生から現在までの経過

二〇一七年四月、木浦《モクポ》新港に陸揚げしたセウォル号をみて、韓国では誰もが「あんなに大きな船が沈没するまでなぜ子どもたちを救うことができなかったのだろうか」という無念や怒りとともに、行方不明者の早期発見と真相究明を願ったはずだ。セウォル号沈没事故発生から三年、長期に及ぶ「追悼モード」に国民の間には疲労感も漂い、韓国社会に深い禍根を残している。また、沈没事故発生により、日本からは韓国を修学旅行の目的地にする学校がゼロになるなど(3)、事故の影響はまだ続いている。

次頁の表にみるように、三年という歳月の間、様々な方面から事故への対応が行われてきた。まず、関連法案が成立した。事故の真相究明をめざす「セウォル号特別法」がそれだ。この法案成立をめぐっては、与党側と野党・遺族側が「韓国社会が分裂した」といわれるほど激しく対立。最終的に双方が譲歩する形で、事故から半年余りたった二〇一四年一一月にようやく成立した(4)。また、二〇一五年一月には遺族への賠償・補償特別法が国会本会議を通過した。

そして、事故後乗客を置き去りにして逃げた船長ら乗組員に対する判決も下された(5)。大事故の責任者が殺人罪に問われるのは韓国でも異例だったが、殺人罪の適用が争点となり、一審は適用せず、控訴審は殺人罪と認める判断を下していた。大法院(最高裁)は、船長イ被告が乗客らに対して船から脱出を促す船内放送を流すよう指示していなかったと認定。船長は船の総責任者であり、乗客に脱出

表　事故発生からの流れ

年	月	日	経　過
2014	4	16	韓国仁川から済州島に向かっていたセウォル号が沈没 乗客乗員 476 名のうち 172 名を救助
		17	検警合同捜査本部（合捜部）の設置、清海鎮海運への家宅捜査
		19	イジュンソク船長と主要乗組員 3 名拘束
	5	19	大統領、セウォル号惨事対国民談話発表
	7	22	兪炳彦元会長の遺体発見
	11	11	遺体捜索の公式終了
		19	セウォル号特別法成立
2015	1	1	セウォル号特別法施行
		12	賠償・補償特別法が国会本会議を通過
	3	5	416 セウォル号惨事特別調査委員会（特調委）、イソクテ委員長ら常任委員 5 名任命
	4	16	惨事 1 周忌、大統領珍島彭木港にて「なるべく早く船体の引き揚げを進める」と発表
		22	政府が中央災難安全対策本部会議にて船体の引き揚げを決定
		28	法院、船長に殺人罪を適用、無期懲役を宣告
	11	12	大法院（最高裁）、船長の無期懲役を確定、乗組員 14 名に実刑を確定
2016	4	16	惨事 2 周忌、野党「特別法の改定推進」、与党「安全大韓民国努力」
	6	12	船体の引き揚げ作業の本格的開始を発表
	9	30	特調委の活動終了
2017	1	7	416 セウォル号惨事国民調査委員会の出帆
	3	23	船体の本格的な引き揚げに着手、船体の一部が海面上へ（事故発生から 1073 日目）
		31	運搬船に乗せ、沈没現場から約 90 キロ離れた木浦新港に船体到着
	4	9	陸揚げ作業完了、今後行方不明者の遺体捜索が本格化

するよう指示していれば、大勢を救うことができたと指摘。にもかかわらずそれをせず乗客を水死させたのは「不作為による殺人」にあたると判断した。大法院は、乗客を救助せず脱出したのは殺人罪に当たるとして無期懲役を言い渡した控訴審判決を支持したのである。

さらに、二〇一七年には船体の引き揚げと陸揚げが完了した。行方不明者の捜索は事故から二〇九日後の二〇一四年一一月一一日に中断され、韓国政府は船体の引き揚げを検討すると発表した。その後各界での検討を経て、政府は二〇一五年四月二二日、セウォル号の引き揚げの決定を公式発表した。国際入札を通じての引き揚げ企業に選定された「上海サルベージ・コンソーシアム（中国交通運輸部所属の国有企業）」は二〇一五年八月七日から作業に着手した。当初の発表では、引き揚げ完了予定は二〇一六年六月だったが、二度も延期された末、気象条件を理由に途中で立ち消えになった。朴政権は当初からセウォル号の引き揚げに消極的だったが、その背景には、事故直後の「空白の七時間」問題があったとされる。沈没事故当日、朴槿恵氏が対策本部に入ったのは、事故発生から実に七時間後。その間、何の情報発信もしなかったことで、国民から猛批判を浴びた。大統領府は後に「公邸で対応に当たっていた」と説明したが、この初期対応のまずさが、結果的に朴氏の弾劾訴追の一要因にもなった。二〇一七年三月一〇日、朴氏の罷免が決定した五時間後に、担当の海洋水産部がセウォル号の引き揚げを再開すると発表した(6)。皮肉なことに朴氏の罷免後に引き揚げが成功し、セウォル号が陸に姿を見せた日と、朴容疑者の逮捕日は偶然重なった。セウォル号沈没事故について朴氏は罷免に相当する重大な法律違反はなかったと判断されたが、船体引き揚げや真相解明のための努力を怠っていたことには違いないだろう。

(2) 沈没事故をめぐる宗教に対する二つのまなざし
――社会問題をもたらす宗教 vs 解決に貢献しようとする宗教

朴大統領が就任して以来、韓国内で発生した事故・事件をめぐって、かねがね宗教との関連性が噂されてきた。(7) むろん、周知のとおり、これまでも韓国では大統領の宗教偏向性が問題になったことが少なくない。(8) たとえば、李明博《イミョンバク》前大統領（二〇〇八～二〇一三年）は、大統領に就任してから公的領域でプロテスタントを優遇する態度をとったり、公の場において自らの宗教観に関する発言をしたりするなど、大統領の宗教・宗教観が宗教政策や公的領域にまで介入したとされる事例は記憶に新しい。同じく、朴政権で起きたセウォル号沈没事故をめぐって、二つの宗教団体に対する批判が耐えない背景には、宗教が公的領域に働きかけたという事実に、多くの韓国人が再び絶望したからである。さらに、大統領を裏で操っていた前代未聞の不祥事に、宗教との関連性が浮上したことも衝撃をもって受け取られた。

他方、沈没事故以降、宗教者・団体による支援活動が長期的・継続的に行われている事実を忘れてはいけない。事故から三年が経過した現在まで、宗教者・宗教団体による支援活動は、炊き出し、給水、洗濯、義援金・支援金、弔い、御用聞き、傾聴活動、心のケア、真相究明に関わる諸活動、モニュメント設置など、多岐にわたる。

❖ 社会問題をもたらす宗教

救援派《クウォンパ》[9]　セウォル号沈没事故の直後から、韓国検察は、セウォル号を運航した清海鎮《チョンヘジン》海運と、その実質的な代表・兪炳彦《ユビョンオン》一家への捜査に入った。しかし、捜査が進むにつれ、なぜか事故そのものよりも「救援派」に注目が高まった。セウォル号の乗組員の九割が救援派系列の「基督教福音浸礼会」の信徒と報道され、また同会の代表であった兪炳彦が指名手配中に逃亡を助けた容疑で同会信徒らが書類送検されたからである。[10] さらに兪炳彦は、いまだ多くの謎を残す一九八七年京畿道《キョンギド》龍仁《ヨンイン》で救援派信徒三〇人以上が集団自殺した「五大洋《オデヤン》集団自殺事件」において、当時黒幕として注目された人物でもある。[11]

また、事故直後から基督教福音浸礼会を脱会した元信者らの「救援派は宗教でありながら企業、企業は教会であり、神様のお仕事であった」「教団が運営する会社で一生懸命に働くことが救援される路だった。だから信徒たちは薄給をもらいながらも働いた」という証言[12]が相次ぎ、救援派叩きが過熱した。研究者たちも、セウォル号参事を屈折した救援論をもとに信者たちに宗教ビジネスを強要し、それを一部上層部の人々が私有化しようとしたことで弊害が現れた異端宗教による事件であると批判した［パクムンス　二〇一四］。このような経緯から、セウォル号惨事が起きてから約三年が経過した現在、韓国人にとってセウォル号惨事とは、違法増築や海洋警察の遅れた対応などに起する「人災(man-made disaster)」だけではなく、「宗教的災難(religious disaster)」としても記憶されている。

ただし、事故直後から救援派に対する異常な関心の高さは、韓国社会に根強く存在する「異端」「似而非《サイビ》宗教」[13]論が、セウォル号沈没事故においても働いたことによると考えられる。韓国では朝鮮戦争を経て三年間の米軍政期が終わってから、米軍政期に政権を握っていたキリスト教側は自分たちの正当性を確保する手段として、非キリスト教や新宗教などを「異端」と貶《けな》し、「似而非宗教」という名で批判したという歴史的経緯がある。韓国のキリスト教界においては、教理上問題のある団体を「異端」とし、異端ではないがその弊害が大きい団体を「似而非」、交流や参加禁止などの規制が必要な団体を「似而非性」と規定している［大韓イエス長老会総会編　二〇〇一：二八八頁］。この集団のなかに、統一教会などとともに救援派が含まれている(14)。そのため、救援派の幹部であった兪炳彦が、セウォル号を運航した清海鎮海運の実質的な代表であったため、事故そのものの責任まで救援派にあると批判されたのである。

救援派は韓国で生まれたキリスト教系新宗教と知られているが、厳密にいえば、一九六〇年代に教団に所属せず独自に活動した海外の宣教師らによって韓国に流入されたとされている［キム　二〇一三：一九頁］。彼らが韓国で共同運営していた大邱《テグ》聖書学校で兪炳彦は神学を学び、影響を受けたとされる。彼ら宣教師は、既成教団を反福音的勢力とみなし、体系的に神学を学ぶより、救援の確信と悟りを通して救われるとする終末論を信者に強調した［同上：二一頁］。韓国で救援派が異端視される背景には、このような既成教会での信仰生活に対する不信感を煽り、聖書に対する独自解釈にもとづいた「救援論」を強調しているところにある。

しかしながら、現在、兪炳彦と救援派（基督教福音浸礼会）に関するマスコミ報道の多くは、事実と異なっていたことが明らかになった［パクホンギ　二〇一六］。多くのマスコミでは関連記事・放送を修正および削除し、謝罪文を発表するなど対応に追われた。この救援派をめぐる「誤報騒動」の背景としては、事故直後に「地方選挙（二〇一四年六月四日）」が予定されていたため、局面転換を必要とした朴政権と与党側がセウォル号沈没事故の責任を回避する目的で、自分が真相解明について問われる前に、清海鎮海運の元代表であった兪炳彦という人物にその責任を転嫁し、事故責任を縮小、隠蔽しようとしたともいわれている。(15)

だが、セウォル号沈没事故が社会と隔たれた宗教団体による事件ではなかったとしても、宗教という名のもとで海運会社の経営において信者たちの献金や労働力が利用されたこと（脱会信者の証言）や、違法増築や管理不行き届きの結果、多くの命が亡くなったことは事実である。また、セウォル号沈没事故に救援派との関連性が騒がれたのは、救援派に関する情報や研究成果がほとんどないことに一因がある。既存の研究は救援派の教義に対する批判がほとんどである。実際、逃亡などを手助けした信者たちが教会内でどのように信仰を実践しているのか、そもそもどのように加わったのか、また彼らの生活様式や社会観、経済観などはどのようなものなのか、それがいかにして韓国社会と関わりをもってきたのか、などの教団の実態がほとんど知られていない。こうした状況がマスコミによる「誤報」につながっていたと考えられる。宗教団体を管轄する行政や研究的関心が救援派に向かっていれば、少なくとも事後の社会的混乱を最小限におさめることはできたのではないだろうか。

霊《ヨン》世《セ》教《ギョ》(16)　朴槿恵氏の親友崔順実《チェスンシル》が大統領を利用し国政を壟断した事件が浮上した後、朴氏が父・朴正熙《パクジョンヒ》政権時代から崔順実の父で「霊世教」の元教祖・崔太敏《チェテミン》と密接な関係を維持してきたという指摘が相次いだ。今回の事件は基本的に大統領の職権乱用、崔氏の国政介入が争点とされているが、韓国特検が朴氏への捜査において霊世教についても調べるなど、実体として宗教問題も含まれている。(17)

朴氏の弾劾、罷免をめぐって、霊世教の教祖であった崔太敏とその霊的後継者である娘の崔順実の存在が世のなかに知られることにより、大統領の「空白の七時間」について惨事直後から広まっていた「崔太敏のクッ（祈禱師や巫女による降霊・降神儀式）説」が再び浮上した。[18] 崔太敏（一九九四年死亡）の死後二〇回忌が、二〇一四年四月二〇日（旧暦三月二一日）の週末であったため、その前の平日である四月一六日に青瓦台（大統領官邸）で「クッ」を行っていたのではないか、との疑惑が出たのである［ホホイク 二〇一六：四七一頁］。さらに、セウォル号沈没事故が崔太敏への供養のために意図された事故だという「人身供養」怪談まで広まった。また崔順実と離婚した元夫の鄭潤会《チョンユンフェ》（朴槿恵氏の元側近）が沈没事故当日に青瓦台から遠くない場所で占い師に会っていた事実も再び世間を騒がせた。これらに対して朴氏は二〇一六年一一月四日に行った「対国民談話」で疑惑を全面否定した。[19]

母親が暗殺された一九七四年、絶望に陥っていた朴氏に崔太敏は現夢（朴氏がアジアの指導者になるという夢）とともに、母親の魂に憑依されたと主張し、二人の距離は縮まったといわれている［同上：四七九頁］。崔太敏は、改名を七回、妻六名など、ミステリアスな人生を送ったが、僧侶や牧師としての経験や、カトリック教会で洗礼を受けるなど、多様な宗教を利用したことで知られる。彼がいう霊世教の教義とは、仏教の会得やキリスト教の聖霊降臨、天道教の人乃天（人が天という思想）を調和させた霊魂合一説である［同上：四七五頁］。しかし、翌年の一九七五年、崔太敏は霊世教から一転し、新たに「大韓救国宣教団」を設立し、自ら総裁となり、朴槿恵を名誉総裁として推戴した。[20] こうした背景には、韓国でのキリスト教による「大型伝道集会（＝復興会）」が当時多くのキリスト教徒を呼び寄せることに成功していたことがある。そのため、崔氏はキリスト教を利用する目的で牧師になったといわれている。そして救国、宣教、十字軍という単語を掲げて朴正熙大統領からも当時多くの支援を受け、財産を蓄えたことも知られている［同上：四八七頁］。その後、一九七九年、朴正熙大統領暗殺事件後、朴槿恵氏が側近から裏切られた後は、崔太敏一家がそのそばで支援し、崔太敏の死亡後は身寄りのいない朴氏を崔順実が最も近しい側近として公私ともに世話をすることで二人は共依存関係になったといわれている。朴氏が約四〇年間、霊世教の教祖崔太敏とその娘を絶対的に信頼してきた背景には、宗教をベースとしたこのような邪教的隷属の関係があったのではないかといわれている［同上：四七二頁］。

崔順実の娘の大学不正入学からはじまった今回の事件では、不当な利権の享受、各種演説文・情報文書・外交文書への介入などが発覚したことにより、二人の関係とともに霊世教も世間に知られるようになった。自分を守って精神的な安定感を与えてくれる人が側にいるなら、誰しも依存する可能性はある。だが問題は、朴氏は一般人ではなく、大統領だったことである。朴氏と崔順実との関係は、これまで韓国で大統領の任期が終わる頃に暴露されてきた側近や親戚・姻戚らの権力型不正とは本質的に次元を異にする。宗教を利用した不正行為の中心に大統領がいた事実に韓国中が怒りを表したのだ［同上：五〇七頁］。

このように、セウォル号沈没事故における「救援派」と「霊世教」は、韓国社会における宗教の役割を改めて考えるきっかけになったと考える。両宗教をめぐる問題は、宗教が社会において大きな影響力を持つ韓国だからこそ起きた事件であり、韓国でなければ起きえなかった出来事だと思われる。重要な点は、韓国で騒がれているような両宗教が異端か否かということではなく、宗教が公共の福祉ではなく私利私欲のために利用されたという点にある。言い換えれば、本来宗教が持つべき普遍的価値――人間の「幸せ」と「安寧」――が具現されていないことが問題なのだ[21]。事実の有無は別にして、セウォル号沈没事故の「人身供養説」が韓国で広まった背景には、政府の無能と責任回避、そして社会構造の矛盾、不平等な制度に対する国民の怒りがあったのではなかろうか。人々の幸せや安寧のために貢献すべき宗教が、一部の人間の私利私欲に利用されていたことに絶望したのではないだろうか。現在、韓国において宗教は、韓国人の幸せのために存在しているのだろうか。本来宗教が持つ普遍的価値に相応するような役目を果たしているのだろうか。

❖社会問題の解決に貢献しようとする宗教[22]

一九九〇年代以降、韓国で発生した災害において、宗教界では独自に教団内に災害担当部署を設置し、救援・支援活動を継続して実施している。とりわけ、二〇一四年に発生したセウォル号沈没事故発生から、四大宗教（仏教、カトリック、プロテスタント、円仏教）教団では、事故発生の翌日（二〇一四年四月一七日）から、珍島郡を所轄する教区の寺院・教会とともに教団本部傘下の災害支援隊をそれぞれ現地に派遣し、被災地での救援・支援活動を始めた。この四教団のほかにも、教団や団体、個々の教会などによって様々な活動が行われたが、紙面の関係上、ここでは四教団の活動を中心に述べる。ただし、仏教は大韓仏教曹溪宗（以下、曹溪宗《チョゲジョン》）が大勢を占めており、カトリックと円仏教も教団は一つしかない。それに対し、プロテスタントは教団・教派の数が非常に多いため、セウォル号沈没事故をきっかけに四大宗教教団による今後の災害時の連携活動のための「宗教界自願奉仕協議会」が結ばれ、プロテスタントでは「韓国教会奉仕団」が参加していることから、本稿ではプロテスタントの活動事例として「韓国教会奉仕団」の活動を中心に述べる。

支援活動の主な地域　宗教団体によるセウォル号沈没事故への対応は、主に四つの地域で行われてきた。家族の待機場所となった「珍島室内体育館」、事故発生時点から近い港として遺体が運ばれてくる「彭木港」、修学旅行に向かっていた檀園高校が所在する「安山」、そして事故の真相究明や船体引き揚げなどのための活動の聖地となった「ソウル光火門広場」である。事故発生直後は珍島体育館と彭木港を中心に、遺体発見がはじまってからは安山、原因が究明されず長期化にするにつれてソウルへ、時間の経過とともに被災地から関係各所へと支援活動の範囲が広がっていったのである。さらに、二〇一七年四月、船体の引き揚げから「木浦新港」の陸上に移動されることによって、木浦新港での宗教者・団体の活動が新たに加わった。

図　沈没海域と宗教団体の主な支援地域

教団によって被災地での活動展開はやや異なるが、多くの場合、珍島室内体育館にボランティアテントを設置し、被災者への物資支援、炊き出しなどを行うと同時に、テント祈禱室を設けて心のケアにあたった。その後、体育館から車でおよそ一時間離れている彭木

写真1　各宗教団体によるテント祈禱室（彭木港）
円仏教奉公会事務局長（カンミョングォン氏）提供

港にもテント祈禱室を設け、全員救助・無事生還のための祈りを毎日続けた。しかし、時間の経過とともに遺体の発見が進み、死者が増えるにつれて、テント祈禱室での祈りの題目は死者供養と行方不明者の遺体発見へと移行していった。

事故発生直後の各教団の支援活動　まず、カトリックの場合、宗教界自願奉仕協議会にはソウルカトリック社会福祉会が加盟しているが、カトリックは制度的に所轄の教区に全てを委任する仕組みになっている。珍島は光州教区の管轄地域であるため、光州教区が救援活動を主に担った。特に、セウォル号沈没事故においては、光州教区所属信者たちによる海辺での遺体捜索および同じく信者の納棺師（韓国では「葬礼指導者」と呼ばれている）およそ二〇名が、遺体発見後、遺族が確認を行う前に遺体を消毒し、遺族の衝撃の軽減に励んだことは有名である。むろん、カトリックも仏教などと同様に、物資支援やテント祈禱室の設置・運用、被災者の心のケアなどの活動も行った。さらに、光州教区では、セウォル号沈没事故を教訓に、今後の災害に向けての体系的な救援・支援活動を行う目的で二〇一四年に「災難災害奉仕団」を発足している。上記からも、常に「死」と直面している被災地では、当該地域の宗教団体と専門性をもつ人材の協力が必要であることが確認できる。

曹溪宗も教団をあげての物資支援やテント祈禱室の設置・運用、被災者の心のケアなどの活動を行った。彭木港法堂（曹溪宗のテント祈禱室）の設置・運用に携わった曹溪宗の僧侶は、「安山（多くの犠牲者が出た高校の所在地）はもともと仏教信者が少ない地域で、最初は法堂（テント祈禱室）を訪れる家族は少なかった」が、「心を込めて家族の方に接していくうちに、宗教を超えて法堂を頼って訪れる方が少しずつ増え、微力ながらも役に立てた気がして大変やりがいを感じた」と語った。また、「惨事発生から約一カ月が経過した頃からは、被災地を訪れるボランティアの数が激減したが、珍島室内体育館では仏教信者のボランティア活動は継続した」と述べた。宗教を越えて被災者が祈る空間とそれに寄り添う宗教者の必要性が確認できる部分であろう。

写真2　円仏教奉公会の洗濯ボランティア（珍島室内体育館）
円仏教奉公会事務局長（カンミョングォン氏）提供

一方、円仏教奉公会でも、一七日から災害災難救護隊を派遣するとともに、円仏教光州教区と連携してボランティアテントおよびテント祈禱室を設置し、救援・支援活動を開始した。珍島室内体育館では他宗教と同様に物資支援、炊き出し、傾聴、心のケアにかかわる活動を実施した。そのなかでもセウォル号沈没事故において円仏教が継続して力を入れたのは、「洗濯ボランティア」であった。体育館で「洗濯回収」の掲示板を掲げながら家族間を歩き回り、乾燥後に洗濯物を家族に返す作業を黙々とこなした。ただし、奉公会では移動洗濯車両（トラックに大型の洗濯機を積んで被災地へ移動）を保有していない。当初、移動洗濯車両を保有する赤十字社や複数の団体らを中心に洗濯ボランティアが行われたが、洗濯はほかの活動とは異なり、預かりから返しまでの間の洗濯物の入れ混ざりや紛失といったトラブルが起きやすい作業であるが故に、専門性（ノウハウ）と忍耐力が求められる作業でもある。ここで宗教ならではの力が発揮された事例がある。災害救護隊を率いて事故翌日から現地入りした奉公会事務局長（救護隊リーダーを兼ねている）によると、「家族（被災者）が洗濯物を他人（ボランティア）に預けるということは、互いの信頼関係が前提とされる。最初はボランティアに心を開くことができずにいたが、時間が経過するにつれ、徐々に信頼関係が形成され、洗濯を頼む家族が増えた」という。そうしたなかでボランティアと家族が自然にふれあい、傾聴・相談件数も増えていった。しかし、ある日「洗濯物紛失事件」が起きる。「精神的に不安定な被災者の一人が、自分の洗濯物が無くなったと主張し、大騒ぎになったことがある。後でその方（家族）がそもそも洗濯物を預けていなかったことが判明し、事件は解決した。だが、その事実が判明するまで、紛失をめぐってボランティアがその家族にひざまずいて謝罪をした」という。洗濯という一見シンプルな作業も、被災地での被災者とボランティアとの信頼関係構築や支援活動における専門性、そして被災者への心のケアが同時に必要な作業であることがよくわかる事例である。

他方、プロテスタントの韓国教会奉仕団も、被災地でボランティアテントとテント祈禱室を設置し、支援物資の供給や被災者の心のケアなどを行った。これと同時に全国で募金活動を行うとともに、行方不明者家族の慰労訪問および祈禱会、安山キリスト教連合会への支援、兄弟姉妹キャンプの支援、安山の地域団体と連携し遺族のケア・プログラムをサポートするなど、多岐にわたって活動を展開した。他宗教に比べて安山地域ではプロテスタント信者が多いことから、安山では遺族へのケア、祈禱を中心的に行った。しかしこのような活動にもかかわらず、セウォル号沈没事故においてはプロテスタントに対する批判が絶えなかった。事故の責任を問われた清海鎮海運の代表一族をはじめ、乗組員などが、韓国では異端と見なされることが多いプロテスタント系列の「救援派」信者であると報道されたこともその理由の一つではあったものの、複数の牧師による不適切な発言が相次いだことも大きな要因と考えられる。

持続的な支援活動　ところが、事故発生から三～四カ月が経過した二〇一四年七～八月にかけて、多くの宗教団体のボランティアテントやテント祈禱室の撤収作業が始まった（円仏教は一二月撤収）。事故原因は究明されず、遺体が安山へ移動し、遺族たちも安山に戻り、わずかな行方不明者家族が体育館から彭木港の仮設住宅へ本拠地を移した。だが、カトリック光州教区では、未だ行方不明者の家族が暮らす彭木港のプレハブ住宅の横に同じくプレハブ聖堂を設置し、毎日ミサを行っている。筆者が彭木港を訪れた二〇一六年一一月二六日土曜日も午後二時からミサがあり、筆者もこれに参加した。

「セウォル号彭木港聖堂」は、当初はテント祈禱室からスタートしているが、被災地での支援活動の長期化に伴い、現在の場所に落ち着くまで計五回の移動を経験している。上記に述べたように、多くの宗教団体が設置したボランティアテントやテント祈禱室は、二〇一四年一二月頃になると、ほとんどが撤収されたが、三年が経過した今も、家族たちと関係者が居住するプレハブ住宅が集まっている区域のなかにあるこの聖堂では毎日欠かさずミサが行われている。今は珍島聖堂所属の信者夫婦が車で往復二時間を超える距離を通いながら、ミサを執り行っている。筆者が訪れた日は筆者と信者夫婦を含めて五人が参加した。テント祈禱室からプレハブ聖堂になってからも、光州教区の司祭らが交

写真3　セウォル号彭木港聖堂
セウォル号彭木港聖堂ソンインソン氏（ステファノ）提供

代で毎週日曜日に彭木港を訪れてミサを執り行っていたが、最近はこの信者夫婦の二人がミサを担当している。事故から一年が経った頃、光州教区でもプレハブ聖堂の撤収が検討されたが、彭木港のプレハブ住宅に居住しながら船体引き揚げと遺体発見を待ち続けている行方不明者の家族の「ここ（彭木港）から聖堂まで出ていってしまうと、セウォル号沈没事故は本当に世間から忘れられるのではないかと心配です、怖いです。最後まで残って自分たちの力になってほしいです」という切実な要望があり、光州教区の主教（司教）の認可を得て、今まで存続しているのである。二〇一七年四月現在、彭木港でセウォル号沈没事故後に設けられた宗教施設としては、このカトリック教会が唯一残った施設である。

現在、セウォル号の陸揚げが終了し、船体は木浦に移動したため、彭木港聖堂も撤去すべきだという声もある。しかし、「セウォル号遺族たちは彭木港を忘れられず、いまも訪ねてくる。また、彭木港の近くにセウォル号追慕公園が建設されれば、また全国から彭木港を訪れ、セウォル号の記憶はよみがえる。彭木港聖堂も、セウォル号追慕公園の一角にミサと祈禱のための空間として残したい(23)」と信者夫婦は語っている。長期的・継続的に被災者とかかわるということは、宗教者が辛抱強く寄り添うことが必要であり、かつ教団からの支援が不可欠であることが見て取れる。

宗教団体の連携および遺族との連携活動

写真4　彭木港広場「記憶の壁」での円仏教慰霊祭の様子（2015年4月16日）
円仏教奉公会事務局長（カンミョングォン氏）提供

彭木港聖堂が宗教施設としての役割を現在まで維持している一方、事故発生から一年、そして二年と時が経過するにつれ、彭木港のボランティアや宗教者・宗教施設などは次第に減っていった。しかし、彭木港の灯台に続く防波堤に犠牲者を追慕する「記憶の壁」と「モニュメント」が設立され、現場を訪れる人々への記憶の継承につながっている。他方、ソウル光火門広場では事故原因の解明と関連法律の特別制定などにかかわる各種活動（祈禱会、デモ、署名、募金活動）が盛んに行われるようになり、安山では遺族の心のケアにかかわる活動（ケアセンターの設立、遺族へのカウンセリング）が展開されるようになった。これら活動にも四大宗教の各教区がそれぞれ加わり、かつ本部からも関係者を派遣し、積極的にサポートしている。

さらには、学生引率を担当した教師の殉職問題に対し、

写真5　彭木港焼香所の隣に設けられたモニュメント
筆者撮影

韓国政府が「期間制（非正規雇用）教師」という理由で殉職申請段階から排除したことから、「死の瞬間まで子供たちと共にした方だ。いかなる理由があろうが教師の死が差別を受けてはならない。政府は殉職を認めなければならない」と、四大宗教が強く批判し、殉職認定のための活動は宗派を超えて展開された。また、「セウォル号特別法制定」においても連携デモや祈禱会、署名運動を行った。

以上、韓国の宗教団体による支援活動は多岐にわたり、組織力、経済力、動員力においても規模の大きいものである。また、支援対象は該当宗教の信者に限定されず、遺族および韓国社会全体を対象とし、長期的・継続的活動といえる。前述のとおり、セウォル号沈没事故以降、「社会問題をもたらす宗教」に対する否定的な認識が広まっているなか、それでも韓国では「社会問題の解決に貢献しようとする宗教」の持続的な支援活動を通して、宗教は宗教としての役目を失うことなく、韓国人の「幸せ」と「安寧」のために貢献しているといえるのではないだろうか。ただし、貢献の大きさに比して、セウォル号沈没事故において支援活動を展開してきた宗教団体の活躍ぶりが一般に知られる機会は少なかったといえる。実際に救援の対象になった人々を除き、その活動を知る人はあまり多くない。そのため、韓国ではどちらかといえば、前者の宗教に対する否定的で厳しい認識がより強いのが現状である。この点を含め、宗教が韓国人・社会の幸せのために貢献するにあたり、残されている課題は多い。

(3) セウォル号沈没事故から三年、支援活動や追悼活動に果たす韓国宗教の役割

主よ、子どもを生かして帰してほしいとは言いません。あの寒い海のなかから、私たちの胸に遺体だけでも帰してはもらえませんか。わが子を日当たりのいい場所に埋めてあげることも許されないでしょうか。神様、お願いです。わが子を帰してください。

(『セウォル号惨事の苦しみを分かち合う「四旬節九日祈禱」』一七頁、筆者翻訳)

タヨン(娘)、ごめんなさい。大人たちを許さないで。四月一六日、あなたたちが恐怖のなか、救命胴衣を着てお互いを励ましながら救助を待っている間、それから二日間、誰もあなたたちを助けようとしなかったの。(中略)タヨン、真実は必ず明らかになると信じる。あなたの犠牲が無駄にならないように、この国が正しく安全な国になるよう、ママとパパは努力するよ。

(『十字架の路の祈禱』二一頁、筆者翻訳)

以上にみるように、九名の行方不明者の家族たちは、三年間ずっと遺体が帰ってくることを切実に願っている。そして宗教を信じる者も、そうでない者も、韓国では誰もがセウォル号の行方不明者九

名の早期帰還と真相究明を願ってきた。

支援活動のいま　三周忌を迎えた二〇一七年四月一六日、光州や全羅南道をはじめとする全国各地で様々な追悼行事が開催されるとともに、「セウォル号メモリアル」にかかわる追悼施設の建設計画などが活発化している[24]。珍島彭木港の防波堤（記憶の壁）では、珍島仏教事業連合会と円仏教光州全南教区、天主教光州大教区が主管する追悼法会・ミサが午前中に開かれた。また、同日午後からは、木浦新港で同追悼行事が行われた。ほかにも、各宗教では、陸揚げされた船体が見える場所木浦新港鉄材埠頭前で行方不明者の早期帰還への祈りとセウォル号惨事の真相究明を要求する集会を相次いで開いた。この三年間で、彭木港からボランティアや関係者たちが日常に戻るため離れ、と同時に我々の記憶からも徐々に忘れ去られていくなか、韓国の宗教界では支援対象を該当信者に限定せず、社会全体を対象とし、追悼や記憶の継承、そして真相究明のための活動を継続してきた。そんななか、朴槿恵氏の弾劾から罷免、そしてセウォル号が残酷な姿で三年ぶりに引き揚げられたことによって、再び追悼の熱気が全国から木浦新港に向かっている。

写真6　陸揚げした船体前での行方不明者早期発見のための祈禱会の様子（木浦新港）
大韓仏教曹溪宗社会労働委員会提供

　これまで日韓両国の災害現場においては、宗教団体に対して「政教分離」を名目に救援活動を断ってしまうケースがしばしば生じている。しかし、災害現場における支援は物資支援といった「目に見える活動」ばかりではない。傾聴活動や心のケアなど「目に見えない活動」もあるが、この点に関してはこれまで看過されてきたところがある。多くの宗教は全国規模の組織力や施設、人的資源などを生かし、人々の心を癒す活動において大きく貢献してきた。その代表的な近例が、日本では東日本大震災であり、韓国ではセウォル号沈没事故である。

たとえば、日本では、東日本大震災で津波を逃れて多くの人々が、宗教施設に避難した。指定避難所になっていた公民館や学校とは異なり、これら施設には、広い空間と畳などの被災者を受け入れる場と、備蓄米・食料・水といった「資源力」、檀家、氏子、信者たちの助け合い、支援活動といった「人的力」と、そして祈りなど、人々の心に安寧を与える「宗教力」があった。このような状況から、日本では東日本大震災以降、災害が発生した際、全国にネットワークをもつ組織として、宗教団体やその施設の活用について議論され始め、現在、その活用方法やマップ作りなどの調査研究が行われている［稲場　二〇一三：二六頁］。このように、東日本大震災から六年が経過した現在、被災地での宗教施設活用の重要性に対する認識の拡散とともに、避難対策計画のなかに宗教団体の協力の必要性を主張する多くの研究成果も蓄積されている。

しかし、これと同時に、災害支援活動が短期間で終わることなく、被災地および被災者に宗教が今後も災害支援などにおいて貢献を続けるにあたり、考えておかねばならない課題も多く残されている［三木　二〇一五：二〇四頁］。（一）宗教者・宗教団体が被災者に長期的・継続的に関わるためには、どうしてゆけばよいのか。（二）宗教者・宗教団体が連携し合うために、そして彼らが一般の被災者とも連携してゆくためには、何をするべきか。（三）被災地で奮闘する宗教者をどのように支えるのか。（四）惨事の記憶は、どうすればつないでゆけるのか。（五）惨事の記憶を担う集団を維持、また育成してゆくためには、どうすればよいか。（六）社会的記憶を担うジャーナリズムに、宗教はどのように関わってゆけるのか、などである。これら課題は、日本に限ったものではない。セウォル号沈没事故に対する宗教者・団体によるおよそ三年間の支援活動においても、酷似する状況にある。

韓国宗教の支援活動における課題　まず、長期的・継続的活動に関しては、追悼行事や事故原因究明活動、学生引率を担当した教師の殉職認定のための活動、遺族および生き残った高校生への心理面でのケア、彭木港のプレハブ住宅に三年近く暮らす行方不明者の家族への物資支援・傾聴活動等など。宗教別支援領域における違いはあるものの、沈没事故から三年が経過した現在まで継続して活動してきた場合がほとんどである。むろん、未だ解明・解決されていない諸問題への対応をはじめ、これから建設予定の「セウォル号追慕公園」およびモニュメント設立にかかわる活動を通して、人々への記憶の継承や防災につながっていくよう、今後も引き続き活動を展開していくことを明らかにしている。

また、宗教者・団体の連携および被災者との連携において、二〇一四年セウォル号沈没事故における対応は、従来の宗教団体による救援・支援活動とはやや異なる様子を見せていたといえる。事故発生直後から被災地では情報の共有や連携の必要性が浮上し、四大宗教による「ボランティア協定」および「宗教界自願奉仕協議会」が発足されたのである。これまで各団体が独自に行ってきた活動を基盤に、宗派を超えた被災地での救援・支援活動での連携が可能になったのである。こうした動きは、被災地での連携だけではない。亡くなった教師の殉職認定のための活動やセウォル号特別法制定においても、遺族や民間支援団体と連携デモや署名運動、募金活動、祈禱会など、宗派を超えて支援活動を展開している。今後の災害支援活動における連携活動も期待できる流れができつつあるのではないだろうか。

一方、被災地における宗教者への支援においては、何らかの対策が求められる。沈没事故が発生した翌日から被災地に入り、遺族へのケアに携わっていたプロテスタント教会の牧師が、過労が原因で亡くなった。[25] 被災地に到着して二週間後に倒れ、一カ月間入院した後に退院したものの、再び被災地で支援活動を継続し、帰らぬ人となった。被災地での心身の負担の重さが原因であることは想像に難くない。しかし、これまでこうした宗教者の負担にはほとんど関心が向けられてこなかった。長期的支援活動のためにも、今後被災地での宗教者の負担を軽減するための対策が講じられねばならないと考える。

一方、惨事の記憶の継承とそれを担う集団の維持・育成に関しては、セウォル号惨事を記憶する空間として設けられた安山市檀園高の「記憶教室」やソウル光火門広場の「焼香所」、そしてセウォル号沈没事故以降の関連資料を収集・整理して展示する「セウォル号記憶貯蔵所」などを通して、遺族と市民が一緒に活動を展開しながら記憶を風化させないために努めている。また、今後は安山市に納骨堂を兼ねた「四・一六安全公園」が、珍島には「セウォル号追慕公園」が設置される予定である。こうした空間ができることによって、過去に生じた災害に目を向け、そこから教訓を引き出し、貴重な社会的記憶として保存・継承することができる。その際、宗教の影響力が大きい韓国社会だからこそ、宗教が記憶を伝えていく担い手として、何らかの貢献ができると考える。

最後に、ジャーナリズムと宗教の関わりについての課題は多い。セウォル号沈没事故への支援活動に積極的に関わってきた宗教者・宗教団体は少なくないが、活躍ぶりに比して活動はあまり知られていない。これは、救援派と霊世教による宗教に対する否定的な認識や不信の拡散もあり、人々の興味を引く「社会問題をもたらす宗教」に報道が集中したことにも一因がある。また、被災地での救援活動をどちらかといえば特定教団の布教活動の一環とみなす偏見が強いのも、宗教界の支援活動があまり報道されない原因の一つである。だが、韓国の放送法（第六条二項）では「放送は性別・年齢・職業・宗教・信念・階層・地域・人種などを理由に、放送編成に差別を置いてはならない」と定めている。つまり、ジャーナリズムは中立的な立場で報道をしなければならない。韓国の宗教による支援活動は今後も長期的・継続的に展開される。その際、ジャーナリズムの中立性を尊重しながらも、「社会問題をもたらす宗教」に報道が偏らないよう、「社会問題の解決に貢献しようとする宗教」の活躍を好意的に報道してもらうための積極的な働きかけが必要だと考える。

おわりに

現代社会ではインターネットの普及にともない、他人に接したり、会話を交わしたりすることなく一日が終わる場合もある。買い物もネットスーパーやネットショッピングモールを利用すれば、外に出ずに済んでしまう。商品を受け取る時は事前に申し込みをしておけば、玄関先や宅配ボックスなど、指定の場所に商品を置いていってくれる。世のなかはより便利で快適な生活が実現しているが、近所の付き合いや助け合いが薄れるといった人間関係の希薄化は加速度的に増している。

とりわけ現代韓国社会においては、誰を信じればいいのか、どこを頼ればいいのか、出口の見えない迷路のような状況が続いているといえる。自殺率や失業率は増加する一方、出生率や婚姻率は減少している。また、労働者の約半数が非正規雇用とされ、その多くは、低賃金や不安定雇用に苦しんでいる。また、非正規雇用の労働者が死亡する労災事故も多発しており（一日に平均五人、二〇一四年現在）、こうした状況は「隠れたセウォル号事件」とまでいわれている。[26] さらに、大統領の罷免と起訴などの政治的不安、分断国家としての戦争危機など、毎朝目を覚ますと何かの事件・事故が起きているのではないかという不安な状態が続いている。このような時期に、韓国内で人々を救う役割は、宗教に担えないのだろうか。宗教にその力はないのだろうか。宗教の社会的影響力が比較的強い韓国だからこそ、韓国人の幸せや安寧のために、何らかの貢献はできないのだろうか。

近年韓国では「ヒーリング・メンター（Healing Mentor）」として名を上げた宗教者が少なくない。メンターとは「聡明で信頼できる相談相手、指導者、先生」といった意味で、彼らメンターは、一般的な修行者のイメージから離れ、ＳＮＳを基盤として若者とつながり、若者に向けて心身両面において慰めや感動を与えている。頑張り過ぎずに、内面の傷を克服し、真の幸福に至る方法を紹介し、一般人でも簡単に実践できる「心の勉強」に重点をおいている場合が多い。これに多くの若者が魅了され、自分自身を省察し、自らの人生を変えていくきっかけとしている。こうした「メント・ブーム」は、心身両面における癒しや慰めへのニーズの増加、つまり不安定な時代を生きる人々が日常生活や精神面での「拠り所」を求めていることを意味する。不安が蔓延する社会で、その拠り所になっているのがほかならぬ宗教者であることは、注目すべきことである。

沈没事故から一〇七二日ぶりの二〇一七年三月二三日ようやく水面上に姿を現したセウォル号。セウォル号沈没事故は、朝鮮戦争以降、韓国で起きた最悪の大惨事といわれている。これまで韓国では安全意識の欠如（韓国では「安全不感症」といわれている）による大惨事がたびたび起きている。災害に対する記憶が後世に継承されなかったために、同じ悲劇が繰り返されているのである。惨事の原因とそれによる苦痛をありのまま記録すること、そして再び同じ事故が発生しないように記憶しそれを伝えることが、何より大事だと考える。セウォル号への支援活動においていま最も必要なのは、異端論争ではない。救援派と霊世教に対する批判、そしてセウォル号沈没事故における宗教団体による支援活動を見守りながら、宗教は人間の暮らしを豊かにも、人生を不幸にもすることを、改めて実感させられた。宗教そのものを、良い宗教と悪い宗教に区別することはできない。それを決めるのは、宗教そのものではなく、宗教にかかわる人間がそれをどのように実践するかによる。いまこそ教派を越えて、韓国人の幸せのための道筋を作るために宗教の資本を生かす必要がある。組織力、経済力、動員力など、資本を有する宗教だからこそ可能なはずだ。それが可能になる際、本当の意味での韓国社会において宗教の普遍的価値を高める――人々の幸せや安寧のために貢献できる――ことに通じると確信する。

※　二〇一七年五月一〇日、韓国では文在寅《ムンジェイン》氏が大統領に就任し、新政権が誕生した。政権交代を機に、セウォル号沈没事故への対応も積極的に行われ、船内から行方不明者四名の遺骨が見つかり（二〇一

七年九月一日現在、死者二九九名・行方不明者五名）、事故原因の究明作業も進んでいる。今後、真相が明らかになることが大いに期待されている。ただし、本章を書き下ろしたのは二〇一七年五月初旬であり、特に本文で取り上げているデータは、すべて朴槿恵《パククネ》前大統領の弾劾・罷免後の同年四月までのものである。校正における大幅な差し替えは難しいため、本章は二〇一七年四月末までを主眼としていることを、あらかじめ断っておきたい。今後の事故後の対応については、進歩状況を継続的に見守り、別稿で触れたいと考える。

註

（1）「朴大統領罷免、世論を反映　憲法裁『信任裏切る』」（『朝日新聞』二〇一七年三月一〇日夕刊、二総合〈二面〉）。

（2）同上。

（3）「修学旅行韓国ゼロ」（『朝日新聞』二〇一五年六月二九日朝刊〈秋田全県〉、二七面）。

（4）「悲しみ、止まったまま　韓国・セウォル号沈没1年」（『朝日新聞』二〇一五年四月一六日朝刊、一二面〈二外報〉）。

（5）「船長、無期懲役が確定　セウォル号事故、殺人罪適用」（『朝日新聞』二〇一五年一一月一三日朝刊、三七面〈三社会〉）。

（6）「セウォル号引揚げ　三年間を浪費した朴政権の『罪と罰』」（『文春オンライン』二〇一七年四月二日インターネット版　https://headlines.yahoo.co.jp/article?a=20170402-00001936-bunshun-int〈二〇一七年四月七日閲覧〉）。

（7）「崔順実事態から宗教の役割を問い直す」（『現代仏教新聞』二〇一六年一一月七日インターネット版　http://www.hyunbulnews.com/news/articleView.html?idxno=289242〈二〇一七年四月七日閲覧〉）。

（8）これに関する詳細は、拙稿二〇一五「韓国の政教関係と社会参加仏教の展開」（櫻井義秀ほか編著『アジアの社会参加仏教』北海道大学出版会）を参照されたい。

（9）救援派は、「救い」を強調することからそのように呼ばれているが、現在、五系列（基督教福音浸礼会、大韓イエス教浸礼会、大韓イエス教浸礼会中央教会派、ソウル中央浸礼会、救援派）に分れている［ペミョンヒ　二〇〇六：二五頁］。

（10）兪炳彦は二〇一四年六月に変死体で発見されたが、死因については未だ明らかになっていない。また、兪炳彦の逃避を助けた信者の一人は、同年六月に拘束され、二〇一六年一〇月執行猶予が確定された。

（11）当時、集団自殺の件では裁判所で無罪判決を受けたが、信者からの借金を返済しなかった容疑では懲役四年となった。

（12）「深層レポート　韓国のメシアたち、ハナニムたち『わたしは地上天国の王になるのだ』」（『新東亜』二〇一四年六月号インターネット版　http://shindonga.donga.com/3/all/13/113005/1〈二〇一七年四月一五日閲覧〉）。

（13）「似而非」は、『孟子』の「盡心篇」に初めて登場する言葉で、「似てはいるが本物ではない」「見せ掛けだけ」を表しており、韓国では一般的に、社会に弊害をもたらす集団という意味で用いられている。

（14）「韓国教会が最も多く異端決議したところは？-」（『News & Joy』インターネット新聞　http://www.newsnjoy.or.kr/news/articleView.html?idxno=209853〈二〇一七年四月七日閲覧〉）。

（15）「キムヨンハン業務手帳のロック解除無条件に防げ！　青瓦台行きのセウォル号」（『ハンギョレ21』一一四七号〈二〇一七年一月三〇日〉インターネット版　http://h21.hani.co.kr/arti/special/special_general/43019.html〈二〇一七年四月七日閲覧〉）。

（16）一部マスコミでは「霊世教（ヨンセギョ）」ではなく、「永生教（ヨンセンギョ）」——発音が近似する——と報じられたが、両教団は教義が異なり、系譜的関連性もない［ホホイク　二〇一六：四七五頁］。

（17）「〈インタビュー〉特検「崔太敏氏と宗教も調べる」……大統領直接聴取も示唆」（『中央日報』二〇一六年一二月三日インターネット版　http://japanese.joins.com/article/165/223165.html〈二〇一七年二月九日閲覧〉）。

（18）「彼らはなぜ邪教に陥ったのか」（『国民日報』二〇一六年一一月六日インターネット版　http://news.kmib.co.kr/article/view.asp?arcid=0923637215&code=14130000&sid1=hea〈二〇一七年四月七日閲覧〉）。

（19）「再び、七時間のミステリー」（『ハンギョレ21』一一三六号〈二〇一六年一一月一四日〉インターネット版　http://h21.hani.co.kr/arti/cover/cover_general/42610.html〈二〇一六年一一月二九日閲覧〉）。

（20）当時、韓国のプロテスタント教派の一つである大韓イエス教長老会（総合総会）所属の牧師としても活動していた［ホホイク　二〇一六：四八二頁］。

（21）「崔順実事態から宗教の役割を問い直す」前掲。

（22）本節は、既発表論文（拙稿二〇一七「災害時宗教には何ができるか？」）を元に加筆修正したものである。

（23）「セウォル号参事三周忌　セウォル号と共にした人々」（『カトリック新聞』二〇一七年四月一六日インターネット版　http://www.catholictimes.org/article/article_view.php?aid=278760〈二〇一七年四月一六

日閲覧〉）。

（24）「セウォル号引き揚げ、黄色いリボン・追悼行列、彭木から木浦へ」（『京郷新聞』二〇一七年四月二日インターネット版 http://news.khan.co.kr/kh_news/khan_art_view.html?artid=201704022251035&code=940100 〈二〇一七年四月三日閲覧〉）。

（25）「セウォル号自願奉仕中倒れたムンミョンス牧師亡くなる」（『京郷新聞』二〇一四年一〇月三日インターネット版 http://news.khan.co.kr/kh_news/khan_art_view.html?artid=201410032151255&code=940202 〈二〇一七年四月三日閲覧〉）。

（26）「グローブ一六二号〈いまを読む〉急増する韓国の非正規雇用」（『朝日新聞』二〇一五年七月五日朝刊、一〇面）。

参考文献

（韓国語）

キムジョンジェチョル　二〇一三『韓国教会の異端救援派に関する研究』（ホナム神学大学校大学院修士学位論文）。

大韓イエス長老会総会編　二〇〇一『総合似而非異端研究報告集』（韓国長老教出版社）。

パクムンス　二〇一四「救援派の歴史と聖書解釈の誤り」（『聖潔教会と神学』三一、韓国基督教歴史研究所、九六—一一九頁）。

パクホンギ　二〇一六「セウォル号惨事報道に対する言論被害救済研究」（『韓国自治行政学報』三〇—四、韓国自治行政学会、三四三—三六三頁）。

ペミョンヒ　二〇〇六『カルビンの救援論と救援派の救援論の比較研究』（嶺南神学大学校神学大学院修

士学位論文)。
ホホイク　二〇一六『韓国の異端基督教――主要異端の系譜と教理批判』(ドンヨン)。
ホンヨンイ　二〇一五「4・16惨事の記憶・記録運動の展開過程と意味」(『韓国学論叢』国民大学校韓国学研究所、第四三集、二九三―三二二頁)。
(日本語)
稲場圭信　二〇一三「総説　震災復興に宗教は何ができたのか」(稲場圭信・黒崎浩行編著『震災復興と宗教』明石書店、二〇―四一頁)。
稲場圭信　二〇一五「自治体と宗教施設との災害協定に関する調査報告」(『宗教と社会貢献』五―一、七一―八六頁)。
李　賢京　二〇一五「韓国の政教関係と社会参加仏教の展開」(櫻井義秀・外川昌彦・矢野秀武編著『アジアの社会参加仏教――政教関係の視座から』北海道大学出版会、一八一―一九五頁)。
李　賢京　二〇一七「災害時宗教には何ができるか?――「セウォル号沈没事故」における韓国の宗教団体を事例に」(『比較民俗研究』三一、三三―五二頁)。
三木　英　二〇一五『宗教と災害――阪神・淡路、東日本のそれから』(森話社)。
資料(韓国語)
天主教光州大教区『セウォル号惨事の苦しみを分かち合う「四旬節九日祈禱」』。
天主教光州大教区『十字架の路の祈禱』。

【対談】

人口減少時代における仏教の役割

櫻井義秀
SAKURAI Yoshihide

袴田俊英
HAKAMADA Syunei

※「第四〇回　日本死の臨床研究会年次大会」（二〇一六年一〇月八日、九日、札幌コンベンションセンター）で開催のトークライブ「「おひとり様」化する死の諸相～無縁社会から有縁社会へ～」の内容をもとに改稿。

はじめに

櫻井　みなさん、こんにちは。私は北海道大学の櫻井と申します。本日は私と袴田さんと二人でトークライブということで、一時間強ほど話をさせていただき、最後一〇分か一五分ほどみなさんからご質問をいただきながら話を深めていきたいと思います。

私の専門は宗教社会学という領域です。死の臨床研究会に関しては札幌大会の実行委員に選ばれ、いろいろとご協力するということで今年会員になったものであります。私はこれまで、日本の現代宗教、東アジアの宗教の動き、といったところに関心を持って研究を進めてきました。この死の臨床研究会の会員の動向を見ると、二六・七％がお医者さんで、五九・五％が看護・介護職の方で、その他が一三・八％になります。大学の教員とお坊さんというのはその他になるので、その他の人間がこういう話をして良いのかということですね。しかし私たちの話というのは、死の臨床に関わるという意味でいうと、死の前後やその局面だけにとどまらず死に至るまでの話、及び死んでからどうするのかという、極めて具体的で現実的な問題になります。葬儀をどうするのか、法要をどうするのかというのは非常に大きな問題だと思います。今日はそこまで少し踏み込んでお話を伺いたいと考えています。私は聞き手の立場で、そして袴田さんに様々な実践を踏まえた話を伺うということにしたいと思います。

最初に袴田さんのご紹介ですが、袴田さんは昭和三三年に秋田県の能代《のしろ》市に生まれ、現在は秋田県藤《ふじ》里町《さとまち》の曹洞宗月宗寺《げっそうじ》のご住職であります。本来であればご住職や老師と言わなければいけないのですが、今日はさん付けで呼ばせていただきたいと思います。実は藤里町に限らず、秋田県は自殺率が非常に高い県で、その自殺率をいかに低くするか、自殺者をなくすのかということで、そのための運動を長らく続けてこられた方が袴田さんです。「心といのちを考える会」（自殺予防の会）会長であり、NPO法人自殺予防ネットワーク「風」副理事長、そして社会福祉法人の理事長など様々な公職を現在勤めておられます。こういうご紹介でよろしいでしょうか。

袴田　結構でございます。ありがとうございます。

櫻井　最初に死の臨床研究会の札幌大会に参加されたご感想を伺いたいのですがどうでしょう。

袴田　私は自殺予防の活動の前に、いわゆるターミナルケアや生命倫理の問題を考えるビハーラ秋田というのを仲間たちと立ち上げていました。立ち上げ前には、東京や京都の様々な会に行っていましたが、その当時からこの死の臨床研究会というのはできておりまして、非常に高名な会でした。そして当時から規模の大きな会で、敷居が高いと感じていたのを覚えています。なので、いまこのようにその会に参加していることが信じられないくらいです。今日は二つの講義を聞いてきました。スピリチュアルについてというテーマがどちらにもかかわっていたのですが、このスピリチュアルというものが特に日本人の場合は難しいんだろうなと考えています。また、それゆえにこれがこの学会の肝になっていくのではないかと今日改めて感じた次第です。

藤里町のコミュニティ再生

櫻井　どうもありがとうございます。それでは改めて藤里町のことを伺っていきたいと思います。私は十数年前に藤里町を訪れて農村の調査をしたことがあるのですが、その当時藤里町は白神山地の自然遺産を観光の目玉として町おこしをしようしていました。ところが二、三年前に藤里町へ伺った時には、この白神山地への林道が台風で崩れてしまい、観光資源を活かした町おこしというのが難しい状況になっていました。そしてこの藤里町というのは引きこもりの方が非常に多い町でもありました。その方々を社協の皆さんががんばって様々な職業訓練などを行い、社会復帰、就労支援に結び付けていると いう非常に注目されている町であったわけです。同時に、高い自殺率を低くするという袴田さんの活動もあり、地域の方が非常に熱心に活動に取り組まれたということを伺っていました。そういった経緯で学生と一緒に調査に行かせてもらったのですが、改めてこの藤里町、秋田県において、自殺予防の取り組みをどのように始められたのか、このあたりのお話を伺いたいと思います。

袴田　櫻井さんからご紹介があったように、藤里町というのは白神山地《しらかみさんち》という世界遺産、これは自然遺産では屋久島とともに日本で最初に自然遺産に登録されたところなのですが、そのような自然がある本当に極端な山間地です。人口はすでに三五〇〇人を切りました。そのうえ自殺率も非常に高いところです。いまでも決して私たちの自死予防が成功している町ではありません。分母の人口数が非常に少ないので、一人自死で亡くなると全国の平均値を上回ります。そして二人亡くなると日本で一番高いといわれている秋田県の自死率を上回ります。このような状況の中で、毎年二名くらいがいまだに亡くなっていくという状況にあります。

その中で、平成一二年に「心といのちを考える会」を立ち上げました。当時の状況を見ると、それまで自死というのは個人の問題とされていました。秋田県全体でも個人の問題であるとされ、行政が動くことはなく、社会問題といわれることもありませんでした。平成一二年が転機となり、秋田県は知事が音頭を取って、自死問題は行政含めすべてがかかわって対応すべき社会問題であると位置づけられました。私たちはその前から及び腰ながらも自死対策を町の保健師さんと一緒にやっていたわけです。その中で平成一二年に県が最初に行った事業のシンポジウムがあり、そこに二一名の町民で参加して、その帰りに何か動き出そうということを話してこの会

藤里町所在

ができました。それから数年間は町の中のタブーをどう破るかということです。まず当時人口四〇〇〇人くらいでしたが、その人数だと自死した人がだれかというのがすぐにわかってしまうわけです。それだけでなく遺族の人たちや友達関係もわかってしまうんですね。その中で自殺を何とかしようと取り組むと、「それは寝た子を起こすようなものだ」「傷口にやっとかさぶたが張ってきたのに、それを剝ぐようなことはいけない」と言われ、非常に散々と言っていいくらい叩かれた時期が三年ほど続きました。その中でも、「いまは叩かれているかもしれないが、これは町民みんなで考えないといけない問題だ」ということで会員が月一回集まって、お互いに傷を舐めあうというか、こんなことやあんなこと言われたと話しながら、その中でなんとか前へ進んでいく。このような時間がとても重要だったわけです。その後は次第に自死に対する理解も深まっていきました。例えば、鬱になったら精神科のお医者さんに受診することすらタブーというか、避けるべきこと、隠していくこととされていたのが、次第にオープンになってきました。オープンになってくることで、保健師さんたちの活動もしやすくなっていくわけです。

そんな中で、私たちはなにをやるのかということで、コーヒーサロンを始めました。これは地域のつながりが農村部だと強いと思われていますが、決してそんなことはないわけです。仕方なくそこに住んでいるというのがいまの農村の現状です。農作業を共同でやるということがなくなってしまい、田んぼがあるからここに住んでいるが、田んぼも自分だけでやれる。あとは外へ働きに行っているという状況で、かつての人のつながりの強い農村共同体はなくなって

コーヒーサロン　よってたもれ
（中外日報社 提供）

ある日のコーヒーサロン

いるわけです。しかし、監視しているといったら言い過ぎになるかもしれませんが、人の動向や世間体だけは気にしているという地域の閉鎖性みたいなところは残っている。そういったことで、地域のつながりをもう一度考えようということを主眼としたコーヒーサロンを始めました。それから、日中は男性があまりコーヒーサロンに来てくれないので、コーヒーサロンの派生として、夜に地域の集会所に出向いて赤ちょうちんのサロンを始めました。どちらも「よってたもれ」という名前で、「コーヒーサロン　よってたもれ」「赤ちょうちん　よってたもれ」と呼んでいます。普段のコーヒーサ

赤ちょうちん　よってたもれ

ロンは午後に開くんですが、最近は月に一回、うちの町で人が一番集まる市に合わせて、毎月一日に朝サロンというのを始めました。地域の中の人の新たなつながり方ができればいいかなと考えてこのようなことをやっています。

自殺対策でいうと、まずこれらのサロンが一つなんですが、もう一つ櫻井さんがおっしゃっていた社協の動きもあります。町の人口が三五〇〇人程度の時に、引きこもりが何人いるかという調査を社協が行ったのですが、調査をする前にまず働ける場所を作りました。もちろん正規の給料がいただけるよう

なところではなく、出て行って社会復帰のために何かしら自分で仕事をするという場所を先に設定して、それから引きこもりの人の調査をしました。調査の時には家族の壁というのがあり、家族が抱え込んでいるというような状況で実数がなかなかわからないのですが、社協の方が「こういうところで働いてもらうんだよ」という説明をしながら回ると、「うちにもいます」ということで一八歳から五五歳までの年齢幅で一〇〇名を超える人が就労せず引きこもっていたということがわかりました。いま社協の方ではこうした就労支援を行っており、これも自死対策と直接は言いませんが、この仕組みを作った当時の事務局長は「これが藤里型の非常に大きな自死予防になるんじゃないか」という言い方をして取り組んでいました。これが藤里の現状です。

櫻井　ありがとうございました。実は袴田さんは秋田県出身なんですが、私はその南の山形県出身なんです。そして農村部、田舎というと三世代同居率が高く、また人間関係も緊密であります。そうすると中高年の方、特に高齢者の方は子どもと同居されていると思うので、なぜ自殺率が高くなるのかというのは非常に素朴な疑問として出てきます。子どもさんと同居されていろいろ面倒を見てもらっているにもかかわらず、なぜ自殺されるのでしょうか。

袴田　秋田県も三世代同居は高いところです。これは率が高いわけではないんですが、亡くなる人の中で対策が打てないのが三世代同居の高齢の女性の自殺です。男性は平均寿命も短いということがありますが、そういった中で残されたおばあちゃんが、要は三世代の中で私がこの家庭を壊す立場になったら困るというか、そうならないようにと考えてしまうようです。例えば、痴ほうになったらどうしようとか、病気が長引いて家計に響くようなことになったらどうしようとか。いわゆる先取りをして悩んでいる。それならば、私がいること自体が家族にとって迷惑になるんじゃないか。迷惑をかけないための選択として自死を選んでしまうということがあるようです。かえって一人暮らしの高齢の女性の自殺率は非常に低く、ほとんどないと言って良いくらいです。むしろ三世代であるがゆえに、家族と住んでいるがゆえに起きているという現実が見えてきているところであります。

櫻井　というのは家族の中で自分ができる仕事や役割、例えば農作業をやっているのであれば家の前で少し野菜を作るなどですね。私の母親も普通の家なのですが家の前を二〇坪ほど野菜畑にして、八一歳ですがそこで自分で野菜を作ったりしています。それで日常的な仕事があるわけですが、そういう仕事ができなくなってきている現実があるのでしょうか。

袴田　畑をやれる年代の人たちは非常に元気なんですね。やはり一人前にやれなくなってしまった時というのが大変です。また社協の宣伝みたいになってしまいますが、現在、社協で根っこビジネスというのを考えています。葉っぱビジネスというのを四国の方でやっていましたよね。秋田県は雪が降るので葉っぱビジネスはダメということで、葛の根とワラビの根を栽培して、介護度はつかないんだけどもいわゆる介護予防で社協に集まっている人たちに根っこを叩いて汁を出す作業をやってもらおうと。叩くことでその中に含まれているでんぷんを取り出すのですが、そういった一役を買ってもらおうという取り組みを社協の方で始めました。やはり役割があると違うのだろうと思います。根っこを木槌のようなもので叩くのですが、「私も身体は半分きかないんだけども、それくらいならできる」と話す方もいるんですね。なので、このような時間があると自分の存在意義みたいなものを改めて持てるのではないかと思っています。

高齢多死社会の到来

櫻井　どうもありがとうございました。いま秋田県の藤里町の様子をお話ししていただいたのですが、都市部であれば人間関係が希薄になって、今日のテーマである「おひとりさま」化するというのがわかる気がします。しかし、実は農村地域でもそれが進行しているということなんですね。高齢期の女性の生き方というのは非常に大きな問題ですし、あと若者のことも言われましたが、引きこもりというのは就労していない状態の型を指す言葉であるわけです。藤里町の場合は当初東京などで働いて、しかし親が高齢になったので親の面倒を見なきゃいけない、自分は長男だという形で戻られるんです。しかしその後三〇代、四〇代で東京や都会でやっていたような仕事を田舎で探すことは難しく、ハローワークなどにも行くのですがなかなか仕事が決まらない。それでずっと家にいて、それが四、五年から十数年になり、場合によっては親の年金を頼りに生活をされるという方が増えているというわけです。これは藤里町だけでなく、日本の様々な地域社会で進行していることではないかと思います。その意味で高齢期の人だけではなく、若者や中高年含めて地域で生きる人たちの役割というのをどのように作り出していくのかというのが大きな課題なのだろうと考えています。

話を高齢期の問題に進めたいと思います。高齢多死社会と言われていますが、日本の人口の八割方の人たちは八〇歳くらいで亡くなることになっています。また、認知症であると言われている方は四〇〇万人とか六〇〇万人という数字もあります。二〇二五年になると七〇〇万人になるのではないかという話もありました。死の臨床において、もちろん死の間際のことは非常に大事なのですが、それに至るまでも重要だと思います。私はいま中年期からもう少しで高齢の方に入るかもしれませんが、私くらいの年代の一番の不安はなにかというと、仕事を辞めてから定年後二十数年どうやって暮らすのだろうかということです。有料老人ホームに夫婦二人で入るというのはもう無理なんですね。なのでサービス付きの高齢者ホームに入るとしても、二人同時に別々に入って十数年やれるかということも不安です。つまり死の間際ではなく、それに至るプロセスの中で非常に多くの人が不安を抱えているのではないかと思います。そういったこともあり、政府はお金を使って消費を活性化しろと言っているのですが現実的にはなかなかできないという問題があります。その意味で、人生が非常に長くなったことに伴って私たちの不安はいろんな意味で拡大していると思うのですが、介護施設あるいは病院などの理事長等を経験されている中で、高齢期の問題としてどんな現実を見ておられるか少しお話ししていただけますでしょうか。

袴田　はい。藤里町はすでに多死社会を突き抜けてしまいました。変な話ですが、葬儀の数がすでに年々減っている状態になっています。人口が減少しているせいでもありますが、高齢の方の多い中でピークはどうやら越したみたいです。ちょうど団塊の世代にあたる人たちで町に残っている人数はそれなりにいるのですが、この年代の人たちは都会に出て行っている方が圧倒的に多いわけです。残っている高齢者の人たちというのは、農業を続けてきた、家を守ってきたという高齢の方で、八〇代、九〇代の人たちが多いのですが、その人たちが六〇代から段々亡くなっているということで、ある意味ですでにピークというのは過ぎてしまった状況です。高齢者施設も介護保険ができたことで介護度が高くないと入れない。なので介護度の低い人たちはショートステイに入って、ショートステイをロングで使っているような状況になっています。おっしゃる通り、サービス付き高齢者向け住宅（サコージュ）と言われている施設は自己負担が大きいので、年収の低い藤里町では有料の老人ホームやサコージュといったところはまず需要がなく、入るところがなくて近くの町にあるところを利用する程度です。あとはほとんど私がかかわっている特別養護老人ホームということになります。すでに常時満床なのですが、もう国の方でもピークは過ぎるだろうと、つまり団塊の世代の一つのピークが過ぎた後高齢者施設は運営しづらいだろうということで、様々な規制もされています。また、高齢者施設の運営の仕方について厳しい意見もあります。理事長がいっぱいお金を持っているなどです。うちの例を言うと、理事長は一回会議に出るといくらというような日当制になっていますが、そのような運営の仕方が非常に難しくなっているということも事実です。

その中で何とかやっていますが、いまはピークを過ぎた故に転換点に来たかなと思っています。例えば、高齢者施設に入所してもらう時に非常に気を遣うのが薬です。入所者が持病を抱えていて医者にかかっているといった場合は、その医者に薬を聞きに行って、絶対に間違えないように施設の保健師が細心の注意で職員に指示をして薬をしっかり飲ませるということになります。ということは、これまで自宅にいるときには飲み忘れなどがあったかもしれないものが、薬の管理をされることできっちり服用するようになり、病気が治る場合もあるわけです。ある意味で病気そのものは非常に手厚く見られるんです。しかしそういった中で認知症がひどくなっていって、家には帰れないという人たちが長期で入院するようになりました。おっしゃった通りで施設での生活自体が長期化しています。そこで施設として対応しているのが、薬をまずきっちり管理するということに加えて、摂食と排泄、特に排泄の方でおしめを使わないようにしようという動きがうちの施設の方で行われています。おしめをしなくなるとQOL（クオリティ・オブ・ライフ）が上がってくるわけです。施設での生活が長くなって、最終的には施設で亡くなるので、どうしても看取りというのが必要になるのですが、その間のQOLをよくするために、水を少し多く摂取していただいて、トイレの頻度を増やす。そしてその時に少し手を添えて自力でトイレへ行っていただくと。このようにして、いわば質を上げていくようになりました。結局特養が終の住処、しかも長い住処になるわけです。その中でその人のQOLをどうやって考えようかという、ある意味でいうと需要がある程度満たされてきて、ある程度高齢化も進行しきったというところで新たな展開に入ってきたのかなと感じてます。

櫻井　そうすると、地域で特養に入りたいけど一〇〇人、二〇〇人待ちで入れない、というような状況は解消されているということなんでしょうか。

袴田　そうですね。特に介護度で入ってくるようになったので、介護度が低くて長期利用という例がなくなったわけです。そのため、いま必要な人にはいま入れるというような状況になっています。

スピリチュアルケアとビハーラ

櫻井　ありがとうございます。さて、この大会全体でスピリチュアルケアをどうするのかということが一つの大きな課題としてあがっているわけですが、二〇一一年の東日本大震災、特に東北地方の被災地において、亡くなった方の慰霊を宗派問わず、各宗門のお坊さんの方がボランティアでお弔いをしてくれるという動きがありました。また、日本の仏教は従来葬式仏教という形でやや揶揄的に言われてきましたが、メディアの方でも葬儀法要というのは極めて重要であり、僧侶の役割について再認識するような動きが出てきました。同時に亡くなってからではなくて、亡くなる前の看取りに関しても必要性があるということが宗派問わず言われており、看取りを行う臨床宗教師という形で、僧侶に限らず牧師などいろんな方が看取り、あるいは様々な不安を和らげるための傾聴を行うという動きが現在出ています。いわばお坊さんというのは死んでから後であって、生ものは扱わんのだと落語でよく言われていましたが、その動きが現在転換しつつあるように思うのですがいかがでしょうか。

袴田　「生臭い坊主なのに生ものは扱わない」みたいなことをやってきたわけなのですが、私がターミナルケアを学んでいたころは、特に末期の患者さんはホスピスに入っていて、キリスト教系の病院が最初にできていました。そちらの方はチャプレンという方々が枕辺に行くことも受け入れられやすいような状況がありました。ところがお坊さんはなかなか受け入れてもらえなかった現状があります。平成四年にビハーラ秋田というのができて、最初お医者さんたちは非常に喜んでくれたんです。看護師さんたちも多くの人が会員になってくれました。ところが、実際に何かをするために病院に行ったときには、特に事務方の方々から嫌われるということがありました。お坊さんが出入りすると縁起が悪いと言われてしまって、風評被害で大変だから出入りしないでねというのが最初のころでした。そのような中で私のビハーラを受け入れてくれたのが、来年の秋田大会の主催で今日会場にも来ていただいている外旭川病院ホスピスというところです。いまは定期的に法話会という形で行っております。しかしチャプレンの人たちと違う部分をいまも感じています。例えばお坊さんに対して枕元に来てくださいという要請はあまり受けないといったことです。これまで外旭川

法話会

外旭川病院

病院でその要請は一度もありませんでした。むしろ私たちが行って法話をすることで失った日常みたいなものを取り戻すといいますか、おじいさんおばあさんたちといったお坊さんと接する機会が多かった年齢の人たちが、それまで月参りなどで月に一度はお茶飲み話をしていたというその時間を取り戻せるということがあるんだなと感じました。

私も臨床仏教師の方は講師として参加していますが、いまのお坊さんたちは生ものが得意になってきまして、さばき方を学びたいという欲求が強いようで、多くの方が参加されます。しかも結構がっちりとしたカリキュラムがあって、一回でも欠席すると臨床仏教師の資格は得られないことになっています。傾聴やターミナルケアのいろはをしっかり学んでくださいという難しい課題を課せられるんですが、若いお坊さんたちが数多く参加されるんですね。そういった点はやはり変わってきたなと思いますが、ではそれを受け入れてくれるところがどれだけあるか、ニーズがどれだけあるかということなのだろうと思います。しかしそのようにして、人が生きているときの悩みや苦悩、わだかまっているような気持ち、人々の苦と仏教では言い表しますが、そういったものをしっかりと把握して、それこそ死んだ後の葬儀法要ばかりではなくて、生きているうちからかかわっていくということがとても大事ですので、そこのところを受け入れてくれる素地をこれから作っていく必要があると思います。お坊さんも変わっていく一方で、社会の方もそれを受け入れてくれるような素地ができるといいかなと思っています。

櫻井　どうもありがとうございます。ビハーラ施設を持つ病院というのもいくつかあるようですが、なかなかこれが広まっていかない現実があるということですね。スピリチュアルケアで重要なことは、その人がどういう生き方をしてきたのか、不安など様々なものを含めてその人の話を聞かせていただくと言いますか、そういう傾聴が非常に重要だと思います。しかし、なかなかこの傾聴をやってくださる方がいない。忙しい医療従事者の方にそれをお願いするのは非常に難しいですし、かといって家族も長々と聞くことができない。また家族では聞けないような話もあるので、そういう意味では傾聴の役割を僧侶の方がしてくださるというのは、私はありがたいことじゃないかと思うのですがいかがでしょうか。

袴田　本当にそうですね。外旭川病院に行っているときに感じたのですが、家族の人たちに話せないことを、お茶飲み話の中で話してくれるという人もおられました。結局手厚くやってもらえばもらうほど、実は負い目を持つ人もいるんだなということです。おそらくこういったことは、手厚く看護している病院のスタッフにも言えないことかもしれないですね。私どもはよそ者というか外から来た者で、一応口は堅いと思っていただいているのかわかりませんが、話せることがあるのかもしれません。そうなると、私どもが傾聴をしっかりとできるように訓練もしなければいけないし、病院のスタッフだけでは回らないところをカバーできるのかなと思います。それから、いわゆるスピリチュアルケアというものがもしあるとするならば、日本人のたしなみの上に乗っかった私たちの存在というのはある意味でいうとちょっとしたはけ口、ごみ箱になれるのかなと思っています。

葬儀・法要のあり方をめぐって

櫻井　どうもありがとうございました。死ぬ前の話を伺いましたので、死んでから後の話に展開していきたいと思います。島田裕巳さんという宗教学者の方がゼロ葬のすすめといったことを言っておられるんですね。ゼロ葬とは何かと言うと、葬儀をまったくやらない、墓参もしない、焼いて終わり、遺骨も引き取らないというものです。親を断捨離しろといったような非常に極端なことを言っていて、つまり従来日本の家族が行ってきた親のケアなどをずっとやっていると自分の人生含めて無理が来てしまうという言い方をされている方がいます。実際に都会の葬儀は家族葬と直葬で半数を占めてしまうといった現実があります。伝統的な葬儀というのはどんどん減っています。あるいは一つのお寺と檀家の関係を結ぶというのも減ってきていて、これは全日本仏教会が非常に反対していますが、アマゾンのお坊さん便といったものも出てきました。墓地は公営墓地で、葬儀と法事の時だけ三万五〇〇〇円でお坊さんに来ていただくということです。こういった関係が出てきて、従来の家単位の葬儀というのは非常に難しいし、個人の墓というのもなかなか持ちにくいという状況があるのですが、これについて少しご意見をお聞かせ願えますでしょうか。

袴田　二〇二五年問題というのは、団塊の世代の人たちが後期高齢者に入っていく時期が二〇二五年ごろになるという問題なのですが、この時は葬儀のピークになるだろうと考えられており、それからその後一〇年間くらいの幅で、お墓の問題や家の問題というのが大きくなるだろうと言われています。実は東京でいま起きているのは、お坊さん、そして火葬場が足りないといった問題なんです。亡くなってから葬儀を行うのに大体一週間くらいはかかってしまう。向こうの方はご遺体を置いて葬儀ということになるので、その間ご遺体をエンバーミングした後に冷やしておかなければいけないわけです。そのため、ものすごくお金がかかってしまう。いまはロッカー式の冷凍庫みたいなものまでできているそうです。それに加えて、お坊さんが人口集中に対応していなかったのでお坊さんが圧倒的に足りない。葬儀を仏式でやらないんじゃなくて、実際にはやれないわけです。でも、そういった中でも葬儀をやりたいという人たちもたくさんいるんだということを実はつい最近知ったのですが、その葬儀というのはいまだに家単位で、それからお墓も家単位で考えられています。

少し話はそれるかもしれないのですが、一九九三年、つまり団塊の世代の人たちがちょうど一家の大黒柱になっている時に行われた調査の結果で、「家族を何よりも大切にする」という意識を持っている人たちが極端に増えているというのがありました。これは面白いなと思って見ていたのですが、この時の家族というのは、おそらく核家族が進んでいるので「私」が中心の家族。つまり、「私」の妻と子どもは愛しますということです。でもその時の中心になっている戸主というのは、田舎にお父さんお母さんを残していて、その人たちはおそらく家族にカウントしていないのではないかと思います。家族を何よりも大切にしますと言いながらも、実はそのように断絶されているわけです。この人たちの子どもも家族を持ち、「私」が中心の家族を作っていくことで、核家族というのは断絶を数多く生んできたのだろうと思います。家が崩壊していき、例えばお墓をどうしようかとなったときに、お墓を継続していくためには家族の継続が必要でしたが、家族は大切にするけれども継続する家族ではなかったということがはっきりとしてしまった。核家族というのはそういうことなのだろうと思っています。そして現在制度としてその家についているのがお墓なのですが、これはこのままではおそらく維持できないだろうと思っています。お墓の形態は変わっていかなければならない。葬儀もおそらく形態は変わるんだろうと思いますが、葬儀は形態が変わっても必要だと思う人たちの方が多くいるだろうと思っています。これはあの世とこの世を結ぶ儀式ですし、しないことの不安の方が明らかに大きいんだということが、東日本大震災の時でも見えてきたように感じるからです。いままで通りの葬儀ではないけれども、おそらくそれに代わるものをみなさん何かしら求めているんだろうなと思います。結局葬儀の意義というものをもう一度ここで考え直さないといけないということです。過去とつながるだけではなくて、実は未来ともつながっていく大事な儀式だった、結びなおす儀式だったということをもう一度意義づけとして考えておかないといけない。「私は子どもに迷惑をかけないから葬儀はやらなくていいよ」と言ったときの子どもはどうなるのということですね。子どもはどのようにしてそれを受け止めればいいのかということまで考えておかなければいけないと思います。ただこのようなことは私どもの実収入にかかわることになるので、なかなかお坊さんの世界では言えないのですが、形態は変わっていくだろうと私は思っています。

櫻井　私も形態は変わらざるを得ないなと思います。例えば、私は山形県に両親がいるのですが、実は父親がもう一年間寝たきりで、一日に一時間くらいしか起きていない傾眠傾向に入っています。それで生きている間にいろいろ用意しておかないととということで、葬儀社などに相談したりしています。私の父親は三男で、その長男家が日蓮宗なので宗旨は伝統に従いまして日蓮宗かなと。しかし私の母親は、家の下にある畑の持ち主である浄土宗の総代さんと非常に仲が良くなりまして、その人が世話してくれるならということで浄土宗の寺にしようかと考えて話を進めたのですが、しかし親族の中には「浄土宗にしてなんかあったらどうなるの」と言う人がいるわけです。「なんかあったらどうなるの」ってどういう意味だということなのですが、私は日蓮宗のお坊さんに「そこで宗旨を変えたらなにか祟りがありますか」といったことを聞いてみました。そうすると、「祟りがあるとは言えないけれど日蓮宗でやってほしい」と、こういうことを言われたわけです。それで日蓮宗のお寺を二カ寺ほど歩いたのですが、結局葬儀をやったとしても私は山形に最終的に戻ることはないので、両親のお骨というのを札幌に持ってこなければならないかもしれないわけです。そうなると檀家にはなれない。しかし骨は扱ってほしいという。こういう要望、葬儀代含めていくらかかるのかということをお坊さんに直接伺ったわけです。そうすると、「お気持ち次第です」という、例によってこういう言い方でした（それでも伺うとこの位にはなると答えてもらいました）。これは非常にわかりにくい言葉で、それで葬儀屋に行ってこの辺の相場というのはいくらなんでしょうと伺って、それで大体の相場を察するしかないという仕組みなんですね。田舎というのはオプションがない。公営墓地がないのです。集落の墓地というのはもう少し山の方に入らないとないので、町場の人間というのは極めて中途半端になってしまいます。自分で菩提寺を探さなければいけないし、いろんなことをやらないといけないのですが、それを相談する場所がないという問題があります。それでお坊さんに伺ったら、「こんなことを聞いてきたのはあんたが初めてである」と言われまして。こういう現状をもう少しお坊さんの方でオープンにしていただけたらと思うのですがいかがでしょうか。

袴田　厳しい質問ですね。やはり葬儀屋さんがどこの都市でも力をつけてきているのは、お布施まで含めた葬儀の見積もりまで出してくれるというのがあります。お坊さんは葬儀社さんに雇われるような現状もあるわけです。ということは、いかに葬儀の費用といったものに対して不安なところがあるかというのがまず一つあると思います。やはり地域で葬儀をやっていた時には、よくわかっている人が仕切ってくれて、大体お布施もこれくらいだよというふうにしてお寺とツーカーというところがあったかもしれませんが、いまはそれがどんどんなくなってきているということだろうと思います。お布施に関しては本当にお寺それぞれで違うということがあるし、それから戒名を入れたりなどといった話もあります。つまりお坊さんに対する不信はほとんどお金だろうということです。亡くなった時だけ必要だと思われていますから、普段はお坊さんはいらないんですね。なのでお坊さんにそんなことをざっくばらんに聞くという機会がまずないわけです。そこがなんとかなれば、お坊さん側としても「大体これくらいかかっちゃうからね。葬儀屋さん行って葬儀屋さんの会場借りたらこれくらいだけど、うちのお寺でやってみたらどうですか」って言えるのですが、その関係が構築できないとそういったことはなかなかできないだろうと思います。いままでお坊さんも、いわゆる生ものっていうところには出ていかなかったかもしれないですが、これからは出ていかなければばいけないし、お坊さんとちょっとお付き合いをしていただくのがいいのかなと思います。これに関しては明確にこうですというものはないのですが、もしできるならばお寺にお参りに来ていただいて、お坊さんとのお付き合いもやっていただければくらいしか言えないですね。

終末期と平穏死

櫻井　積極的にお寺にかかわりましょうということなのですが、ここで最後の話題に移りたいと思います。

これも私の父親の経験なのですが、昨年の九月に父親が誤嚥性肺炎になり、その治療をしなければいけないということになりました。そして一週間くらい肺を休ませるために麻酔をかけることになり、入院することになりました。しかし麻酔から覚めるのに十日間くらいかかり、それから動けなくなってしまったわけです。入院の時にいろんな同意書を書いたわけですが、気管に人工呼吸器を入れるということと、栄養を鼻から入れる経鼻栄養をやるというところまで同意して、結局その状態が現在まで続いているということです。胃ろうも勧められましたが、それはしなくていいのではないかと家族で話しました。現在父親はある意味で元気です。しかし体は硬化してしまって、おそらく起きることは無理だと思います。いまは老人健康保険施設に入っており、本当は六カ月しかいられないのですが、ショートステイを繰り返して現在もそこにいる状態です。ある種生きていることは生きているのですが、家族を見ても反応せず、一日に一時間くらいしか目も開いていないという状態です（二〇一七年九月に享年八五歳で死亡）。

実は私の父親だけではなくて、その施設に入っている方は大体そうなんですね。多くの方はこういう形で人生の最期を迎えようとはおそらく思っていなかっただろうし、父親もそうだと思います。だからといって、こういう治療を望みたいとか自分がこういうふうになったらどうしてほしいという指示書的なものをまったく残しておらず、家族とも話していない。そういったことからこのような状況になったのだと思います。何も言わずともよくやってくれるだろうということですし、ケアマネージャーさんに伺っても「なんの心配もすることない」「うまくやるから」と言うわけです。うまくやってくれたことは間違いないのですが、これから同じようにはいかないのではないかと思います。

二〇二五年問題についていまおっしゃられましたが、現在中高年の方は自分がいざという時にはこういう治療、ケアをしてほしいということを書き残すということをやらなければいけないのではないかと思っています。例えば石飛幸三さんという方が平穏死ということを言われたりしますが、最期の時はいろんな栄養や人工呼吸といったものをせず平穏に亡くなるという道もあるのだと。自分で口から食べられなくなったらそういったやり方もあるのだという、このような著作等が出てきています。実際はそのようにしたいと思っている人が多いのではないかと思うわけです。そのためにはいざという時に何をしてほしいか残しておかないと、結局医療者の方もそれがない以上最後まで治療するしかなく、場合によっては完全に寝たきりの状態で三年、五年、さらに長くなってしまうということがあると思います。そういう意味で市民の認識の転換と言いますか、自分がどう生きてどう死にたいのかということを明確に意思表示する必要があるのではないでしょうか。そのためには我々の死生観を含めて、様々なことを考えておく必要があると思うのですがいかがでしょうか。

袴田 その通りだと思います。私は日本尊厳死協会の東北理事をやっているのですが、尊厳死協会というのはリビングウィルという生前遺言を書いていただき、それを協会の方で保管するといったことを行っています。リビングウィルというのは、自分の意思を医師の方に伝えられなくなったときに、延命措置はいやですということを書いておいたものを提出するといったものです。これはとても重要なことだと思い日本尊厳死協会の方に入ったのですが、初期の頃の日本尊厳死協会というのは優生思想の強いところで、自死問題をやっていて非常に反発を覚えた団体でもありました。しかし、このシステムはこれからとても必要なのではないかと思ったんです。というのは、自由意思による自己決定というのは非常に大事だと言われていながら、死の段階ではその自由意思による自己決定というのはなかなかされなかった。それは死と向き合うということ自体が、家族の中でも話し合われることがなかったということです。このリビングウィルは家族の同意がなければ効果を発揮しません。ということは、リビングウィルを書くということは、嫌でも家族で死について考える機会があるということです。そういった意味で、とても大事なことだと思っています。自死問題をやっていていつも思うのは、自己決定や自由意思というのを自分だけで納めてしまっていることです。これは自由のはき違えとも言えるくらいだと思う時があります。そうではなくて自由意思、自己決定というのはしっかり周りのことも配慮したうえでのことでなければいけないということがまず前提としてあると思います。

いまは尊厳死協会の入会者も減ってきました。というのは、様々な方法でそのことを残せるようになったからです。生前の遺言というのも公証役場に届けるといったことができるようになりました。様々な方法がある中で、しっかり家族で考えてみるということが非常に重要なポイントになっていて、それを行うことで、どういう最期を迎え、どういう送り方、送られ方をするのかということを家族の同意を得て考えていけるのではないかと思います。いまは個人ですべて決めてしまい、個人のレベルだけでの自由意思、自己決定になっていますが、これは他の人への配慮に欠けている部分が大きいと思うので、その点をしっかり考慮していくことがこれから必要だと思っています。

櫻井　どうもありがとうございます。つまり家族、身近な人と死の問題や病の問題について話し合えることが重要だということですね。日本の宗教という点で考えると、仏教というのは本来、生老病死、つまり生きて、人は病を得たり、あるいは老いたりして最終的には死を迎えるということを説いている教えだと思うのですが、概してこういったことをストレートに説くと、あまり人は集まらないということがあります。要するに人が集まる宗教は何かというと、病を治す、老いを少し遅らせるといったように、とにかくいろんな諸問題を解決する、開運招福する、いまの状況を改善するという宗教が多いわけです。それで人を集め、またその中には霊感霊商的なものも出てきたりする現実があります。人間の現実をそのままに教えて、それに対してどのように覚悟を持ったらいいのかということを、仏教はもともと教えているのではないかと私は思っているのですが、その点いかがでしょうか。

袴田 自死で家族を亡くされた方の遺族の人たちにお話をしたり、傾聴をしたりする機会があるのですが、非常に大きな負い目を持っていたりします。いつも話すことですが、「いま苦しいということはあなたを必ず変えていくことになります。変容していく、あるいは成熟していくとても大事な時間なのではないでしょうか。一人で乗り越えるのは大変でしょうが、いまを大事な時間だと思ってください」というような言い方をしたりするんです。これが仏教の考え方であり、つまり目を逸らしたり、よくなったりすることだけを考えるのではない。私たちは必ず身体障碍者になるわけですよね。普通に亡くなるとすれば、身体のどこかの機能が落ちていって、必ず身体障碍者になって亡くなっていくわけです。ということは必ず苦と向き合わなければいけない。体は衰えるかもしれないけれども、苦と向き合うことそのものが実は人間性を成長させていくという考え方だと思います。その時に柱になってくれる、大丈夫なんだって肯定してくれるもの。あなたはいまそういう先のところ、仏教的には成仏、仏になると言いますが、つまり人格を完成していく方に向いているんだよと肯定してくれるのが仏教の考え方だと思うわけです。これまで宗教離れや、ご利益宗教にだけ人気があったと言われますが、改めて超高齢化社会になればなるほど、仏教のような、あるいは伝統宗教のような考え方がおそらく大事になってくるのではないかと私は思っています。

人口減少時代における寺院の役割

櫻井 苦と向き合う、病と向き合う、あるいは死と向き合うということですね。その経験を自分だけで向き合うのではなく、家族や身近な人とも共有してもらうということだと思います。それがスピリチュアルケア、英語でいうとすごいことのように思えるのですが、日本語で平たく言えばそういうことであったのかなと思います。

さて、ここから話を「人口減少時代における仏教の役割」「地域の仏教寺院がつくりだす幸せ」という内容に展開していこうと思います。

私はまず、人口減少時代という大きな社会背景については、次のような二つの認識を持っております。

一つは、これからの日本が成熟期を経て、また別の国や社会のあり方へ転換していく可能性です。いわゆる経済成長は望めない定常型経済になっておりますし、東京圏・名古屋圏・京都／大阪／神戸圏に加えて、札幌・仙台・岡山／広島・北九州／福岡に日本人口の約七割方が集中する極点都市の限界が来ています。いわゆる地震や噴火などの自然災害や原発などの人災にも脆弱な社会です。人口減少に直面する地方では、地方創生のさまざまな取り組みがなされていますが、未だ国からの補助金や高速道・新幹線といったインフラが地域の活性化になるような幻想を持ち続けています。秋田も山形も整備新幹線ができましたが、おかげで東京には電車で三、四時間の距離になり、ますます人口の流出は加速化されたように思われますし、新幹線の駅となってさらに駅前は寂《さび》れた感があります。もういいかげん、地方は地消地産（地元で消費を回し、仕事を生み出す工夫）や身の丈の経済でそれなりに残っていくことを考えないといけないのではないでしょうか。

もう一つは、若い世代の心配をしなければいけないということです。子どもの六人に一人は貧困世帯だと言われており、大学生の二人に一人は奨学金をめいっぱい借りて進学しています。三〇～四〇年前に私たちが学生を経験していた時代よりも、生活に苦しい子どもや学生が増えています。もちろん、見た目は小ぎれいでみなスマートフォンを持っているので、昔より豊かに見えるのですが、実は違います。年金にしても、子育て支援にしても、奨学金の問題にしても、若い世代へのケアは高齢世代の後回しにされがちであり、このままでは次世代が育っていけないような気がします。

　こうした大きな構図の下で地域社会に残る人々や寺院を見ていったとき、寺が地域社会に果たす役割というのは何なのか。今できることはどういうことか、藤里町のコミュニティ再生に取り組んでこられた袴田さんならではの見解を伺いたいと思います。

袴田　藤里町はまさに限界集落ばかりとなり、現在の人口は三五〇〇人を切りました。二〇三〇年には二五七〇人になると予想されています。県内でも人口減少率の高い町です。秋田県自体が減少率トップの県ですので、藤里町は全国でもトップクラスの減少率の高い町といえます。

　櫻井さんのおっしゃる通り、経済成長とともに交通インフラが整備され都会と結ばれる時間が短くなればなるほど、人口減少が進行していくというのが、これまでの地方の姿でした。高度経済成長時代に生まれた私は、農村のコミュニティが大きく様変わりしていくことを実際に目の当たりにしてきました。

　農業の機械化によって、田植えや稲刈りの農繁期に互いに助け合う「結《ゆい》」と呼ばれる農村共同体は不要になりました。同じ時期に農村の経済も、買い物代金を米代金の入った時にまとめて支払うという決済から、その時払いの現金決済に変わりました。そのため現金収入が必要になり、都会に出ていく人が現れ始め、町に残った人も出稼ぎや誘致企業に就職することが当たり前になりました。これによって市場の拡大と労働力の都市集中が一挙に進み、経済成長は加速し農村の生活も豊かになりました。

　しかし、この時に現在の人口減少は始まっていたということになります。経済が低迷してくると、真っ先に影響が出るのが田舎です。何度か襲ってくる不況のたびに誘致企業は撤退し、都会に出ていく人が増加しました。現在藤里には誘致企業が一社も残っていません。地元に残りたくても勤め先がないため、どうしても町を出るしかないという状況になりました。

　私たちの年代は都会の生活にあこがれ、中学や高校を卒業したら田舎を離れることが当たり前でしたが、いつの間にか都会に出たくないけれど生活のために「都会に追われる」ということになっているような状況です。

さらに追い打ちをかけるように、経済の低迷は若い世代ばかりでなくどの世代にも、そして都会も田舎も変わりなく、「今」の生活を続けることが難しくなるという強迫観念を生み出し、不安ばかりが増大しています。他者のことは二の次で、まずは自分のことを守ることを最優先とし、孤立を深めている。このことが自死やいじめや貧困を生み出しているのではないか、というのが私の見方です。だからこそコミュニティ再生というか、安心を生み出すコミュニティの在り方を考えることが大事なのではないかと思います。

これまで自死予防を目的に「よってたもれ」というサロンを開設し、地域の中に誰もが立ち寄れる「場」を作りました。これは「結」というつながりに代わるものとして、共同作業を失った農村コミュニティの再生を考えたものです。

私はもう一つ、大事なコミュニティが失われているのではないかと考えています。それは「先祖も含めたコミュニティ」です。今生きている人の間のつながりが横軸としたら、先祖も含めた時間を超えた縦軸のつながりが失われつつあると思うのです。先祖とのつながりというと、真っ先に葬儀や法事などを思い浮かべると思います。お金がかかり、なおかつ働く時間を奪う「迷惑をかけてしまうもの」とされて、子供や親せき知人に迷惑をかけないために直葬や散骨などがもてはやされていますが、先祖との時間を超えたつながりは、古代から日本人の心象に根付いていることで、ことに日本人の「安心」にとって大事なことだと思っています。目先のお金の問題などで、今の世代でこの大切な事柄を捨ててしまうことは、後の世代にまで渡る深い後悔を残すことになると思うのです。

さらに言いたいのは、この葬祭に関わる金銭的な負担の大きさをよく見ると、寺院に対する布施が増えたのではなく、葬祭サービスを商品化した市場が出現し、さらにその背景をたどれば葬祭を民俗文化として担ってきたコミュニティの崩壊という社会の問題に行き着くということです。

そこで、私が住職をしている藤里町の月宗寺では

集落合葬墓(月宗寺)

「集落合葬墓」という形式の納骨施設を建立しました。本堂入り口玄関付近に観音像を建立し、台座部分が納骨室になっています。ここに後継者がいない、後継が若い未婚女性ばかりである等、将来墓守りができなくなることが確実な家の祖先の遺骨を「合葬」するものです。

「集落墓」というのは、大沢は一五〇戸を切る小さな集落で、新宗教一軒、神道一軒を除き月宗寺の檀家であるということから、彼岸やお盆などの行事のたびに皆がお寺参りすることになります。その際に皆に手を合わせてもらうというものです。供養の主体がお寺だけになるのではなく、集落の人々全員と共に供養を手向けようというものです。

ここに合葬されている先祖は、自分の先祖とも同じ集落で生活を共にした人々で、「無縁」の人ではない、私が手を合わせるべき「有縁」の人であるという思いが醸成されていくことを目指しています。これは亡くなった人々にとっても、手を合わせる人にとってもささやかな「安心」を生み出すのではないかと思います。そこで「やすらぎの廟《みたまや》」と命名しました。

櫻井　集落合葬墓とは、いいアイディアですね。かつては集落墓地が地域単位の墓とも言えましたが、墓を守る家のあることが前提でした。また、集落から町へ出た人間は寺の檀家になって境内墓を持つしかなかったのですが、私の両親も本家の菩提寺に墓地の用地利用権を二〇年近く前に得たものの、家墓を建てる見込みはありません。ですから、地域単位の永代供養墓があれば、跡継ぎの心配をせずに地域で安らげますし、子供たちも遠くから親を偲び、機会があれば故郷の墓や寺を訪ねることができると思います。
私の故郷、山形県上山市の人口も、二〇一五年の三万一〇〇〇人から二〇四〇年には二万一〇〇〇人（年少人口は五七％減、生産年齢人口は四九％減、老年人口は一三％減）に減少し、高齢化率も四五％に達する見込みです。実家は旧市街にありますが、町内は高齢夫婦や独居高齢者がほとんどです。私と同世代の子供たちは進学や就職でほとんど故郷を去りました。町を離れて約四〇年、すたれていく一方の市街地と住民を引き留める商業施設の郊外化を眺め、最近は親のために病院や介護施設、福祉サービスを訪ね歩き、果ては寺や墓のことなども心配している昨今です。

「安心」について言えば、医療と福祉についてはは住民も離れた家族もほぼ満足できています。しかし、生活上の利便性とは別に、高齢者たちの寂しさは消えないんです。自分が死んだ後に家や屋敷地を子供たちに譲ろうにも、遠くの子供たちは古い家や安い土地は要らないのです。取り壊しと整地の費用が土地代で出るかどうかも怪しいので、誰も住まない朽ち果てるままの家が少しずつ増えています。景観としてもわびしいし、先祖代々この土地で生活してきた家族がなくなるという精神的な意味での寂しさもあります。そういう親世代の高齢者たちを見るのも子世代にとっては辛いところがあります。

私たちの親世代、私の母親あたりから一〇年くらい上が、いわゆる橋田壽賀子原作で小林綾子が子役で主演し、日本はおろか世界中の発展途上国の人々が泣いたという「おしん」の世代です。山形県の農民の生活は貧しいものでした。農地解放で平地の田畑は小作農に配分されましたが、山村では山林などは山主のままだったし、ようやく食える程度の農業をやっている人たちや町場で一生借家住まいの人たちが多くいました。昭和三〇年代まで大方の人は貧しかったんですね。それが、高度経済成長期になると誰でも外に稼ぎにさえ出ればお金になったし、インフレなので借金しても元本が相対的に減るので楽に家を建てられ、子供たちも進学させられたわけです。晩年楽できるかと思ったら、周りに人がいなくなり、地域は廃れる一方という上昇と下降の人生観・社会観を持たざるを得ない世代ですね。そうした世代は地方だけではなく、東京の高島平のような大規模団地にもおられるのではないかと思います。

苦労した世代には、最期に慣れ親しんだ地で安心できる墓に入ってもらい、見守りをしてくれる寺を探したいというのが、故郷を離れた人間の偽らざる心境です。その意味で、家の継承者がなくとも、地域で記憶される墓というのは画期的だと思います。「先祖を含めたコミュニティ」というのは重要な考え方ですね。

そして、安心が孤立を防ぐことから生まれるということも再度確認しておきたいことです。幸福感はさまざまな要素から構成されますが、安心感は最も大きな要素ですね。日本は、世界の中で経済と福祉の側面ではかなり高度な水準にあるのですが、主観的な幸福感はOECD諸国の中で低水準です。この背景には、大きく言えば格差社会や人口減少時代があるのかもしれませんが、もう少しミクロなレベルで見ていくと、安心感の欠如（孤立感の深まり）があるのでしょう。だからこそ、何らかの形でつながりや縁を作り出していくことが必要なのだと思います。

先祖、死者も含めた上での縦の縁、自分の命は一人ではないんだという感覚を得るのは孤立感を和らげる意味で重要な認識です。葬儀や法事は、手間暇かけて縁を確認することに意味がありました。袴田さんは横の関係をつなぐということでコミュニティ・カフェを続けてこられていますが、私は若い世代を含めて地域に話のできる場をなるべく多く作ることが大切ではないかと考えます。ともすれば、学校縁や職場縁だけで私たちの人間関係は閉じてしまうのですが、そこに地域縁や趣味縁、社会活動縁などを付加していくことで、家族縁を補完する「つながり」の感覚や自分を認めて貰える場を確保できるのではないでしょうか。

アジールの経験としあわせ

櫻井　私は大学の学生相談に長らく関わってきた経験から、学生の勉学やメンタルヘルスには友人関係が大きな意味を持っていると認識しています。今時の学生というより若者はスマホで広く浅く人とつながっていると言われますが、気が置けない友達を持っている人はうまく愚痴をこぼしたり、ギリギリまで自分を追い詰める前にSOSを出せたりします。

友達ができないことを気に病む学生が昨今増えてきており、小学生じゃないんだからと片付けられない深刻さもあるのです。そのために、ピア・カウンセリング（仲間同士、学生同士で情報提供や相談しあうこと）を学生相談に組み込むことが多くの大学で試みられています。カウンセラーや教員に長らく相談する（その実面倒見てもらう）ことよりも、自分たちでなんとかしていった方が、相談する方も自立するし、相談される方も大人になっていくものです。このようなことは従来、学生のクラブ活動やゼミなどで自然になされてきたことですし、バイトの人間関係でも培われているものなのですが、これらに参加しない、できない学生が少なくなく、学生の孤立が問題なので、あえて大学で仕組みをつくる手助けをしているわけです。

袴田さんに伺いたいのは、「コーヒーサロンよってたもれ」を運営する皆さん、集まる皆さんの人間関係や、そこで得られるさまざまな気づき、安心感や充実感について、もう少し説明していただけないでしょうか。いわゆる福祉という行政的なサービスやNPOによるボランティア活動の対象という域を超えた「コミュニティ」の可能性です。

袴田　現代は人との会話を嫌ってきたように思います。全く人と話をしなくても日常生活が送れるようになりました。しかしその中で孤立が生まれると共に、人は脆弱になったのではないでしょうか。困難な状況を乗り越える力をレジリエンスといいますが、一人ではこの力も小さいものになります。しかし会話する能力を育てることは難しくなっています。例えば、自死予防においても重要とされているのは相談機能です。専門家が個別対応することによって問題を解決していきます。これによって多重債務や精神障害に起因する問題は少なくなりましたが、家族・友人・職場・学校などの人間関係の不調から起こる問題はむしろ増加しています。しかし、学校や職場では問題が起こるたびに専門家による個別対応がなされます。問題を抱えた人はますます孤立の度合いを深めていきます。会話の機会が減ると、相手の多様性を認めるという会話能力が育たないという悪循環に陥ってしまいます。

ストレスフルな現代社会で必要なのは、悩みを抱えたままでも排除されることなく、人間関係を回復するための会話能力を身に付けることのできるコミュニティだと思います。そこで大切なのが「アジール」だと思います。アジールは一人では成立しません。一人で現実逃避をしている状態は「引きこもり」です。むしろ現代は、アジールが失われたために引きこもりが増加しているのかもしれません。多様な他者とのコミュニケーションがレジリエンスの基礎だと思うのです。その意味で現代のアジールを考えたときに、寺院や地域のサロンや大学のサークルなど、大小様々なコミュニティが存在していることが重要になってくると考えています。

櫻井　ありがとうございます。自分の学生時代を考えてみると、学生の四年間はワンダーフォーゲル部に所属して年間七、八〇日は山に入り、下界では（こういう言い方していましたね）大学の授業を最低限で済ませ、バイト、クラブの運営や山の行き方をめぐって延々議論しました。数十人の仲間たちと濃密な時間を過ごした経験は何ものにも代え難いですね。大学院生の三年間は勉強もしましたが、「統一劇場」という演劇集団を呼ぶ自主公演サークルに入って、半年は準備作業、あとの半年はメンバーとのレク（リエーション）を楽しみました。このサークルの構成メンバーは、国労組合員、自動車の整備士、会社員、北大農学部自治会（ここからクラブ関連で仲間に引っ張り込まれました）など、高卒・大卒・院卒と学歴も多様、出身地や仕事、将来展望もさまざまでした。しかし、二〇代の若者ですから若い男女でカップルが誕生したり、たまり場として半年借りた事務所に週に何度か通ったりして、いろんな話をしました。サークル、うたごえ運動の最後の時代です。

私は、高校生までは文学や哲学に凝った堅物でして、幅が狭かったですね。それが、最初は大学のクラブという同質な若者集団、次は社会人サークルという異質な若者集団のなかでもまれて、世の中いろんな考えの人がいるんだと気づき、相手を理解するには話をしなければいけないことがわかりました。違いを認めるには違いを知るまで話し合う必要があります。そのくらいやれば、相手を認められるし、自分も認められているという安心感が生まれるんですね。これがアジール（弱みを見せられる逃げ場）だったのでしょう。

大学生や青年期の人たちは日々成長するわけで、多少の困難に直面してもいずれ打開するし、周りの人がうまく手助けしてくれてなんとなく「渡る世間に鬼はない」といった社会に対する信頼のようなものを育んでいくんだと思うのです。そのためにアジールが要りますね。「よってたもれ」のようになければ作り、既にあるのならそれに入っていって自分たちで成長の場を作っていくといったことが、これからの地域社会や現代社会の課題になるのでしょうね。若者だけではなく、子育て世代や高齢者にとっても集まれる場・話せる場は必要でして、札幌市は「ママ友サロン」や「高齢者サロン」を公共施設内に設けています。

私、ウェルビーイングの論文や書籍を読んでいると、幸せになるためにどうしたらいいのかという問題に対して、実にさまざまな研究から導き出された試論を目にするのですが、共通点は実にシンプルですね。良好な人間関係があれば、貧しくとも人は幸せになれる。健康と幸せ感を保つためには、近所付き合いや友人との付き合いを大切にし、何らかの団体に所属する。自分の生活は自分で変えることができると信じて実践するということです。学歴や所得の効果は、人との付き合いにまったく及びません。大規模な社会調査で証明されています。

そんなことは研究なぞしなくともわかっていると、お叱りを受けそうですが、不思議なことに、日本を含め多くの社会では、できるだけ高い学歴を得ること、それでいい仕事に就いて高収入を得ることが幸せの近道であるかのように信じられています。そして、幸せになる一番の近道である人と交わること、話を楽しむこと、自分が仲間に認められていると安心するといった事柄が軽視されています。

何が人生で肝心なことなのか、社会の中で大切なことなのか、本当のところを伝えていきたいですね。

本日は、長い対談にお付き合いいいただき、袴田さん、ありがとうございます。私たちの幸福感も増したのではないでしょうか。読者の皆様にもその感覚が伝わってくれることを願って、終わりと致します。

※質疑は紙幅の関係で割愛した。

おわりに

日本の宗教学において近年のウェルビーイング研究とも対応する「しあわせ」との連関で宗教が論じられたのは、二〇一四年の『宗教研究』（八八―二）「しあわせと宗教」特集号だった。この企画は、宗教研究者のみならず、二〇一一年の東日本大震災と福島原子力発電所事故を経験した同時代の人たちの危機意識に即したものであった。

しかしながら、掲載された論文では歴史宗教や現代宗教、および特定の宗教思想において「しあわせ」がどう認識され、宗教的な教説となっていったのかに関心が集中した。宗教的テキストの精査は重要な作業だが、現代の人文・社会科学におけるウェルビーイング研究と切り結ぶことなく、現代の日本人が求める「しあわせ」ともあまり交錯しない宗教研究ではいささかもの足りない。宗教の現場、あるいは現代人が感じる宗教性やスピリチュアリティの次元に踏み込んだ試論が必要なのではないかと考える。

本書では、国内外のウェルビーイング研究の蓄積を踏まえながら、研究グループ（日本学術振興会科学研究費　基盤研究Ｂ「人口減少社会日本における宗教とウェルビーイングの地域研究」〈櫻井義秀代表　課題番号 15H03160〉）のメンバーを中心に原稿を集め、①『宗教研究』特集号の趣旨を引き継ぎながら、宗教研究者にウェルビーイング研究との接点を意識化した叙述をしてもらうこと、②その際、各章が地域社会や特定宗教の事例紹介に留まらないよう、神話学・宗教学、社会学・社会福祉学の観点から、より踏み込んだ執筆者なりの意見を明確に提示し、③さらに、神道・仏教・キリスト教・新宗教、そして自覚されない宗教性の事例をバランスよく配置しようと考えた。この企画が成功しているかどうかは、読者の皆さんからの評価・ご叱正から判断したいと考える。

書籍の刊行にあたっては、北海道大学大学院文学研究科から刊行助成を受けていることを記しておきたい。また、編集・制作において法藏館、とりわけ今西智久氏に丁寧な仕事をしてもらった。拙編著『人口減少社会と寺院――ソーシャル・キャピタルの視座から』（法藏館、二〇一六年）に続く、二冊目の法藏館刊行の書籍となる。

本書が、宗教と現代人のしあわせとの関連について関心を持つ多くの読者から手に取ってもらえることを期待しつつ擱筆する。

二〇一七年九月一三日

櫻井　義秀

執筆者一覧（掲載順）

櫻井　義秀（さくらい　よしひで）
奥付に別掲。

平藤　喜久子（ひらふじ　きくこ）
一九七二年生まれ。山形県出身。学習院大学大学院人文科学研究科博士後期課程修了。博士（日本語日本文学）。現在、國學院大學研究開発推進機構教授。神話学・宗教学。『日本の神様と楽しく生きる』（東邦出版、二〇一六年）、『神のかたち図鑑』（共編著、白水社。二〇一六年）、『よくわかる宗教学』（共編著、ミネルヴァ書房、二〇一五年）、『神社ってどんなところ?』（筑摩書房、二〇一五年）、『神の文化史事典』（白水社、二〇一三年）ほか。

川又　俊則（かわまた　としのり）
一九六六年生まれ。茨城県出身。成城大学大学院文学研究科日本常民文化専攻博士課程後期単位取得退学。現在、鈴鹿大学こども教育学部教授。社会学（宗教社会学・教育社会学）。『人口減少社会と寺院――ソーシャル・キャピタルの視座から』（共編著、法藏館、二〇一六年）、『近現代日本の宗教変動――実証的宗教社会学の視座から』（共編著、ハーベスト社、二〇一六年）、『基礎ゼミ宗教学』（共編著、世界思想社、二〇一七年）ほか。

板井　正斉（いたい　まさなり）
一九七三年生まれ。大分県出身。皇學館大学大学院文学研究科神道学専攻。現在、皇學館大学教育開発センター准教授。宗教社会学、神道と福祉。『ささえあいの神道文化』（弘文堂、二〇一一年）ほか。

片桐　資津子（かたぎり　しずこ）
北海道出身。北海道大学教育学研究科博士課程中退。文学博士。現在、鹿児島大学法文学部教授。福祉社会学、老年社会学。「活動的高齢女性の生きがい獲得とその変遷――内省と創発の概念に注目して」（ソシオロゴス編集委員会編『ソシオロゴス』四〇、二〇一六年）、「米オレゴン州の尊厳死――州政府による統計と専門職への聞き取りからの考察」（北海道社会学会編『現代社会学研究』二七、二〇一四年）ほか。

猪瀬　優理（いのせ　ゆり）
一九七四年生まれ。北海道出身。北海道大学大学院文学研究科博士後期課程修了。博士（行動科学）。現在、龍谷大学社会学部准教授。宗教社会学。「仏婦がつくる地域――ビハーラの可能性」（櫻井義秀・川又俊則編『人口減少社会と寺院――ソーシャル・キャピタルの視座から』法藏館、二〇一六年）ほか。

横山　忠範（よこやま　ただのり）
一九四六年生まれ。北海道出身。北海道大学大学院文学研究科人間システム科学専攻修士課程修了。

稲本　琢仙（いなもと　たくせん）
一九九二年生まれ。北海道大学大学院文学研究科人間システム科学専攻修士課程修了。曹洞宗僧侶。

李　賢京（イ　ヒョンギョン）
一九七九年生まれ。韓国釜山出身。北海道大学大学院文学研究科博士後期課程修了。博士（文学）。現在、東海大学文学部文明学科特任講師。宗教社会学、日韓の宗教比較。「災害時宗教には何ができるか？——セウォル号沈没事故における韓国の宗教団体を事例に」（『比較民俗研究』比較民俗研究会、二〇一七年）、「本国と日本における韓国カトリック教会と信者たち」（櫻井義秀編著『現代中国の宗教変動とアジアのキリスト教』北海道大学出版会、二〇一六年）ほか。

袴田　俊英（はかまだ　しゅんえい）
一九五八年生まれ。秋田県出身。駒沢大学仏教学部仏教学科卒業。現在、曹洞宗月宗寺住職、日本赤十字秋田看護大学非常勤講師、曹洞宗秋田県宗務所教化主事、藤里町教育委員長、「心といのちを考える会」会長、「自殺予防 秋田こころのネットワーク」会長、ＮＰＯ法人自殺防止ネットワーク風副理事長、日本尊厳死協会東北理事など。

清水　香基（しみず　こうき）
一九九〇年生まれ。愛知県出身。北海道大学大学院文学研究科博士課程在学。宗教社会学、社会調査法。「日本人の宗教意識に関する計量的研究——NHK『日本人の意識調査』データを用いたコウホート分析」（『次世代人文社会研究』一三、韓日次世代學術FORUM、二〇一七年）、「世俗化の研究——P. Norris & R. Inglehart の “Sacred and Secular” (2004) に関する研究ノート」（『青山総合文化政策学』五—二、二〇一三年）ほか。

【付録】　幸福感に関する調査とデータ

清水　香基
SHIMIZU Koki

今日の社会科学研究では、経済学、心理学、社会学など、さまざまな領域において人びとの主観的な幸福感に関心が寄せられつつある。無論、それぞれの領域によってアプローチの仕方は多様だが、幸福感について実証的研究を進めていく上での共通の課題として、その「測定」の問題があげられる。

筆者の専門とする社会学に限った話で言えば、幸福感を測定するにあたっては、質問紙調査（サーベイ）の方法を用いることが多いように見受けられる。調査によって質問に用いる文言は異なるが、大まかに言えば、調査対象となる相手に「現在、どの程度幸せを感じているか」「現在の生活にどの程度満足しているか」ということをそのまま聞き、その回答をデータとして扱うという方法が主流である。あるいは、幸福感に関係すると考えられる複数の事項について質問し、それぞれに対する回答結果を組み合わせ、数学的な処理を施すことで、総合的な幸福感の指数を作成するという仕方もある。

もちろん、質問に用いる文言が異なれば、回答の結果が異なってくることは言うまでもない。たとえば、白石賢・白石小百合［2010］は、幸福感に関する代表的な指標として「主観的幸福」と「生活満足度」の2つをあげている。しかし、小林・ホメリヒ［2014］の「2013年社会と暮らしに関する意識調査」の分析結果によれば、幸福と満足が一致しない人の割合は全体で23.4%にも上り、また「生活に不満があるのに幸福」な人は、生活に不満を感じている人の3割を占めるという。それゆえ、同じ幸福感に関する測度でも、主観的幸福と生活満足度は、重なり合う部分を持ってはいるものの、それぞれ異なるはたらきをする測度として理解することができる。オランダの社会学者ルート・ヴィーンホヴェンが作成した「世界の幸福度データベース（World Happiness Database）」には、幸福研究に関する11,521件の書誌情報が収録されており、それらの文献において用いられている幸福感の測度には、1,119個ものバリエーションがあるという。ヴィーンホヴェンによれば、そうした測度の多くは、単一の質問項目であり、それぞれ言葉の選び方や、回答選択肢の設置の仕方に違いがある [Veenhoven 2017]。

本付録では、そうしたさまざまな幸福感に関する測度の中から、代表的なものをいくつか選び出して紹介していきたい。そして、それらの測度を用い

で人びとの幸福感を捉えようとした場合、どのような幸福感の分布が得られるかということについて、読者に大まかな外観を提示していく。まず前半部分では、OECD がそれぞれの社会で暮らす人びとの生活の質を総合的に捉えるために開発した「より良い暮らし指標」や、国連の持続可能開発ソリューションネットワークが刊行している「世界幸福度報告」における各国の幸福度スコアを紹介する。また、後半部分では、日本では 2010 年に実施された「第 6 回世界価値観調査」のデータや、内閣府が 2011 年に実施した「国民生活選好度調査」の結果を紹介し、各社会的属性ごとの日本国内における幸福感の分布や、日本人の幸福に関する考え方について紹介したい。

(1) OECDの「より良い暮らし指標」(Better Life Index)

「より良い暮らし指標(Better Life Index: BLI)」は、単なる経済指標としての GDP や GNP とは異なり、それぞれの社会で生きる人びとの暮らし向きを測定・比較する目的で開発された指標である。BLI では、人びとの暮らし向きについて、11 個の分野(住居、所得、雇用、コミュニティ、教育、環境、市民参加、医療、生活満足度、安全、ワーク・ライフバランス)を取り上げ、それぞれの分野ごとにスコアが算出されている(図 1)。

これらの分野別スコアは、それぞれ 1 個から 4 個の側面から検討がなされ、そのスコアが計算されている(たとえば「医療」スコアの計算には、「平均余命」と「主観的な健康状態」の 2 つの指標が用いられている)。BLI 全体では合計 24 個の側面が考慮されており、それでもまだ十分ではないという意見もあるものの、人びとの幸福度を測定する複合的な指標として頻繁に言及されている。

OECD 加盟国の平均と比較すると、日本は「所得」「雇用」「教育」といった分野では、比較的高いスコアが算出されている。他方で、「市民参加」「医療」「生活満足度」「ワーク・ライフバランス」といった分野では、OECD 加盟国の平均スコアを大きく下回る結果となっている。「市民参加」については投票率の低さ、「ワーク・ライフバランス」については長時間労働の問題や余暇時間の少なさが影響している。「医療」について言えば、平均余命で言

えば日本はOECD加盟国内で1位だが、他方、人びとの主観的な健康状態は最下位となっている。その背景には、2013年に発表された日本の高齢化率が25.06%で最も高かったことも一因としてあげられよう(2番目に高かったのはドイツで21.27%)。しかし、人びとの主観的な「生活満足度」が平均を大きく下回ることを考えると、今後日本人の幸福を考えていくにあたっては、主観的な側面における幸福、いわば心の健康といったものが大きな課題となってくると言わなければならない。

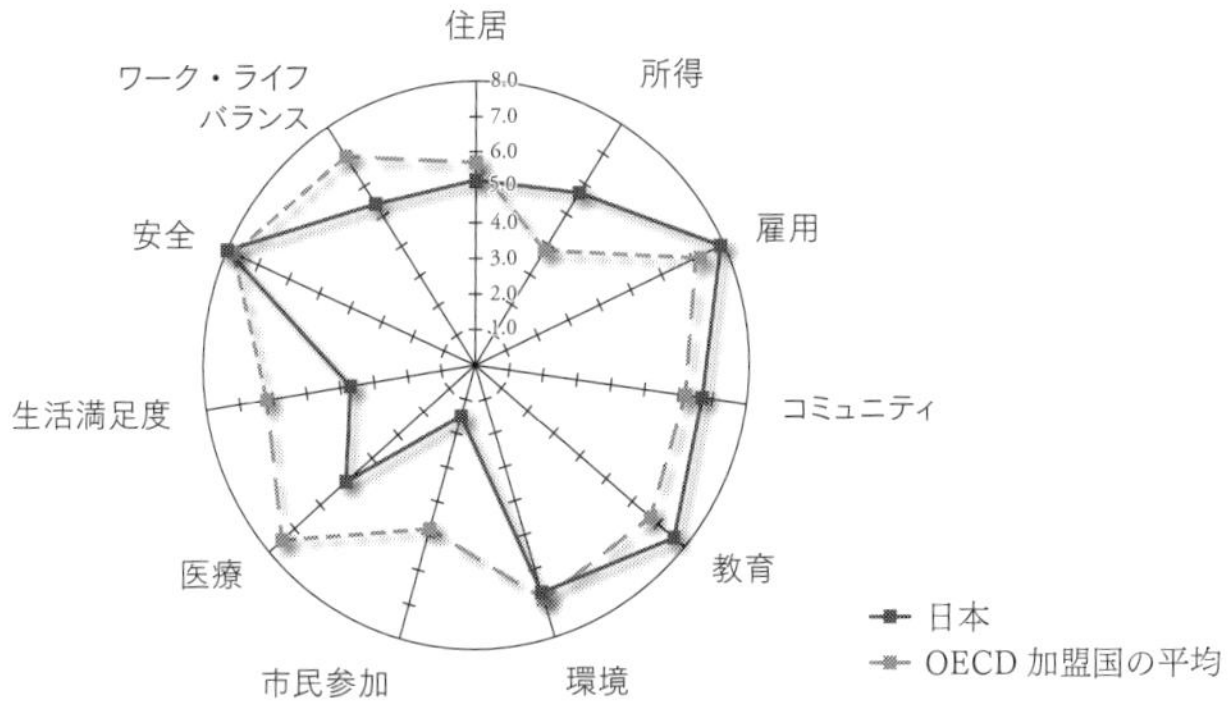

図1　より良い暮らし指標（Better Life Index）
日本とOECD加盟国の平均との比較

	住居	所得	雇用	コミュニティ	教育	環境
OECD平均	5.7	3.8	7.1	6.2	6.7	6.9
日　本	5.2（24位）	5.7（5位）	7.9（14位）	6.7（17位）	7.6（9位）	6.7（21位）

	市民参加	医療	生活満足度	安全	ワーク・ライフバランス
OECD平均	4.8	7.5	6.2	7.8	7
日本のスコア	1.5（34位）	5.0（33位）	3.7（26位）	8.0（16位）	5.4（31位）

※括弧内は、OECDに加盟している35カ国中の日本の順位を示したもの

出典：OECD Better Life Index (http://oecdbetterlifeindex.org/ 2017年3月15日閲覧)より作成
参考資料：OECD［2015］

表 1 「より良い暮らし指標」分野別の各国スコア

OECD 加盟国	住居	所得	雇用	コミュニティ	教育	環境	市民参加	医療	生活満足度	安全	ワーク・ライフバランス
オーストラリア	7.4	5.2	8.4	8.5	8.0	9.7	8.6	9.4	8.9	7.2	5.9
オーストリア	5.8	5.2	8.3	7.4	6.9	7.6	3.9	7.7	8.1	9.1	6.9
ベルギー	6.7	5.8	7.3	5.6	7.5	5.8	7.1	8.1	7.4	7.8	8.7
カナダ	7.6	5.6	8.4	8.0	7.2	7.9	6.4	9.6	9.3	9.0	7.2
チリ	4.4	1.4	6.1	3.1	4.3	4.6	1.3	6.3	6.1	5.4	6.5
チェコ共和国	4.5	2.1	6.7	6.5	7.6	6.7	4.6	6.3	6.3	7.9	7.6
デンマーク	5.7	4.4	8.5	8.7	8.2	8.7	6.6	7.8	9.7	9.5	9.1
エストニア	5.3	1.6	6.4	6.4	8.2	8.0	5.5	5.5	2.7	6.9	7.8
フィンランド	6.2	3.7	7.8	8.1	9.3	9.4	5.2	7.3	9.4	9.4	8.1
フランス	6.2	4.8	7.1	6.0	5.9	6.8	6.0	7.7	5.4	8.0	9.0
ドイツ	6.2	5.0	8.2	7.3	8.0	7.6	4.9	7.3	7.9	8.4	8.4
ギリシャ	4.1	1.9	1.4	3.5	6.2	5.0	3.7	8.2	2.7	7.0	7.2
ハンガリー	4.5	1.5	5.9	3.0	6.6	5.6	2.3	5.6	1.7	6.2	7.9
アイスランド	5.3	4.6	9.7	8.8	7.5	9.7	5.2	8.6	9.6	8.8	5.5
アイルランド	6.9	3.1	7.1	8.6	7.3	8.0	2.4	8.9	7.2	8.6	8.2
イスラエル	4.5	3.5	7.3	4.5	5.6	2.3	2.8	8.9	8.1	7.4	5.2
イタリア	4.8	4.2	5.3	6.6	5.1	4.5	4.2	7.7	3.5	6.9	7.8
日本	5.2	5.7	7.9	6.7	7.6	6.7	1.5	5.0	3.7	8.0	5.4
韓国	6.1	2.5	7.7	0.2	8.0	2.9	6.1	4.7	3.3	7.6	5.0
ラトビア	1.8	1.0	6.1	3.8	7.5	6.4	4.2	4.6	3.7	6.1	6.6
ルクセンブルグ	6.8	6.9	8.7	7.8	5.3	6.8	6.0	8.1	6.7	8.1	8.2
メキシコ	3.9	0.8	6.1	0.0	0.7	5.7	6.6	6.1	5.0	0.7	2.1
オランダ	7.0	5.1	8.4	5.4	7.3	7.3	3.9	8.3	9.0	9.0	9.4
ニュージーランド	6.9	4.7	8.3	10.0	7.1	8.8	6.4	9.6	9.3	7.3	6.4
ノルウェー	7.5	4.2	9.0	7.7	7.3	10.0	5.5	8.5	10.0	9.8	8.7
ポーランド	4.4	1.7	5.9	4.7	8.1	5.8	4.1	5.9	4.1	7.5	6.7
ポルトガル	6.4	2.5	5.1	4.2	4.6	8.2	1.6	5.5	0.7	7.8	6.8
スロバキア共和国	4.0	1.7	5.0	7.3	6.1	6.1	5.2	6.5	4.7	7.1	7.5
スロベニア	6.1	2.0	6.5	5.8	7.7	7.6	4.1	7.2	3.1	9.4	7.4
スペイン	6.1	2.9	3.5	8.7	5.5	6.0	4.2	8.3	5.5	9.1	8.8
スウェーデン	6.5	5.2	8.1	7.3	7.6	9.5	6.4	9.0	8.8	8.6	8.5
スイス	6.2	7.9	9.4	7.8	7.6	7.5	3.4	9.1	9.9	9.7	7.6
トルコ	3.8	0.7	5.0	3.6	3.3	3.9	6.5	6.7	2.3	6.8	0.0
イギリス	6.1	4.9	7.8	7.8	6.4	7.9	5.9	8.1	6.0	8.8	6.6
アメリカ合衆国	7.9	10.0	8.4	6.4	7.0	7.5	6.5	8.9	7.3	7.5	6.2

OECD 非加盟国	住居	所得	雇用	コミュニティ	教育	環境	市民参加	医療	生活満足度	安全	ワーク・ライフバランス
ブラジル	3.5	0.6	6.2	6.3	1.9	5.1	4.3	6.6	6.1	0.0	6.3
ロシア	4.7	1.3	7.1	6.6	6.4	3.2	1.9	3.0	4.1	4.2	8.2
南アフリカ	1.6	0.4	1.4	6.1	2.3	5.2	4.2	2.9	0.0	3.3	5.7

出典：OECD Better Life Index (http://oecdbetterlifeindex.org/ 2017 年 3 月 15 日閲覧）より作成
参考資料：OECD［2015］

(2) 世界幸福度報告の「人生の梯子」（Ladder of Life）

「世界幸福度報告（World Happiness Report: WHR）」は、国連の持続可能開発ソリューションネットワークが発行する幸福度に関する報告書である。この報告では「人生の梯子（Ladder of Life）」[註1]と呼ばれる質問項目を用いて、人びとの幸福度を測定し、比較することを試みている。この質問では、調査対象者に「考えうる最悪の人生」を0段目、「考えうる最高の人生」を10段目とした梯

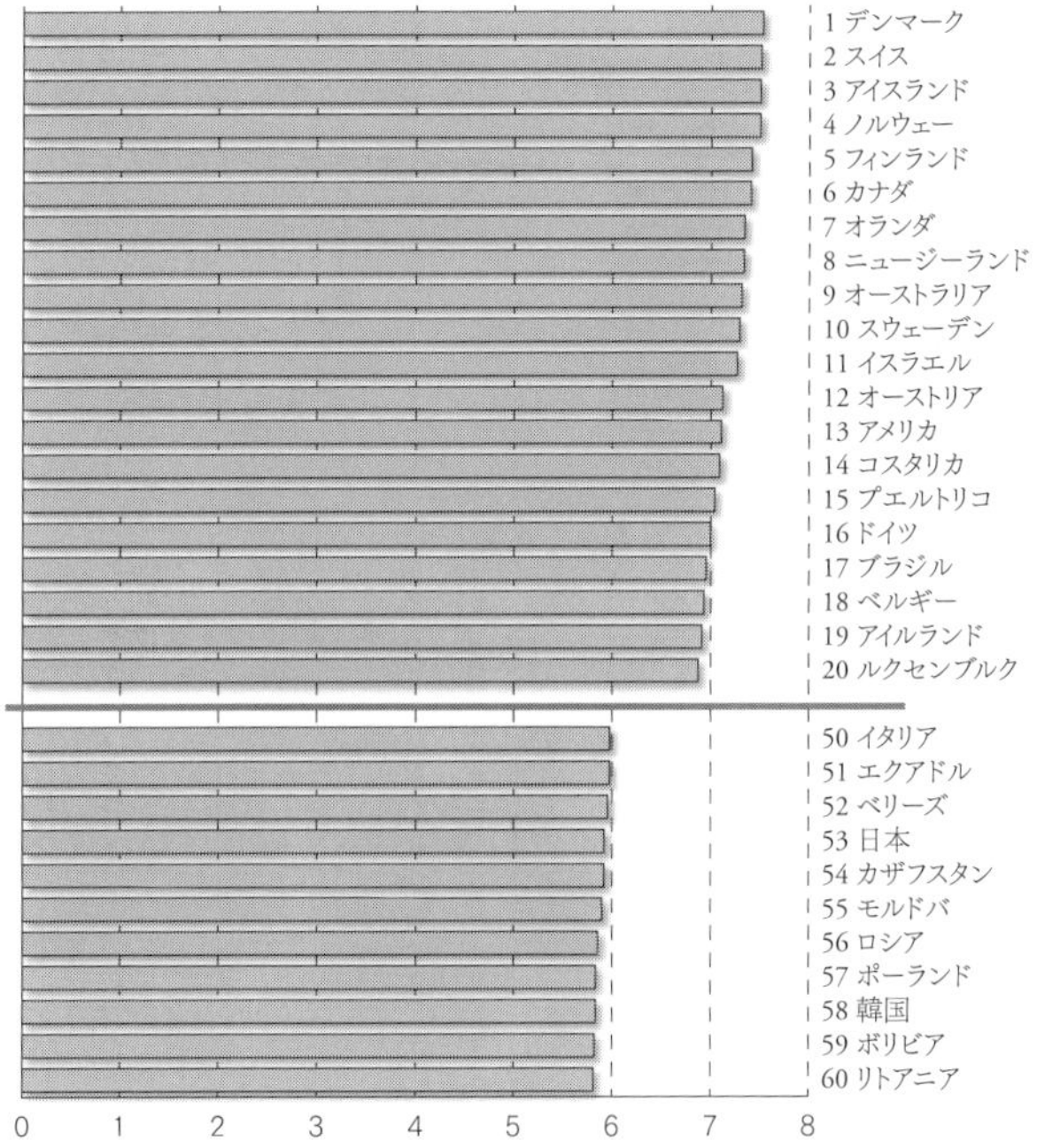

図2　世界幸福度報告（World Happiness Report）による各国の幸福度ランキング

出典：Helliwell, J., Layard, R. & Sachs, J. [2016] より作成

註1　この「人生の梯子」は、この指標を開発した研究者キャントリル［Cantril 1965］の名前に因んで、「キャントリルの梯子」「キャントリルの人生の梯子」とも呼ばれる。

子を想像してもらい、現在自分が何段目に立っていると思うかを回答してもらうというものである。

図2では、各国の調査対象者の平均値が、各国の幸福度のスコアとして示されている。上位20位のうち17カ国はOECD加盟国が占めており、その他ではコスタリカ（14位）、プエルトリコ（15位）、ブラジル（17位）といった国ぐにが上位に位置している。日本は全157カ国中53位、OECD加盟国の35カ国中では26位に位置している。

❖経済的な豊かさと「人生の梯子」

図3の散布図は、縦軸に各国の「キャントリルの梯子」の平均値を、横軸に各国の1人あたりGDPをとって、その関係を示したものである。1人あたりGDPの値は、World Bankの国際比較プログラム（International Comparison Program database: ICP）のデータベースにおいて公開されているものを使用した。

この散布図をみると、たしかに経済発展が進んでおり、1人あたりGDPが高い国ほど、幸福度も高い値を示しているように見える。しかし同時に、各国の幸福度の違いが、単に経済発展によってのみ説明されるものではないこともわかる。そのことは、たとえば、1人あたりGDPが日本の6割程度しかないカザフスタンでも、幸福度の値は日本とほぼ同等であることからも容易に見て取れよう。世界有数の幸福国であるデンマーク、フィンランド、カナダといった国ぐにも、1人あたりGDPでは日本と大きく変わらない。また、1人あたりGDPのデータが利用可能で、日本より幸福度の高い50カ国において、日本よりも1人あたりGDPが低い国は半数以上の27カ国を占める。

このことは、次の2つのようなことを示唆している。1つは、衣食住がままならない発展途上国においては、経済は幸福度を高めるための重要な要素であるということ。もう1つは、ある程度経済が発展し、生存の安全が確保された社会においては、経済の幸福度に対する一般的な効果が弱体化する傾向にあるということだ。この傾向は、国際比較をした場合だけでなく、日本国内のデータを時系列で比較しても見て取ることができる（317頁、図8-5）。

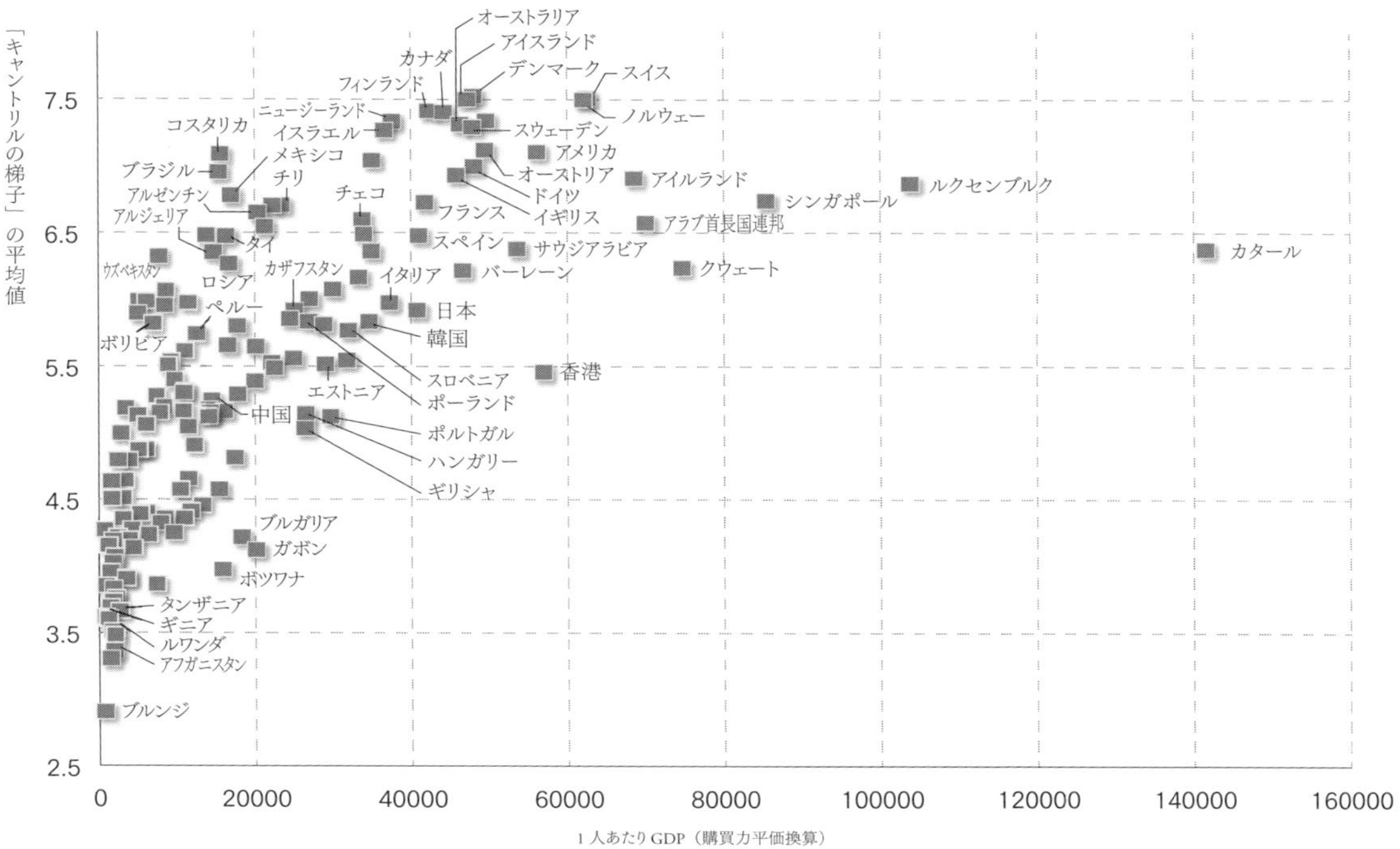

図3　各国の一人あたりGDP（購買力平価換算）と幸福度の散布図
出典：各国の幸福度　[Helliwell, J., Layard, R. & Sachs, J. 2016]
1人当たりGDP：World Bank, World Development Indicators [2017] より作成

❖「人生の梯子」の地域分布

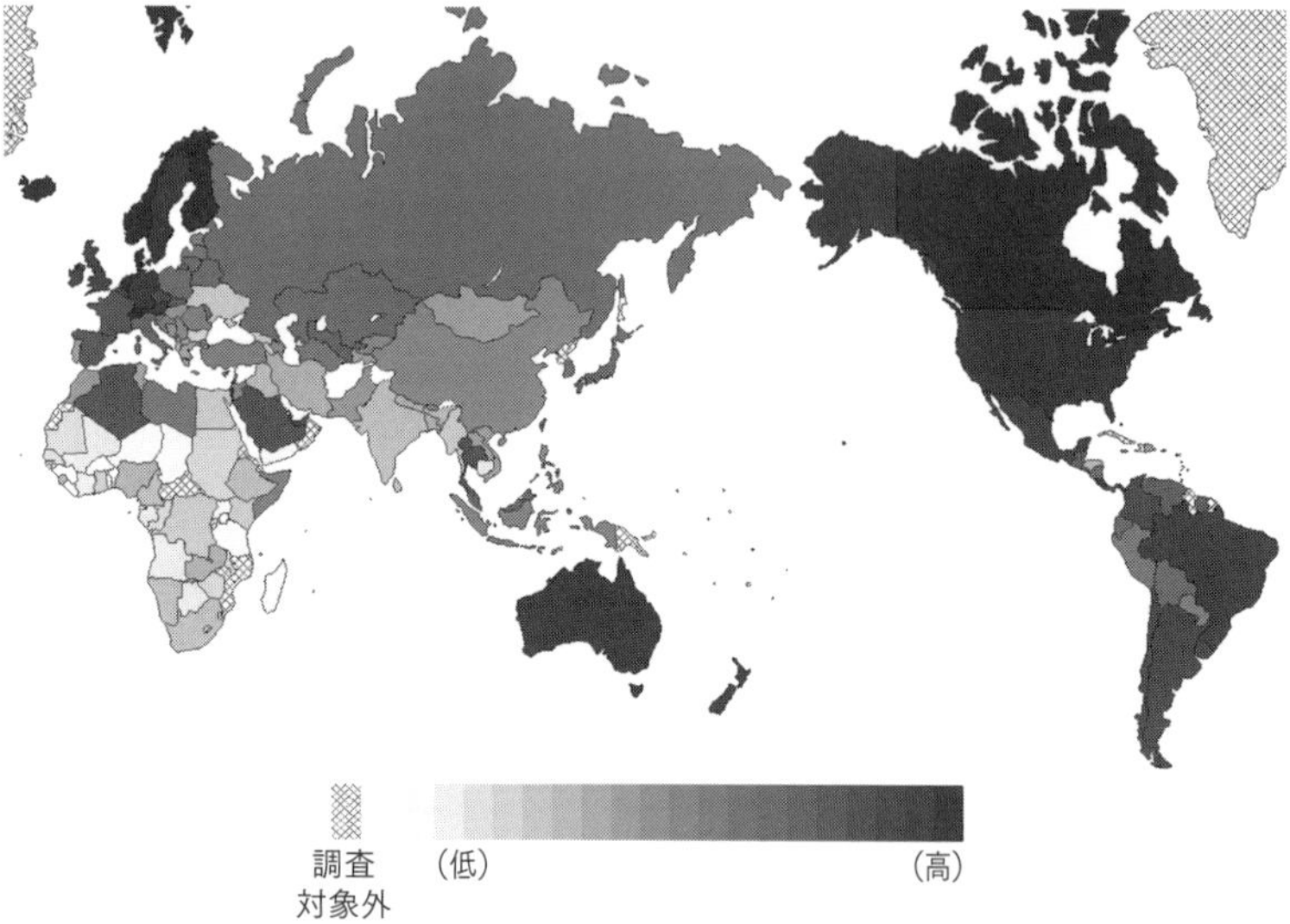

図 4　世界幸福度報告による各国の幸福度の分布地図

出典：OECD Better Life Index (http://oecdbetterlifeindex.org/ 2017 年 3 月 15 日閲覧) より作成
参考資料：OECD [2015]

図 4 では、各国の「キャントリルの梯子」の平均値に応じて、値の高い国を濃い色で、値の低い国を薄い色に塗り分けて示している。ヨーロッパ（特に北欧）や北米、オーストラリアにおいて幸福度は高い。他方、アフリカには相対的に幸福度の低い国が集中している。アジアにはその中間に位置する国が多く、その中に限って言えば、日本は相対的に幸福度の高い部類に入ると言える。データが利用可能な 157 カ国を国連の地域区分にしたがって分類すると、アジアに分類される 46 カ国のうち、日本は 12 番目に位置する。

⑶ 世界価値観調査からみる日本人の「主観的幸福」と「生活満足度」の分布

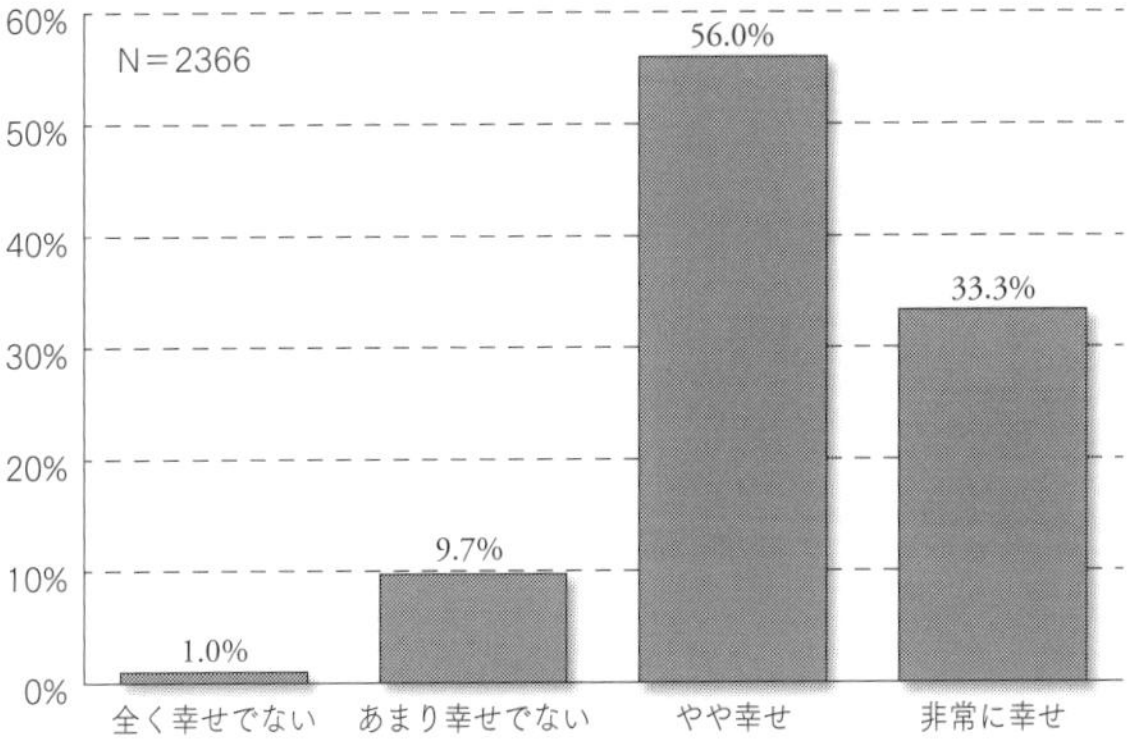

図 5-1　「主観的幸福（世界価値観調査）」の単純集計結果

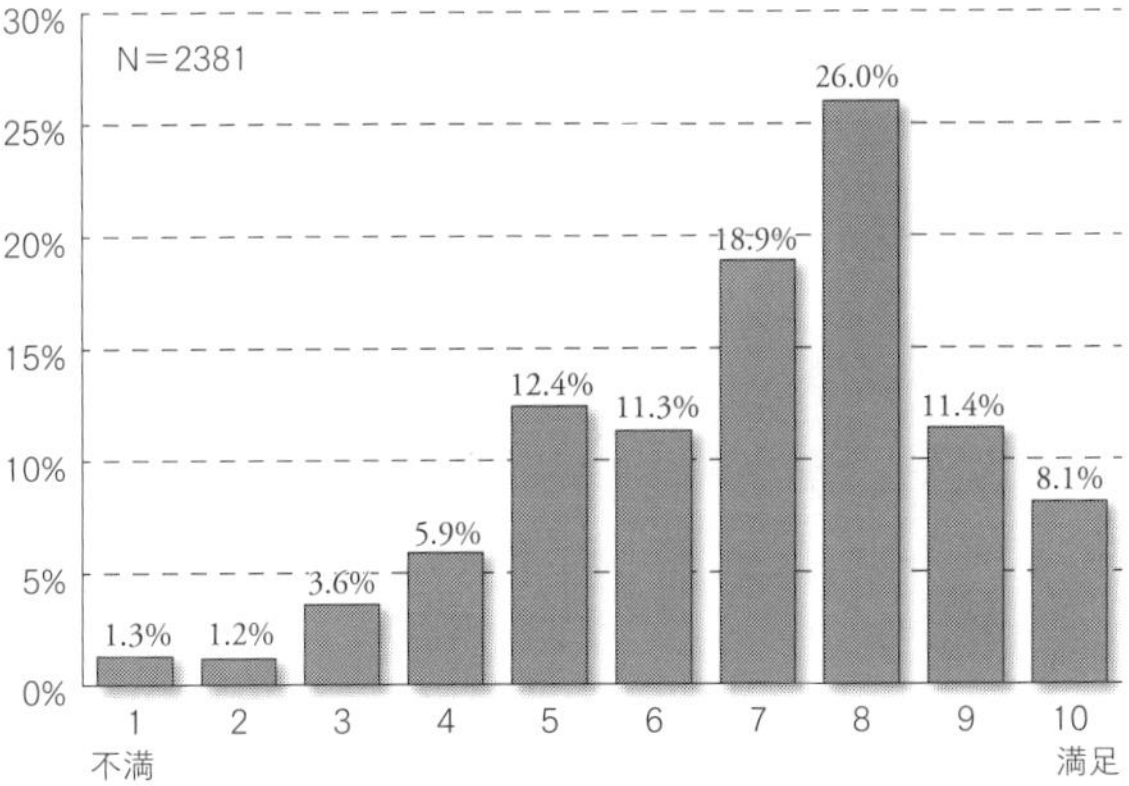

図 5-2　「生活満足度（世界価値観調査）」の単純集計結果

出典：第 6 回世界価値観調査のデータをもとに作成（2010 年、日本のみ）

図5は、2010年に日本で実施された「第6回世界価値観調査」のデータをもとに作成した、「主観的幸福」と「生活満足度」の質問項目に対する人びとの回答の単純集計結果を示したものである。

この調査では「全体的にいって、現在、あなたは幸せだと思いますか、それともそうは思いませんか」と尋ねた上で、「非常に幸せ」「やや幸せ」「あまり幸せでない」「全く幸せでない」の4つの選択肢の中から1つを選んでもらう、という仕方で人びとの主観的幸福を測定することを試みている。また、生活満足度に関する項目では「全体的にいって、あなたは現在の生活にどの程度満足していますか、あるいはどの程度不満ですか。「1」は「不満」を、「10」は「満足」を示すとします。1から10までの数字で当てはまるものを1つお答えください」という仕方で質問を行っている。

主観的幸福にしても、生活満足度にしても、全体としては幸せや満足を感じている人の方が多数派である。また、最上級の幸せや満足度を噛みしめているというよりも、中間寄りの幸せ、あるいは満足を感じていると答える人の方が多いことが見て取れる。

❖ 地域

図6は、各地域に住む人びとの主観的幸福と生活満足度の平均値を計算し、その値に応じて塗り分けを行ったものである。平均値の算出にあたって、世界価値観調査のデータには都道府県ごとのデータが収録されていないため、「北関東地方」「南関東地方」「東北地方」などのカテゴリからなる11区分の「地域変数」を用いた。また、配色は5段階で設定し、平均値が最大の地域を最も濃い色で示し、それ以外は4分位数で区切るかたちで、少しずつ薄くなるような仕方で塗り分けている。

主観的幸福について言えば、東京（平均値＝2.31）において最も平均値が高く、近畿地方（2.29）や四国地方（2.25）がそれに次いで高いという結果になった。しかし、最も平均値の低い東北地方の値が2.12であることを考えるならば、その差はわずか0.19ポイントのみであり、地域によって大きな違いがあるわけではない。また「生活満足度」について見ても、最も平均値の高い四

国地方の値が7.15なのに対して、最低値の東北地方では6.65であり、0.5ポイントの差しかなく、地域間で大きな差異があるとは言えない。

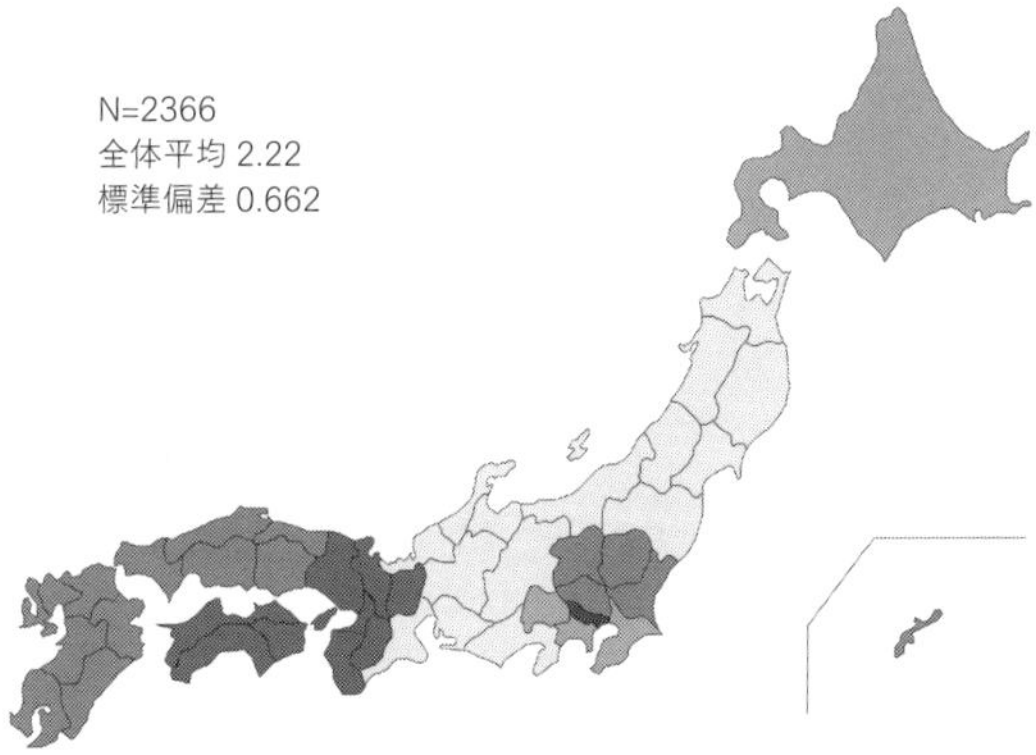

図 6-1　各地域の主観的幸福の平均値

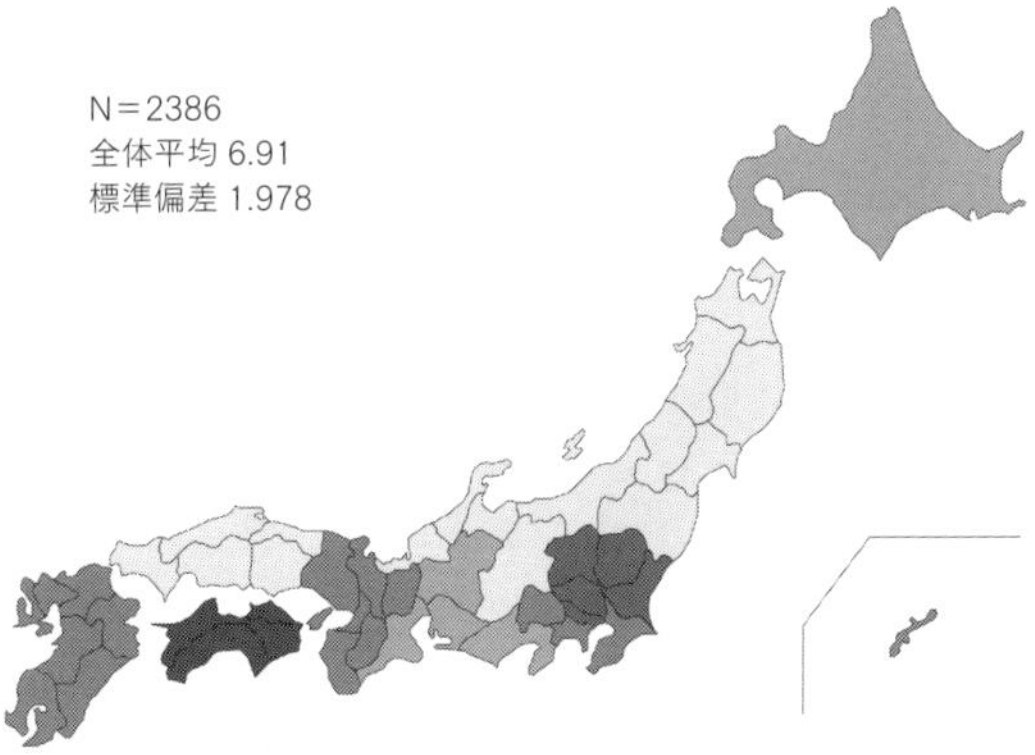

図 6-2　各地域の生活満足度の平均値

色の濃い地域：平均値の高い地域　　色の薄い地域：平均値の低い地域

出典：第6回世界価値観調査のデータをもとに作成（2010年、日本のみ）

❖ 性別

図７は、主観的幸福と生活満足度に対する回答割合を男女別に示したものである。男性よりも女性の方が幸せであり、また満足度のレベルが高いと答える人の割合が高い。

しかし、こうした傾向は必ずしも世界共通のものではない。第６回世界価

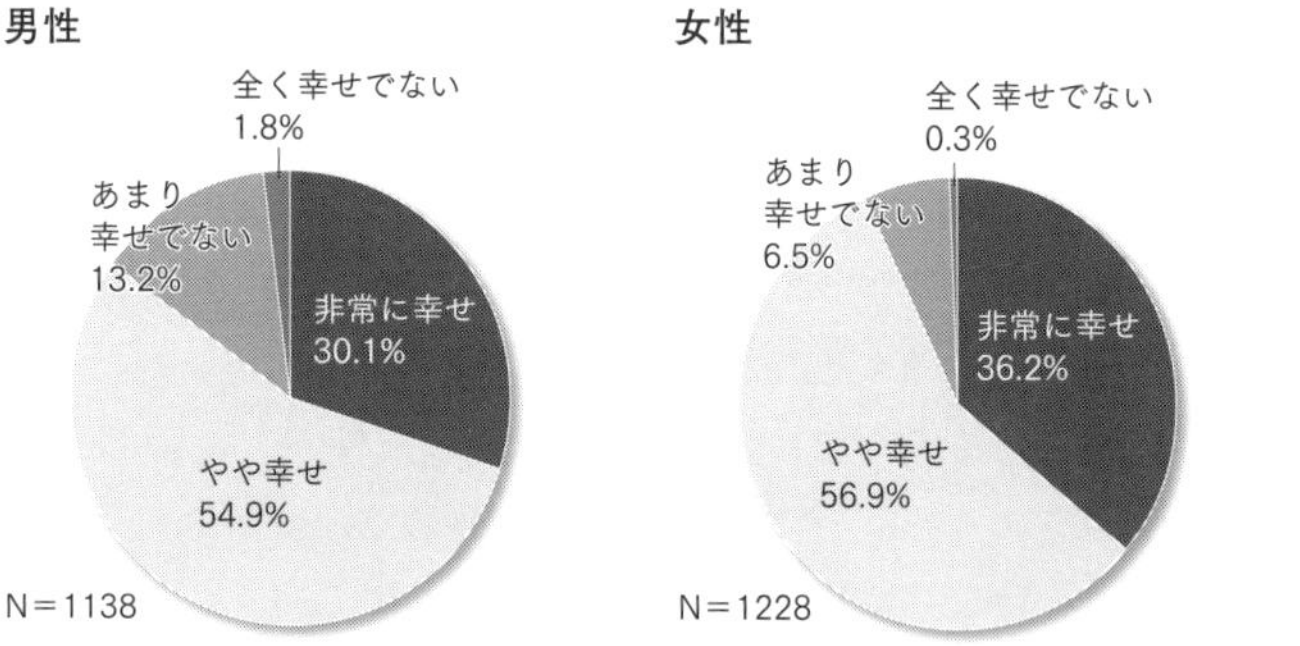

図 7-1　性別ごとの「主観的幸福」

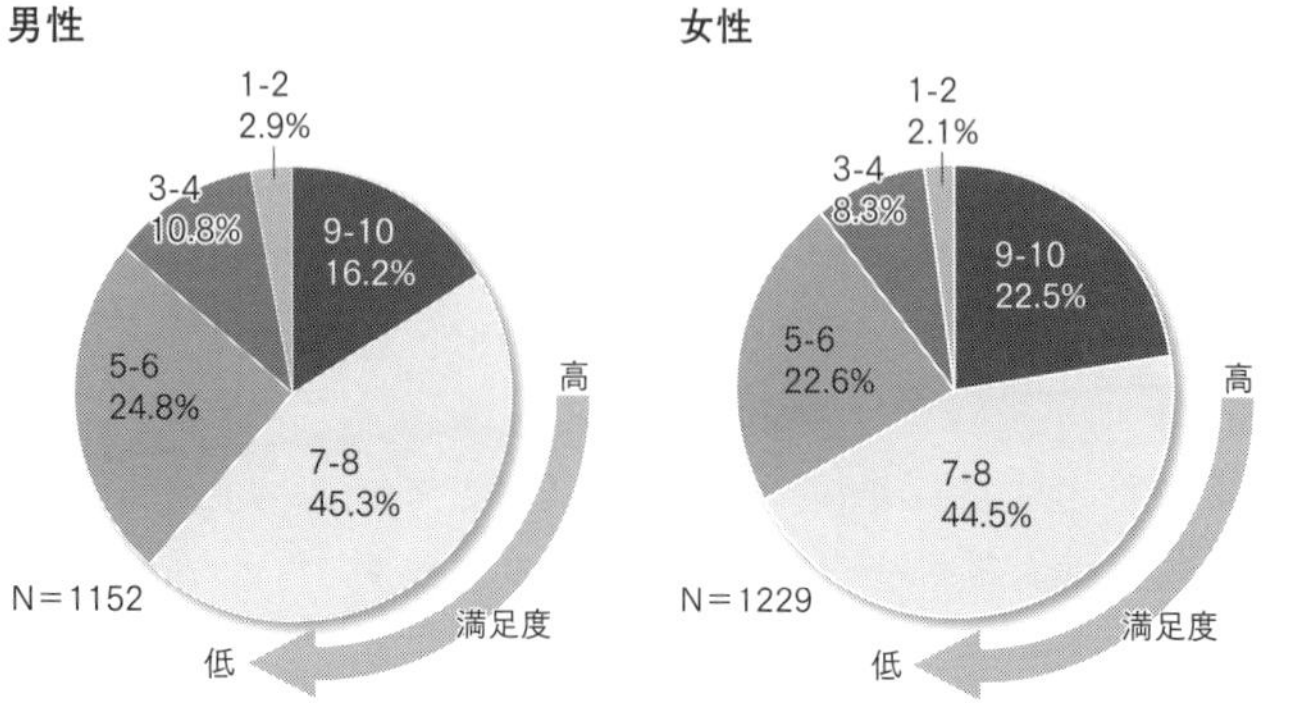

図 7-2　性別ごとの「生活満足度」

出典：第６回世界価値観調査のデータをもとに作成（2010 年、日本のみ）

値観調査で主観的幸福の項目が使用された60カ国を対象に、男女の主観的幸福の平均値を比較してみたところ、日本と同様に女性の方が幸福度の高い国は、ちょうど半数の30カ国のみであった。このことは、主観的幸福や生活満足度における性差が、単に生物学的な性差を反映しているものではなく、性別をとりまくさまざまな社会環境を反映したものであることを示唆している。

❖ 年齢ごとの分布

図7-3、4には主観的幸福と生活満足度に対する回答を、人びとの年代別に示したものである。まずは、主観的幸福について見ていく。「非常に幸せ」と答えた人にのみ注目するならば、15-24歳から35-44歳にかけて、年齢層が高くなるごとに「非常に幸せ」と答える人の割合は少しずつ増加していく。45-54歳になると一旦落ち込むが、それ以降の年齢層では再び回復する。他方、「非常に幸せ」と「やや幸せ」を合わせた割合に注目するならば、逆に15-24歳から35-44歳にかけて、全体として幸せと答える人の割合が減少しているのがわかる。35-44歳の壮年層は、「非常に幸せ」と回答する人の割合が最も高い層でもあると同時に、「あまり幸せでない」と「全く幸せでない」の合計が最も高い層でもある。

生活満足度の場合も同様に、15-24歳から35-44歳にかけて「9-10（満足）」と答える人の割合が増加し、45-54歳で減少する。生活満足度と主観的幸福と大きく異なるのは、それ以後の年齢層で「9-10（満足）」と回答する人の割合が大きく増加する点である。主観的幸福において「非常に幸せ」な人の割合が最も高いのは35-44歳の人びとだが、生活満足度において「9-10（満足）」と回答する人の割合が最も高いのは65歳以上の人びとである。

こういった年齢ごとの回答の差異は、人びとの年齢の変化による一般的な意識の変化と捉えることもできるし、あるいは出生や育った時期の違い、つまり世代差によって生じる差異であると捉えることもできる。

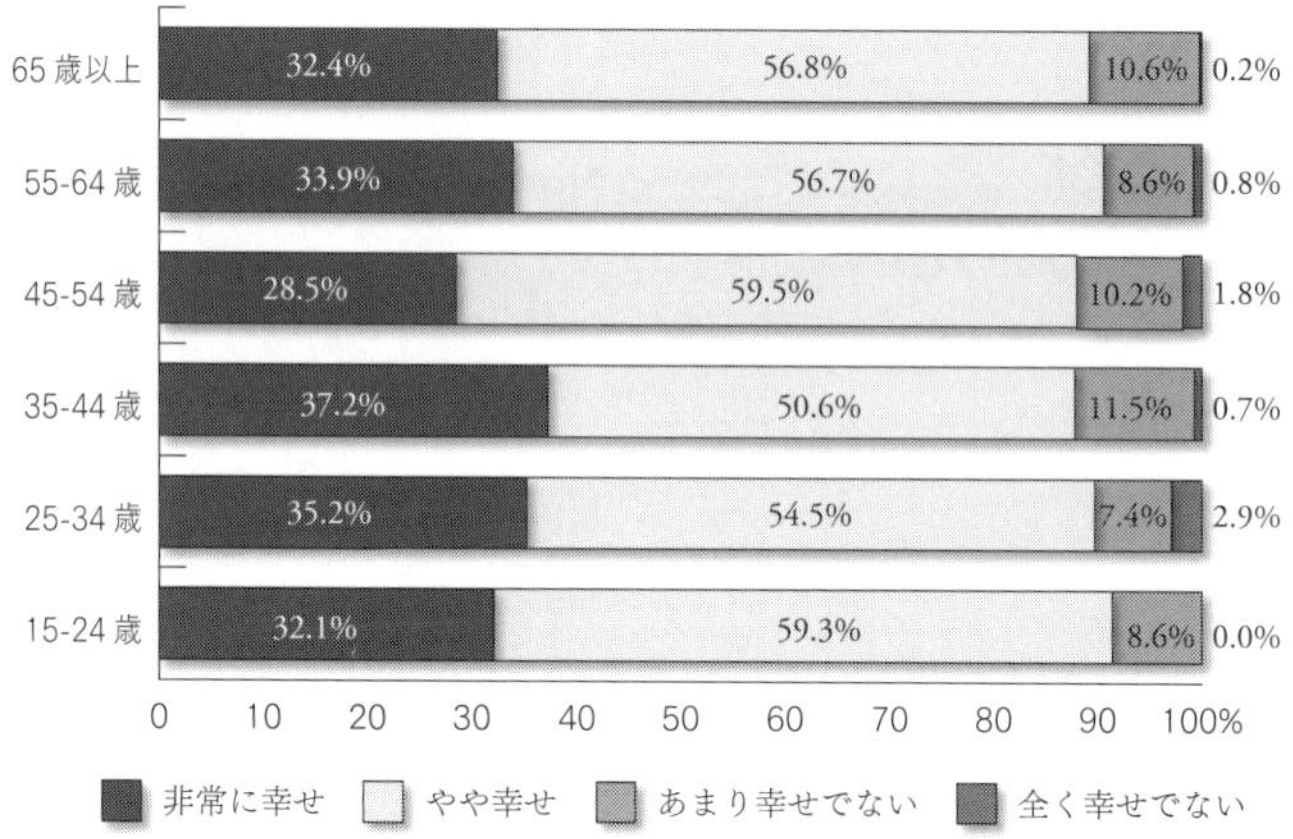

図 7-3　年齢ごとの「主観的幸福」

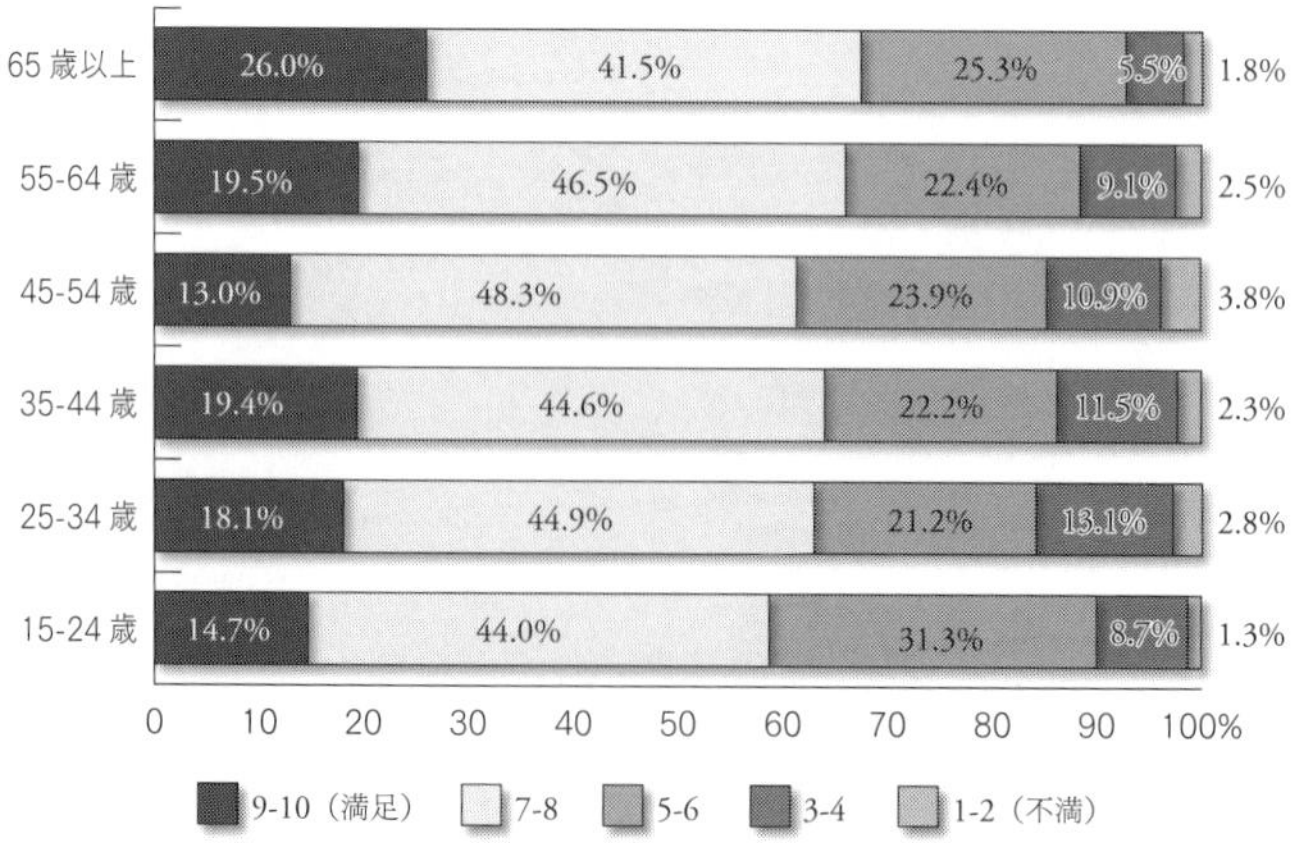

図 7-4　年齢ごとの「生活満足度」

出典：第 6 回世界価値観調査のデータをもとに作成（2010 年、日本のみ）

❈ 世帯収入

世帯収入が人びとの主観的幸福や生活満足度に影響を与える、ということは想像に容易い。世帯収入が1200万円以上の人びとは「非常に幸せ」と回答する人の割合が最も高く、逆に400万円を下回る人びとのそれは最も低い(図7-5)。しかし、その中間に位置する人びとに目を向けると、収入が高くなるほど「非常に幸せ」と回答する人の割合が増えるという傾向は見られない。豊かな生活が送れることは、幸せを感じる上で重要な要素の一つであると考えられるが、ある程度の豊かさが確保された上で、「やや幸せ」な人と「非常に幸せ」な人を分けるのは、単純な収入の多寡ではないということだろうか。

生活満足度についても、同様の結果を読み取ることができる。「9-10（満足)」と「7-8」を合わせた割合を見るならば、おおむね世帯収入の額が上がるほど、今の生活に満足していると答える人の割合も増加する（図7-6)。他方、「9-10（満足)」と答えた人の割合にのみ注視するならば、世帯収入と生活満足度の関係が単一方向的なものではないということができるだろう。

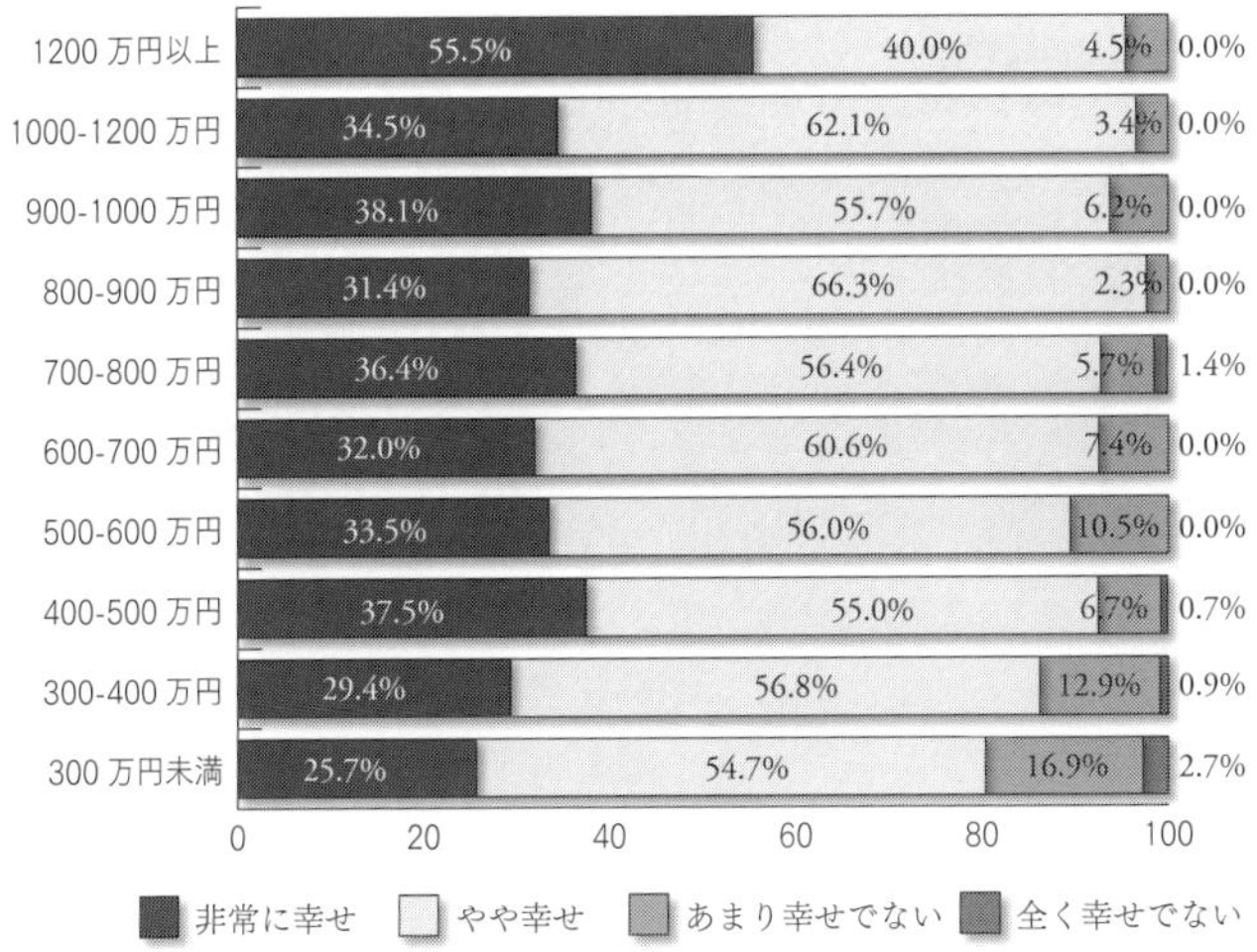

図7-5　世帯収入ごとの「主観的幸福」

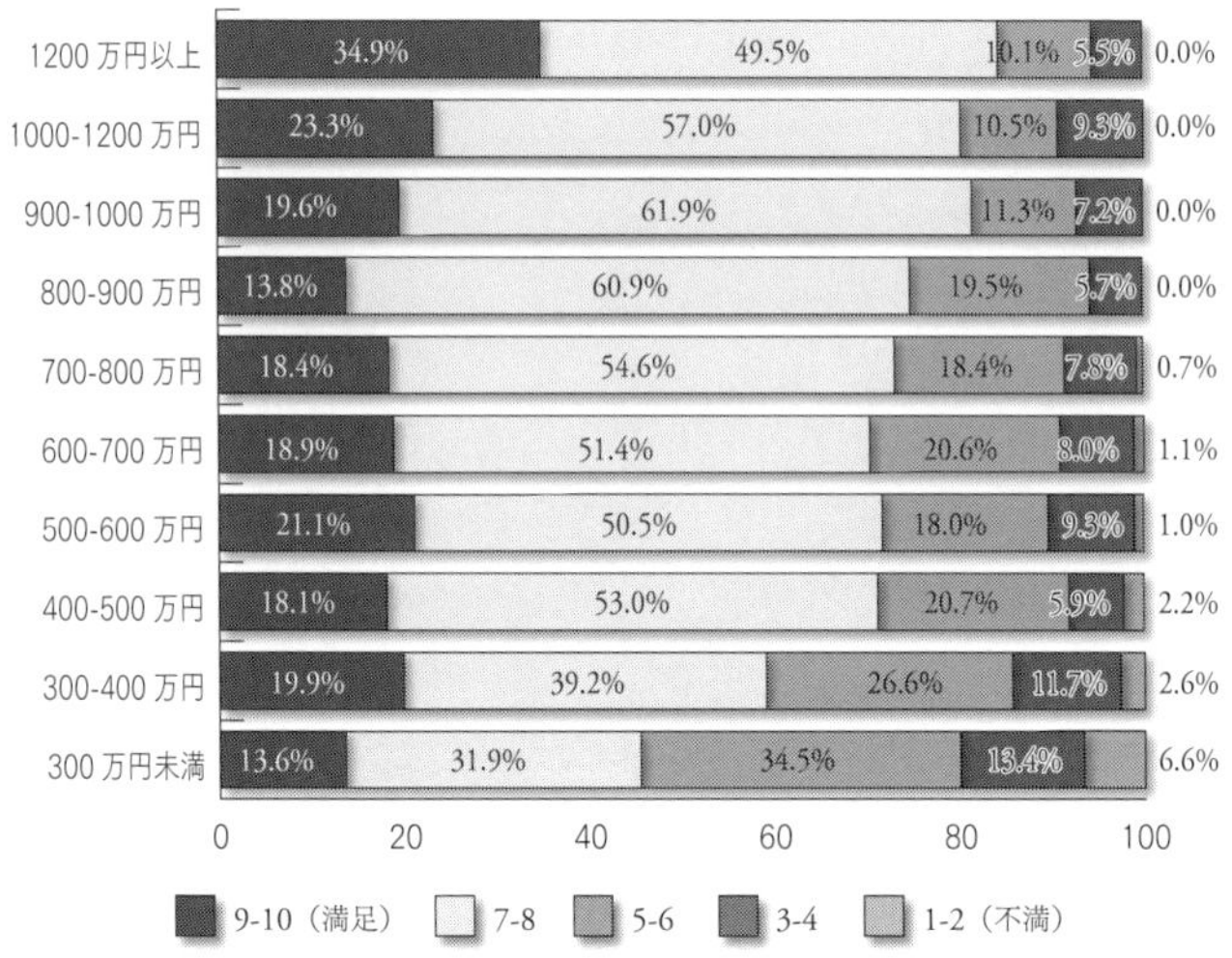

図 7-6　世帯収入ごとの「生活満足度」

出典：第6回世界価値観調査のデータをもとに作成（2010年、日本のみ）

❖ 婚姻状況

婚姻状況別に見ると、最も主観的幸福が高いのは「既婚 / 同棲」である。次いで「死別」と「独身」と続き、「別居 / 離別」は最も幸せを感じている人びとの割合が少ない（図7-7）。生活満足度についても同様である（図7-8）。

しかし、この結果は、必ずしも「パートナーと別居や離別をすると、幸福や満足を感じる度合いが低くなる」という因果関係を指し示すものではない。別居や離別の背景には、家計を支えるための労働環境や、親戚等の家族関係、経済状況など、さまざまな変数が関わっている可能性がある。そうした諸変数が複雑に絡み合った結果として、パートナーとの関係が「別居 / 離別」にある人びとの主観的幸福や生活満足度が、他の人びとと比べて相対的に低いという結果が生じているのだろう。「死別」を経験した人びとの方が、「独身」の人びとよりも幸せや満足を感じているという結果についても、人生における多様な文脈が絡み合った結果として捉えるべきだろう。

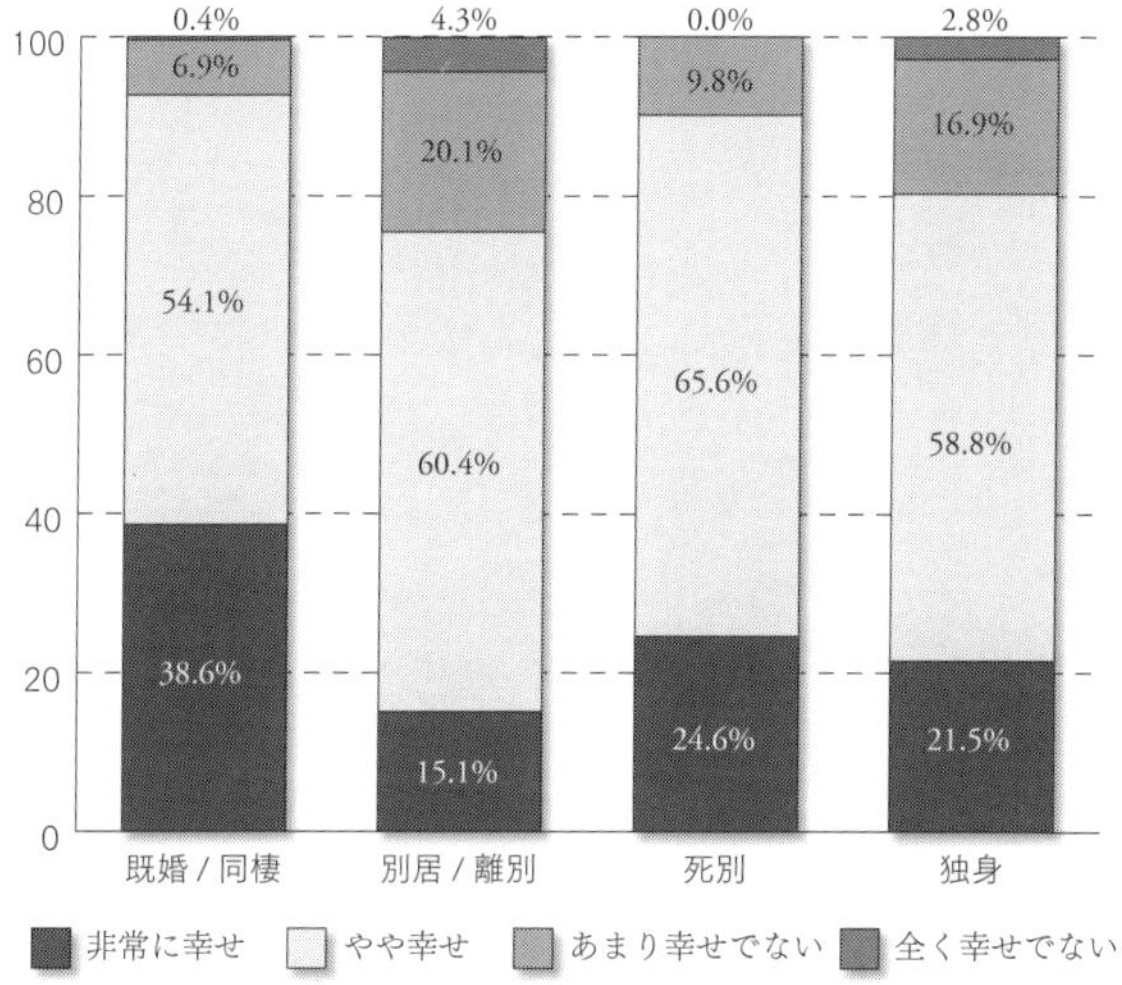

図 7-7　婚姻状況ごとの「主観的幸福」

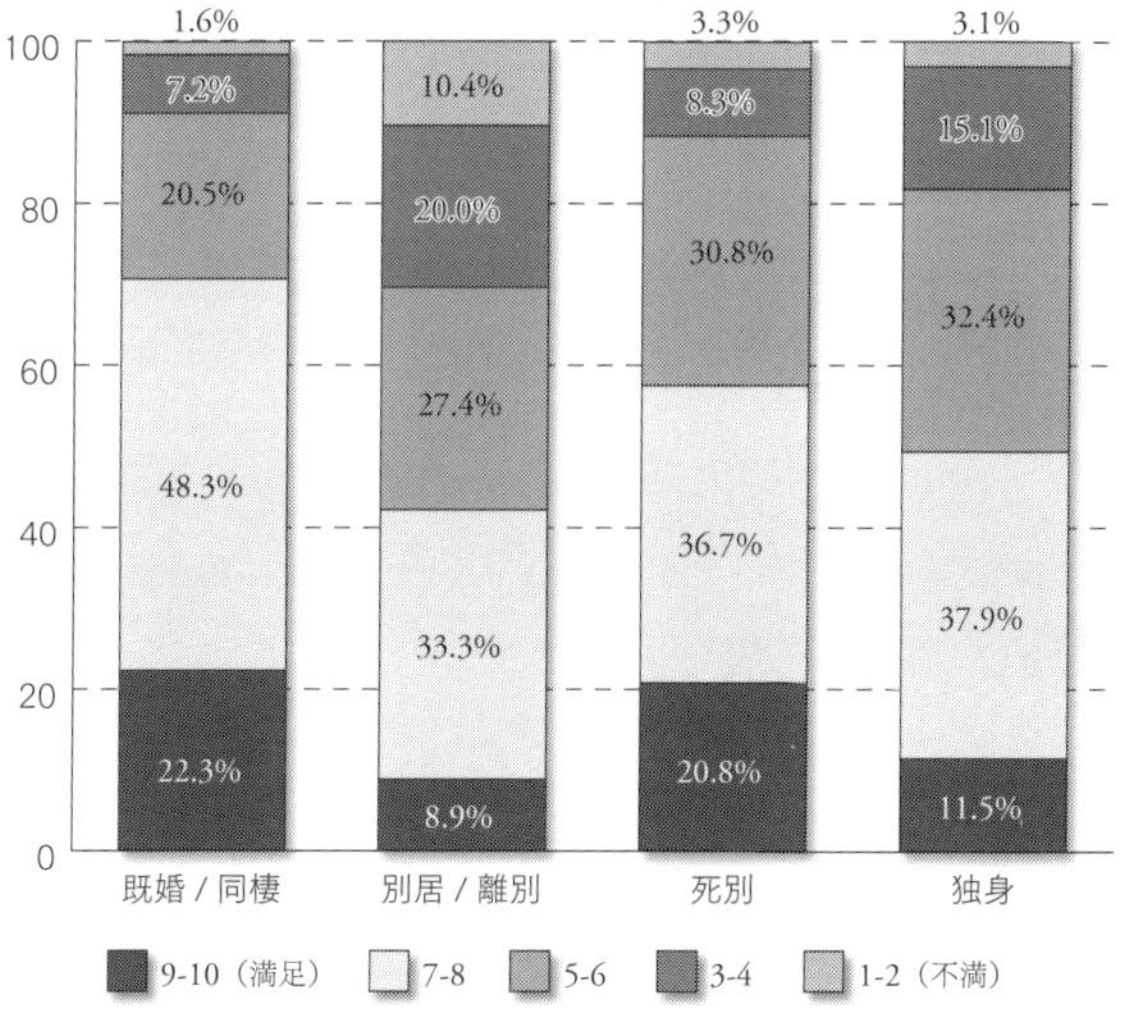

図 7-8　婚姻状況ごとの「生活満足度」

出典：第 6 回世界価値観調査のデータをもとに作成（2010 年、日本のみ）

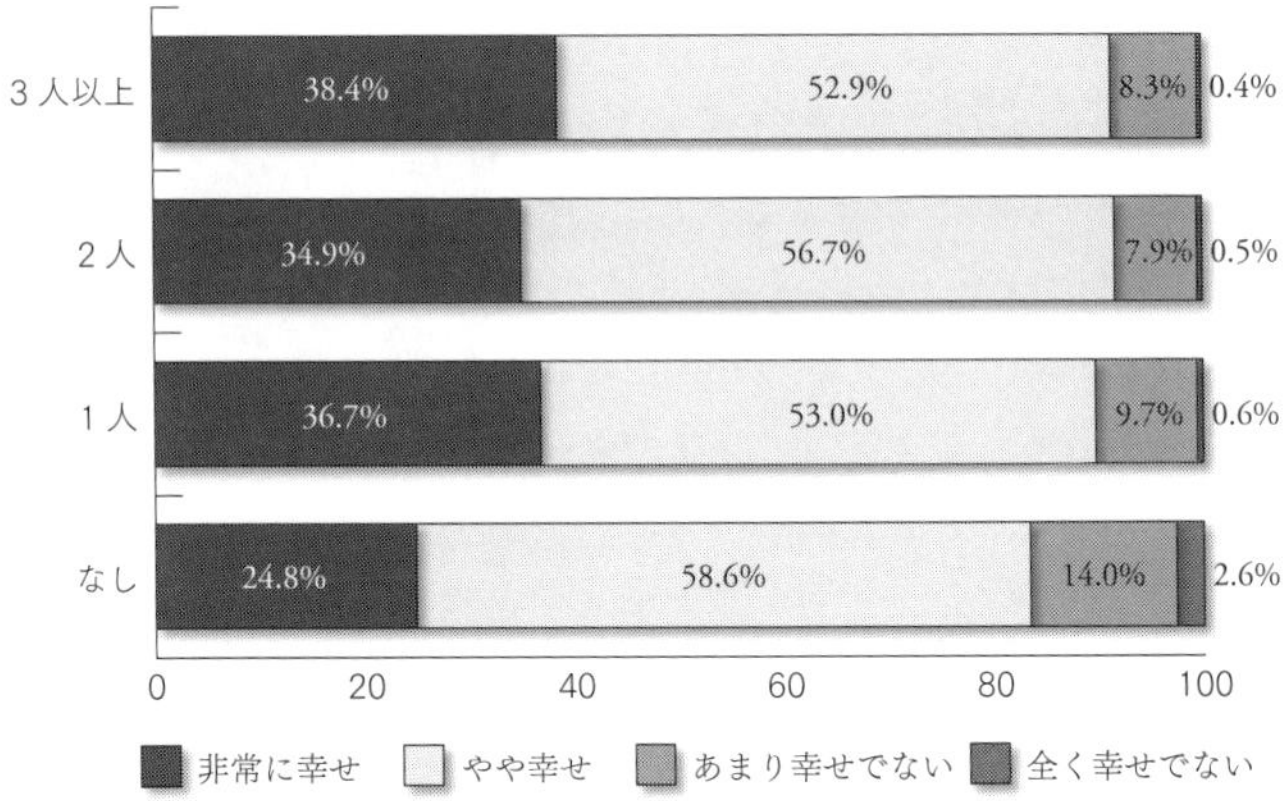

図 7-9　子どもの人数ごとの「主観的幸福」

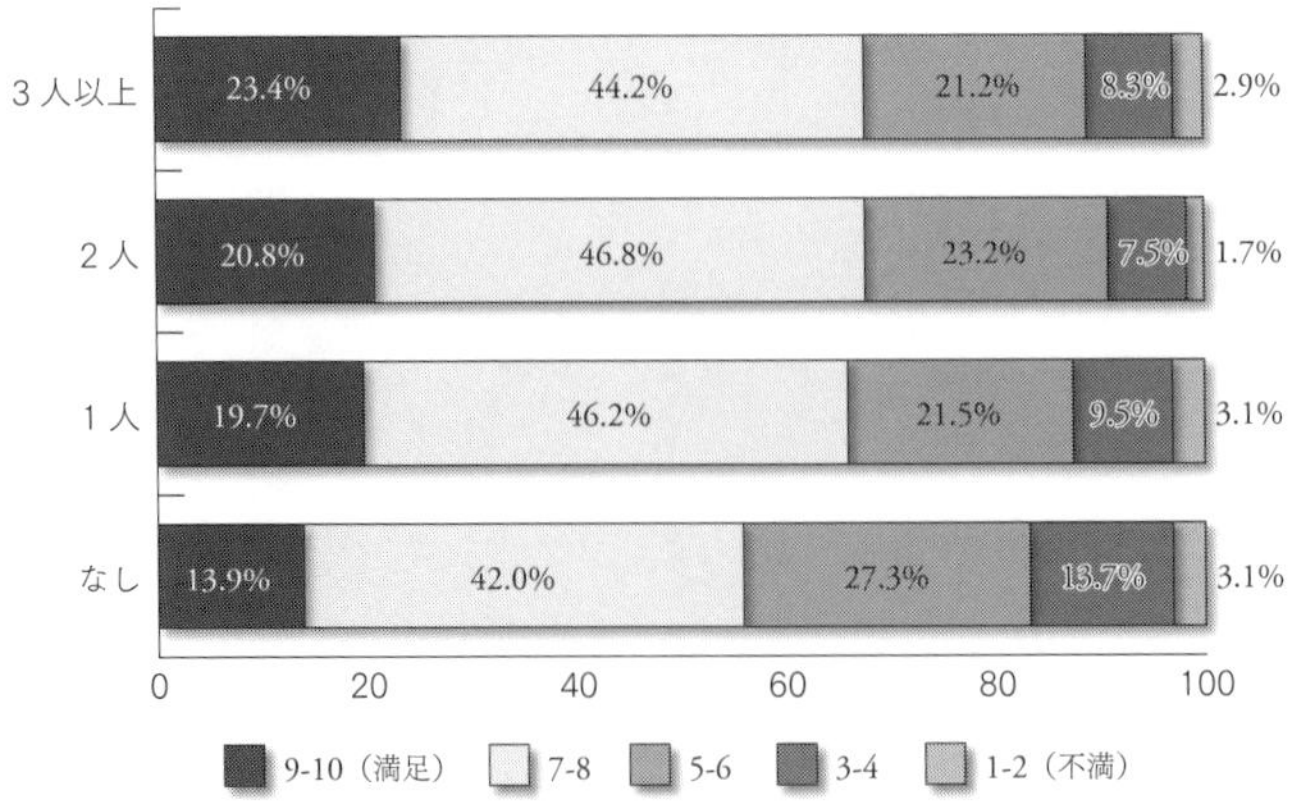

図 7-10　子どもの人数ごとの「生活満足度」

出典：第 6 回世界価値観調査のデータをもとに作成（2010 年、日本のみ）

❖ 子どもの人数

独身よりも既婚者の方が幸福であり、また生活に満足しているというのは、前項の図7-7、8で確認した通りである。図7-9、10では子供が1人もいないか、あるいは少なくとも1人はいるかということで、主観的幸福と生活満足度に一定の違いが出てくることが分かる。そうした違いはパートナーの有無による違いともとれるし、子どもの存在が人びとの幸福感や満足感にポジティブな影響を与えているともとれる。

主観的幸福について、子どもの数が1人の場合と、2人の場合で比べると、子どもの数が2人の場合の方が「非常に幸せ」と回答する人の割合が1.8%低く、「やや幸せ」と答える人の割合は3.7%高い。2人の場合と3人の場合では、3人の場合の方が「非常に幸せ」の割合が3.5%高く、「やや幸せ」の割合は3.8%低い。全体として、子どもの人数が1人から2人、3人と異なることで、主観的幸福が一貫して高くなったり、低くなったりするということはないように見える。生活満足度について見ると、わずかな差ではあるが、子どもの人数が多くなればなるほど、「9-10（満足）」と回答する人の割合が高くなるという傾向が見て取れる。

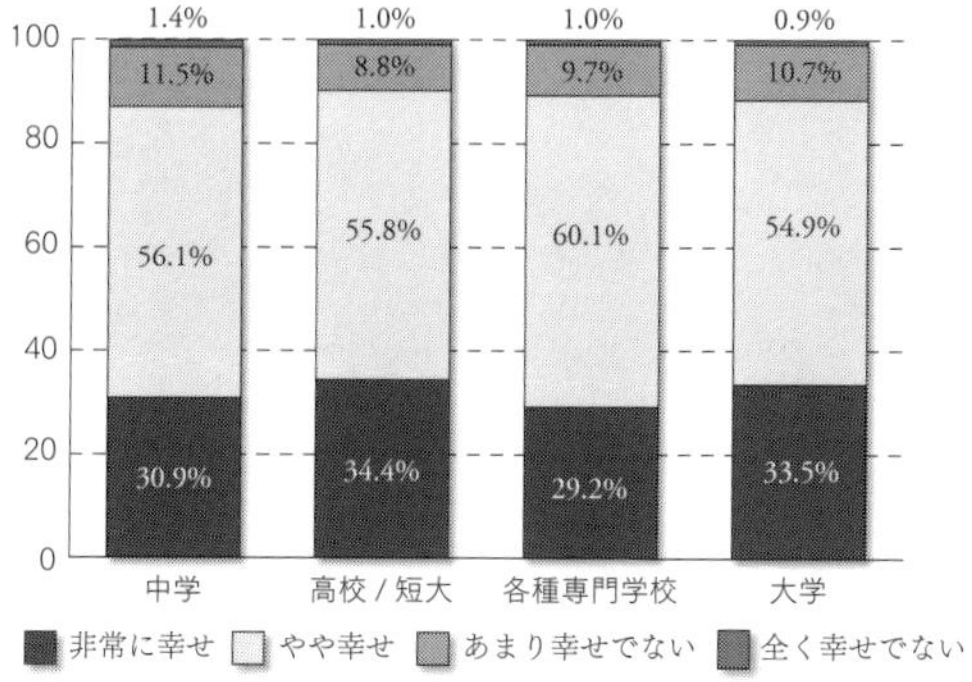

図7-11　最終学歴ごとの「主観的幸福」

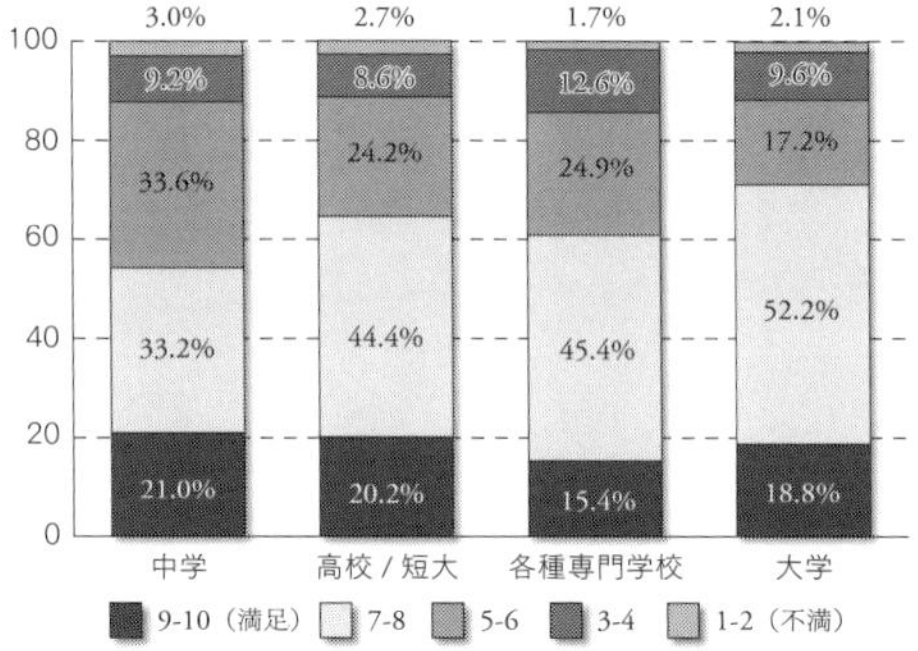

図 7-12　最終学歴ごとの「生活満足度」

※第 6 回世界価値観調査のデータをもとに作成（2010 年、日本のみ）

❖ 学歴

図 7-11、12 では、人びとの最終学歴ごとの主観的幸福および生活満足度の違いを示している。それぞれのカテゴリは、調査対象者が最後に通った学校を表しており、卒業、在学、中退を含む。

ただし、学歴によるこれらの違いを見ていくにあたっては、ある一定の注意を要する。なぜならば、調査対象者の年齢（世代）によって、それぞれのカテゴリの持つ実質的意味が大きく異なり得るからである。たとえば、高校進学率は 1992 年にはじめて 95% を超えたが、1950 年にはわずか 42.5% であった。当たり前のように高校へと進学する現代の若者世代と、1950 年ごろに青年期を迎えた世代では、同じ高校卒業（あるいは在学、中退）という学歴カテゴリでも、同世代との相対的な学歴の高さは異なるし、教育内容や高校に進学するということの意味も大きく異なるのは明白である。以上の但し書きをした上で、学歴による主観的幸福と生活満足度の差異についての知見を述べるならば、主観的幸福については、学歴に応じた幸福度の差異というものはほとんど見られない。他方、生活満足度について言えば「大学」が最も高く、「高校 / 短大」と「各種専門学校」、「中学」という順に続く。

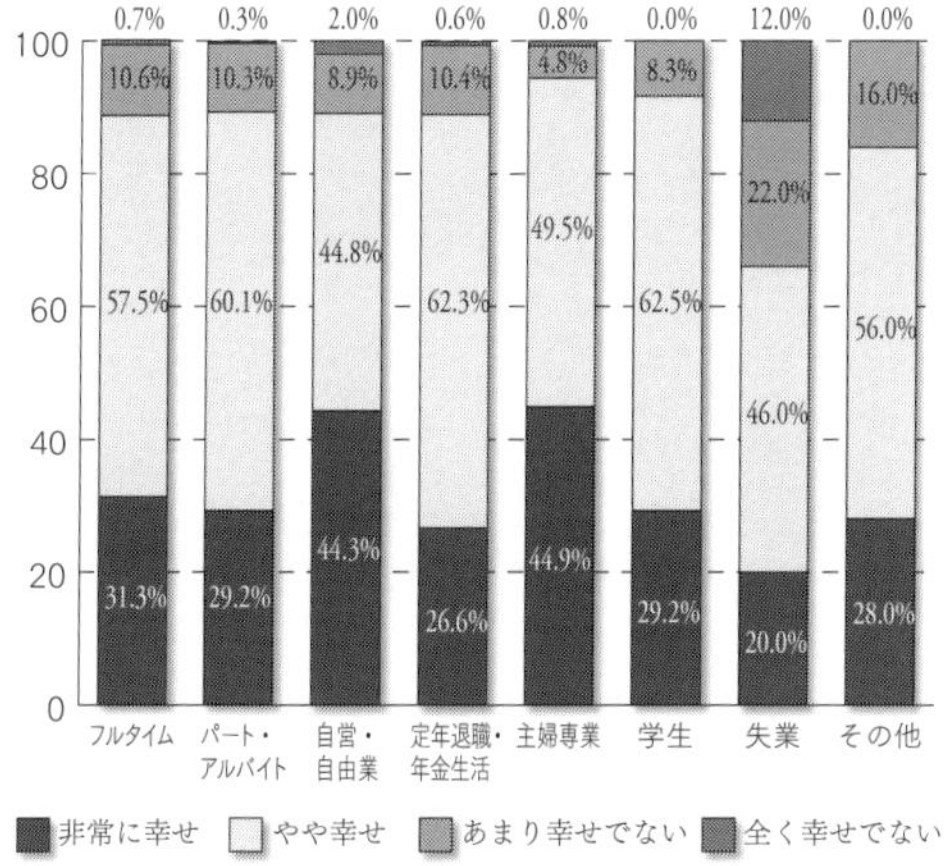

図 7-13　雇用形態ごとの「主観的幸福度」

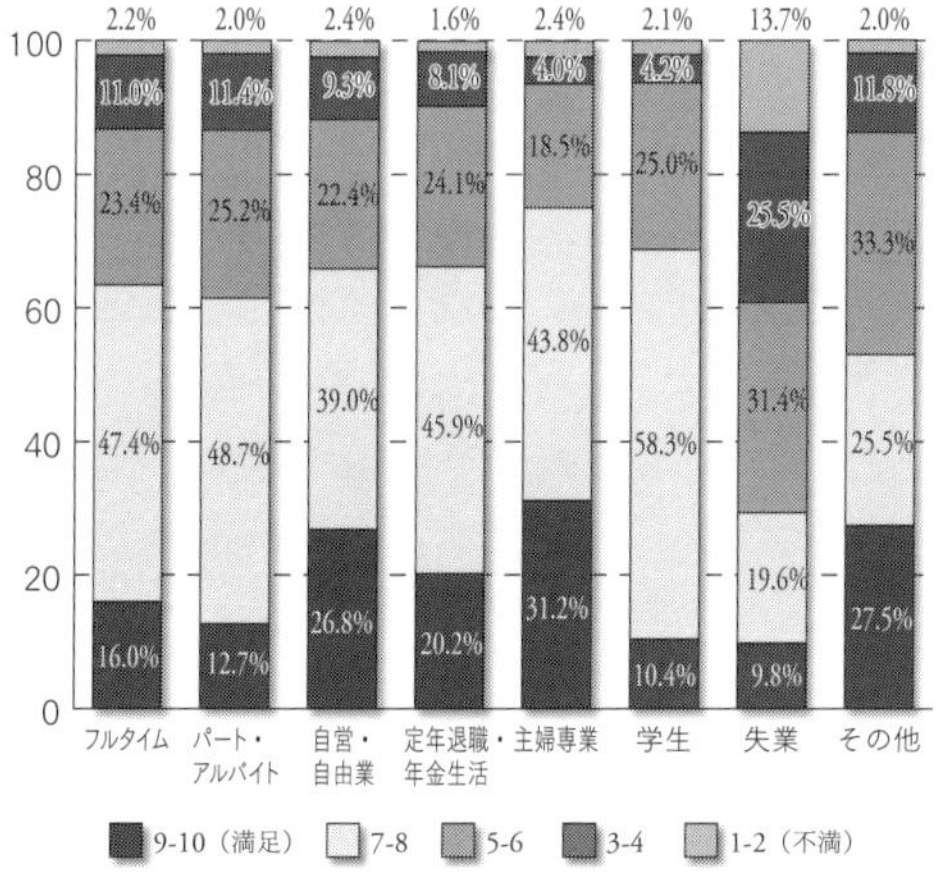

図 7-14　雇用形態ごとの「生活満足度」

出典：第 6 回世界価値観調査のデータをもとに作成（2010 年、日本のみ）

❖ 雇用形態

雇用形態ごとに見ると、主観的幸福について、最も「非常に幸せ」と回答する割合が高いのは主婦専業（44.9%）であり、次いで自営・自由業（44.3%）がくる（図 7-13）。逆に最も低いのは失業（20.0%）であるが、その他に定年退職・年金生活（26.6%）も比較的低い部類に入る。意外なことに、フルタイムで働く人（31.3%）と、パート・アルバイトで働く人（29.2%）では、主観的幸福に大きな違いはない。生活満足度の場合も同様に、「9-10（満足）」と回答する割合が最も高いのは主婦専業（31.2%）であり、その後に自営・自由業（26.8%）が続く。失業者（9.8%）が最も低いというところまでは主観的幸福と同様だが、定年退職・年金生活者（20.2%）の方が、フルタイム（16.0%）やパート・アルバイト（12.7%）よりも「9-10（満足）」と回答する割合が高いという点で異なっている（図 7-14）。また、学生で「9-10（満足）」と回答したのはわずか 10.4% であり、失業者の次に低い。

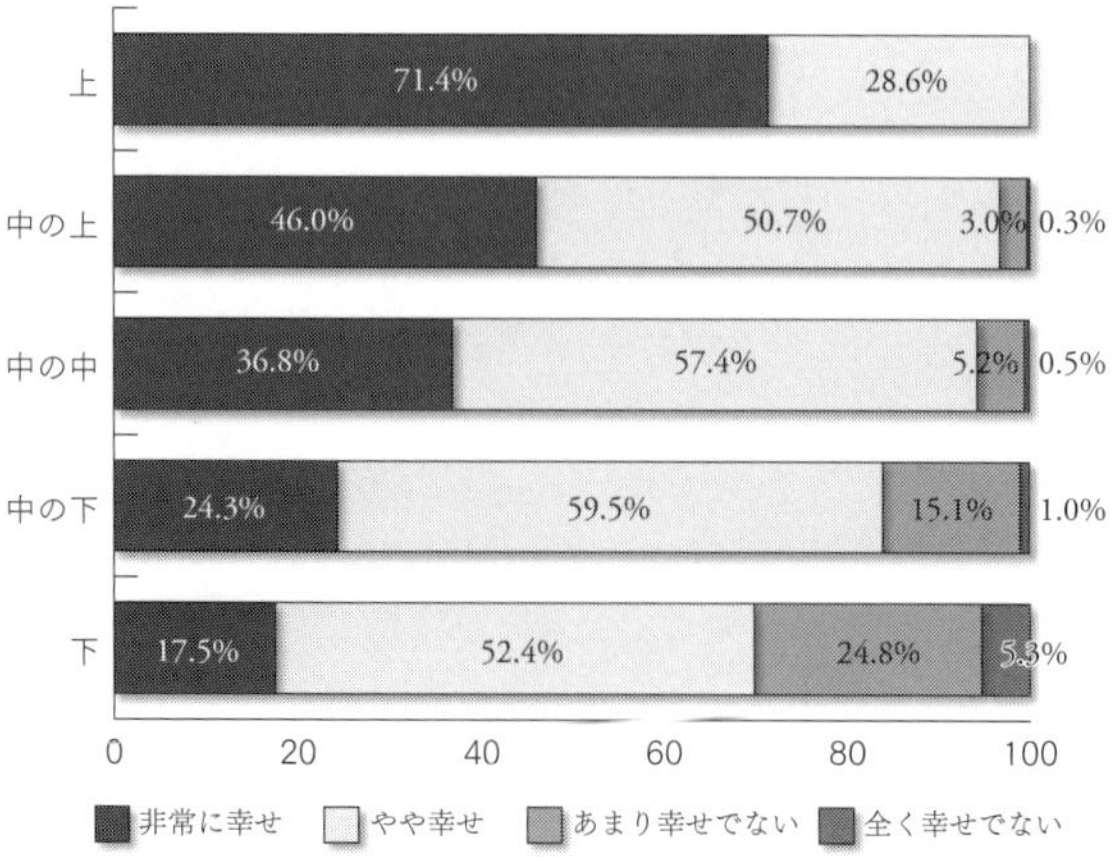

図 7-15　自身の生活の程度に対する主観的な評価と「主観的幸福度」

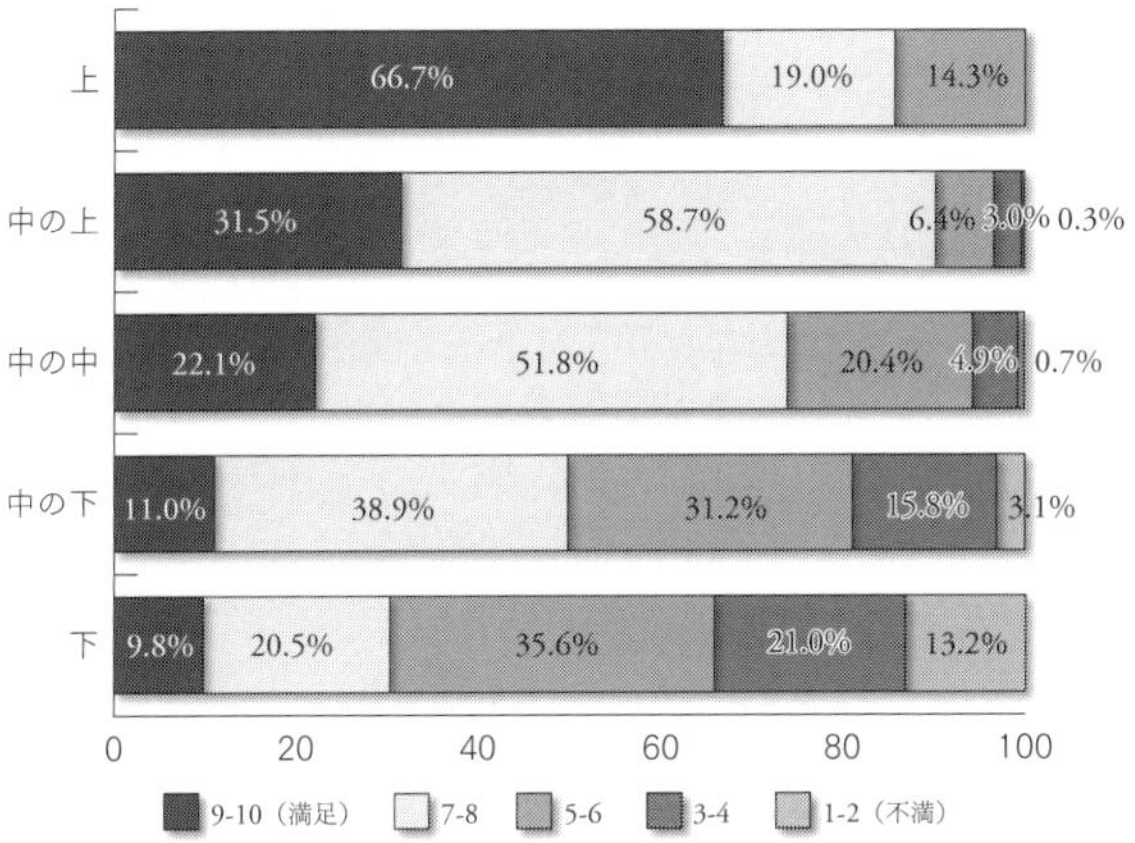

図 7-16　自身の生活の程度に対する主観的な評価と「生活満足度」

出典：第 6 回世界価値観調査のデータをもとに作成（2010 年、日本のみ）

❖ 生活の程度

世界価値観調査では、人びとの自身の生活程度に対する主観的な評価についても質問している。この項目では「あなたの生活の程度は、世間一般からみて、次のどれに入ると思いますか」という質問文が用いられ、調査対象者は「上」「中の上」「中の中」「中の下」「下」の 5 つの選択肢から 1 つを選択するように求められる。

主観的幸福にしても、生活満足度にしても、自身の生活に対する評価が高ければ高いほど、幸せ・満足と回答する人の割合は高いという傾向が見て取れる（図 7-15、16）。自身が世間一般に言って上等な生活を送っていると思うから、幸福感や満足感を得ることができるのか、あるいは幸福感や満足感に満ちた生活を送っているからこそ、自身の生活を上等なものと評価することができるのか。あるいは、こうした自身の生活への主観的な評価と、主観的幸福、生活満足度というものは、人びとの意識においてそもそも相互に重なり合うところのある現象だと捉える方が自然かも知れない。

表 2　社会的属性別に見た主観的幸福と生活満足度の平均値

		主観的幸福		生活満足度	
		平均値※1	N	平均値※2	N
性　別	男性	3.13	1138	6.73	1152
	女性	3.29	1228	7.08	1229
年　齢	15-24 歳	3.24	140	6.83	150
	25-34 歳	3.22	310	6.79	321
	35-44 歳	3.24	433	6.85	433
	45-54 歳	3.15	393	6.63	393
	55-64 歳	3.24	513	6.94	518
	65 歳以上	3.21	577	7.22	566
世帯年収	300 万円未満	3.03	408	6.10	411
	300-400 万円未満	3.15	340	6.78	342
	400-500 万円未満	3.29	269	7.11	270
	500-600 万円未満	3.23	191	7.14	194
	600-700 万円未満	3.25	175	7.10	175
	700-800 万円未満	3.28	140	7.13	141
	800-900 万円未満	3.29	86	7.29	87
	900-1000 万円未満	3.32	97	7.39	97
	1000-1200 万円未満	3.31	87	7.56	86
	1200 万円以上	3.51	110	7.81	109
婚姻状況	独身	2.99	432	6.30	451
	既婚 / 同棲	3.31	1657	7.19	1657
	別居 / 離別 / 死別	2.86	139	5.59	135
	死別	3.15	122	6.78	120
子どもの人数	なし	3.06	584	6.50	605
	1 人	3.26	330	6.95	325
	2 人	3.26	980	7.07	978
	3 人以上	3.29	448	7.08	448

※ 1　「全く幸せでない」を 1、「あまり幸せでない」を 2、「やや幸せ」を 3、「非常に幸せ」を 4、とした場合の平均値
※ 2　「不満」を 1、「満足」を 10 とした場合の平均値

出典：第 6 回世界価値観調査のデータをもとに作成（2010 年、日本のみ）

		主観的幸福		生活満足度	
		平均値※1	N	平均値※2	N
最終学歴	中　学	3.17	278	6.72	271
	高校 / 短大	3.24	1189	6.94	1204
	各種専門学校	3.17	288	6.68	293
	大　学	3.21	561	7.07	563
雇用形態	フルタイム※3	3.19	918	6.79	937
	パートタイム・アルバイト※4	3.18	301	6.70	306
	自営・自由業	3.32	203	7.09	205
	定年退職・年金生活	3.15	316	7.00	307
	主婦専業	3.39	376	7.52	372
	学　生	3.21	48	7.10	48
	失　業	2.74	50	5.12	51
	その他	3.12	50	6.82	51
主観的な生活の程度	下	2.82	206	5.32	205
	中の下	3.07	682	6.25	702
	中の中	3.31	991	7.34	990
	中の上	3.42	300	7.97	298
	上	3.71	21	8.81	21
地　域	北海道	3.19	113	6.95	109
	東　北	3.12	215	6.52	217
	北関東	3.24	252	7.07	257
	南関東	3.21	305	6.97	306
	東　京	3.31	181	7.06	180
	東　海	3.16	292	6.88	295
	北陸信越	3.13	179	6.65	177
	近　畿	3.29	309	7.02	309
	中　国	3.23	149	6.74	152
	四　国	3.26	81	7.15	81
	九　州	3.23	290	6.99	298

※1　「全く幸せでない」を1、「あまり幸せでない」を2、「やや幸せ」を3、「非常に幸せ」を4、とした場合の平均値
※2　「不満」を1、「満足」を10とした場合の平均値
※3　週30時間以上の労働を目安とする
※4　週30時間未満の労働を目安とする

出典：第6回世界価値観調査のデータをもとに作成（2010年、日本のみ）

⑷ 内閣府「国民生活選好度調査」による幸福度調査

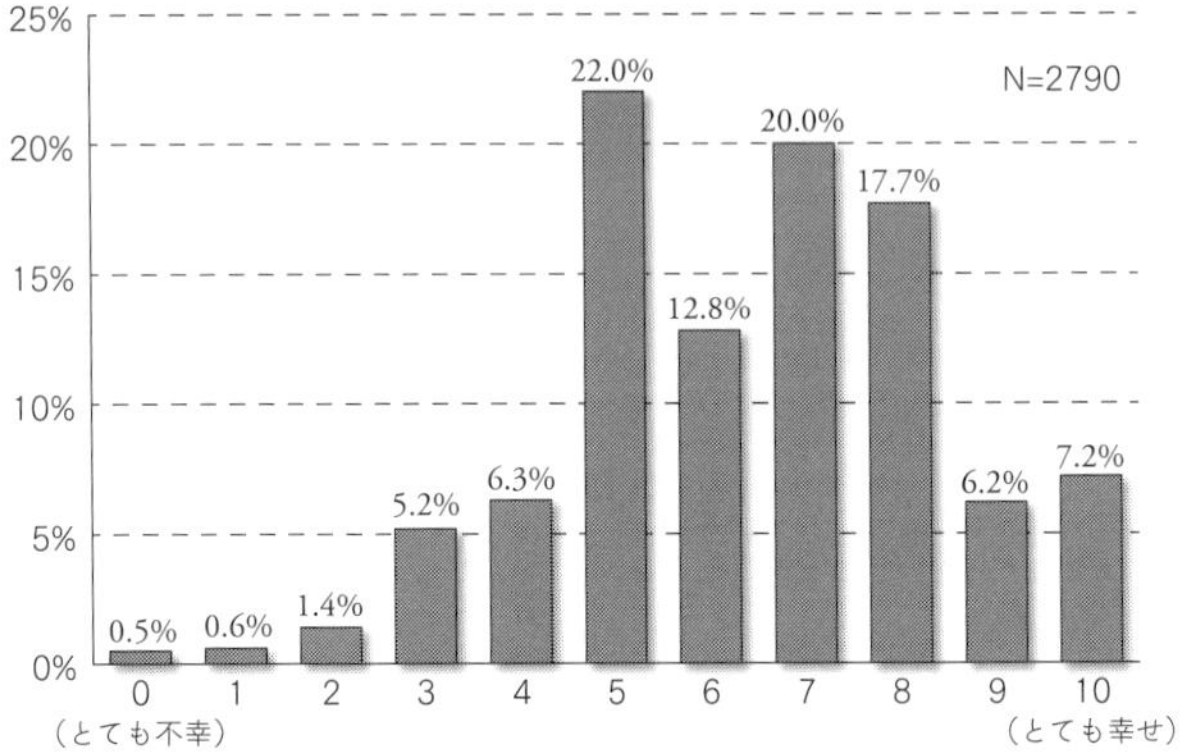

図 8-1　「主観的幸福（国民生活選好度調査）」の単純集計

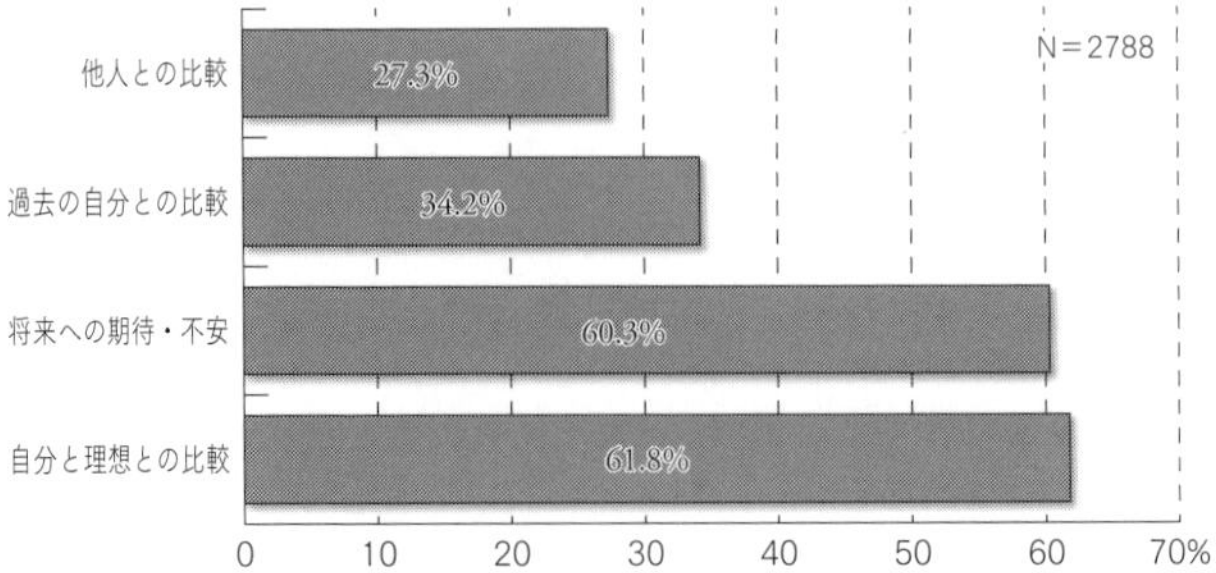

図 8-2　幸福感を判断する際に重視した基準（上位 2 つを選択）

出典：内閣府［2012］より作成

幸福度については、世界価値観調査やISSP国際比較調査プログラムのような学術的調査によってのみ調査が進められているわけではない。内閣府が1972年から行っている「国民生活選好度調査」では、2009年から2011年の3年間にかけて、11段階の尺度で人びとの主観的幸福を尋ねる質問を実施している。同質問では、「現在、あなたはどの程度幸せですか。「とても幸せ」を10点、「とても不幸」を0点とすると、何点くらいになると思いますか」という質問の仕方で主観的項目の測定を試みている。回答は「5」「6」「7」「8」といった中間寄りの幸せを示す番号に多く集まり、世界価値観調査の調査結果とおおむね同様の傾向を示している（図8-1、2）。

また「平成23年度 国民生活選好度調査」では、現在の自身の幸福感を判断するにあたって、何を基準として考えたかについても質問を行っている。具体的には「幸福感を判断する際に重視した基準は何ですか。あなたのお考えに近いもの上位2つに◯をつけてください」という仕方で質問を行っている。回答が集中したのは「自分と理想との比較（61.8%）」と「将来への期待・不安（60.3%）」であり、半数以上の調査対象がこの2つの回答のいずれか、あるいは両方を選んだということになる（図8-3）。他方、「他人との比較（27.3%）」「過去の自分との比（34.2%）」を選んだ人は相対的に少ないという結果となった。

内閣府の「平成23年度 国民生活選好度調査」では、主観的幸福に関する質問項目として、さらに次のような2つの質問項目を設けている。1つは「幸福感を判断する際に、重視した事項は何ですか。次の中からあてはまるものすべてに◯をつけてください」というもの。もう1つは「あなたの幸福感を高めるために有効な手立ては何ですか。次の中から、あなたのお考えに最も近いものに2つまで◯をつけてください」というものである。

幸福感の判断に重視する事項としては「家計の状況（62.2%）」「健康状況（62.1%）」「家族関係（61.3%）」「精神的なゆとり（51.4%）」が相対的に高く、半数以上の人があげている（図8-4）。職場の環境、地域コミュニティ、趣味や余暇、社会貢献活動といったことを重視すると答えた人は、どちらかというと少数派である。

幸福感を高める有効な手立てとしては、「あなた自身の努力（61.7%）」と「家族との助け合い（60.9%）」が抜きんでて高く、他方、地域社会やNPO、職場等に期待をよせる人は少ないように見受けられる。

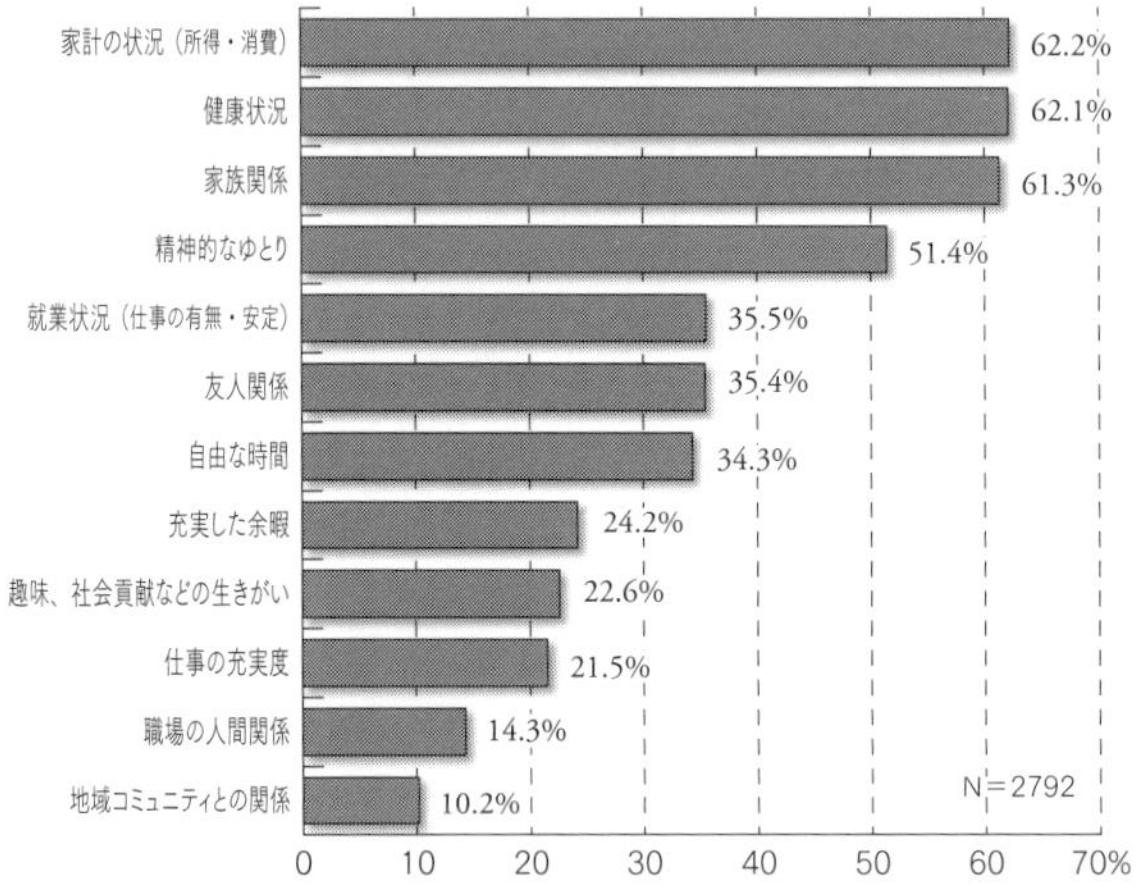

図 8-3　幸福感を判断する際に重視した事項（あてはまるものをいくつでも選択）

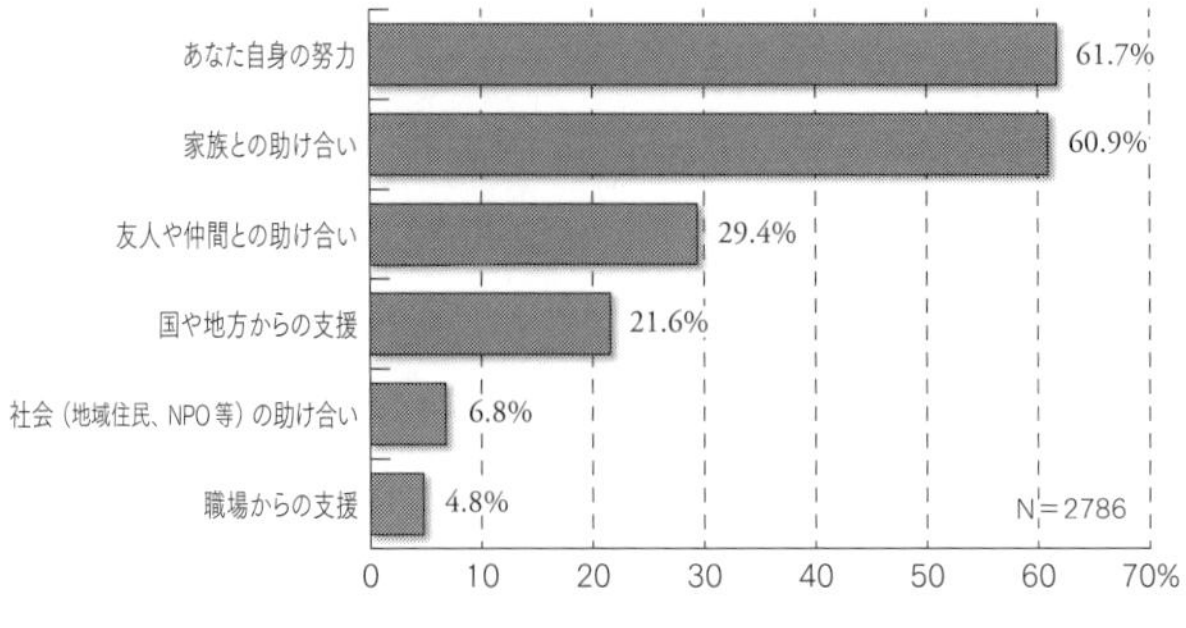

図 8-4　幸福感を高めるのに有効な手立て（2つまで選択）

出典：内閣府［2012］より作成

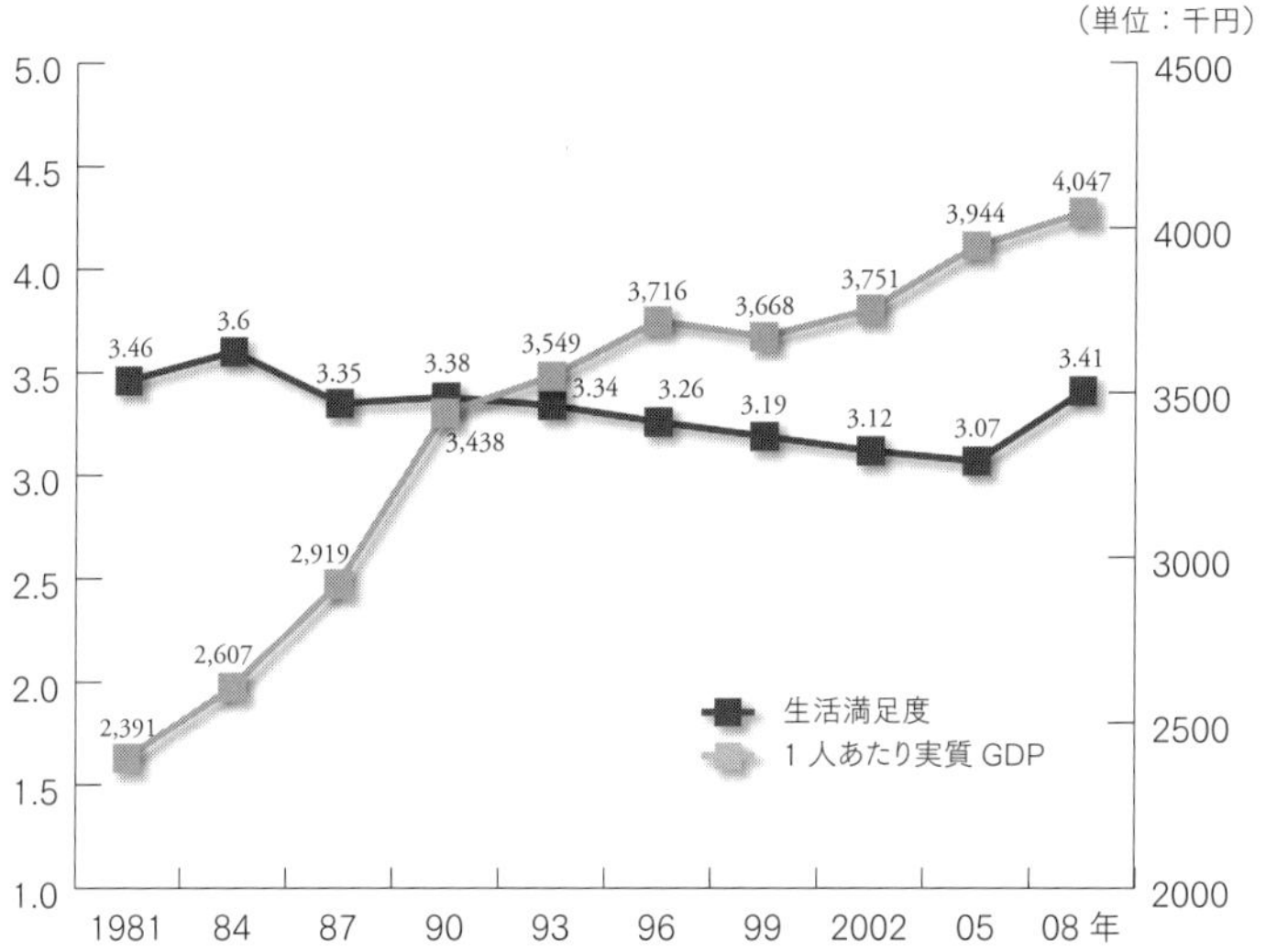

図 8-5 「生活満足度（国民生活選好度調査）」と 1 人あたり GDP

※「生活満足度」の数値は内閣府［2009］に掲載されているものを使用し、「満足している＝ 5」「まあ満足している＝ 4」「どちらとも言えない＝ 3」「どちらかと言えば不満である＝ 2」「不満である＝ 1」として、各年の平均値を計算した。
※ 1 人あたり実質 GDP は、国際通貨基金（International Monetary Fund: IMF）の World Economic Outlook Database, April 2015 に掲載されている値を使用した。

「国民生活選好度調査」では主観的幸福だけでなく、5 段階で尋ねる生活満足度についても、1980 年から継続的に調査を実施してきた。1980 年代以降、1 人あたり GDP は一貫して成長を続けてきたが、生活満足度についてはほとんど変動が見られない（図 8-5）。むしろ、1984 年から 2005 年の期間にかけては、生活満足度は緩やかに低減しているようにも見える。

一時点のデータを見ると、個人の相対的な収入の多寡が主観的幸福や生活満足度と結びついているように見える（図 7-5、6 を参照）。他方、複数時点のデータを用いて時系列での比較をするならば、国の経済的豊かさが増加したとしても、全体としての主観的幸福や生活満足度の平均が引き上げられるわけではない。これは日本だけでなく、多くの国で共通に確認される現象と

して知られている。この現象は1974年に発表された論文で最初に指摘され、それ以来、その論文の著者の名前にちなんで、イースタリンのパラドックス、あるいはイースタリンの幸福のパラドックスと呼称されている［Easterlin 1974, Easterlin et al. 2005］。

謝辞

本稿の執筆にあたっては、World Values Survey Associationから、第6回世界価値観調査の個票データ（WV6_Data_spss_v_2016_01_01）の提供を賜りました。末筆ながら謹んでお礼申し上げます。

引用文献

白石賢・白石小百合　2010「幸福の経済学の現状と課題」（大竹文雄・白石小百合・筒井義郎編『日本の幸福度——格差・労働・家族』日本評論社）。

小林盾＆カローラ・ホメリヒ　2014「生活に満足している人は幸福か：SSP-W2013-2nd調査データの分析」（『成蹊大学文学部紀要』49: 229-237）。

Veenhoven, R., World Database of Happiness, Erasmus University Rotterdam, The Netherlands（http://worlddatabaseofhappiness.eur.nl〈2017年8月26日閲覧〉）

OECD 2015, *How's Life?: Measuring Well-being*, OECD Publishing.

Cantril, Hadley 1965, *The pattern of human concerns*, New Brunswick, Rutgers University Press.

Helliwell, J., Layard, R. & Sachs, J. 2016, *World Happiness Report 2016, Update (Vol. I)*, New York: Sustainable Development Solutions Network.

Easterlin 1974, "Does Economic Growth Improve the Human Lot? Some Empirical Evidence". In Paul A. David; Melvin W. Reder. *Nations and Households in Economic Growth: Essays in Honor of Moses Abramovitz*, pp.89-125, Academic Press.

Easterlin, Richard. A., Angelescu, A. Switek, M. Sawangfa, O. & Smith-Zweig, J. 2010, "The happiness-income paradox revisited", *PNAS* 107: 22463-22468.

内閣府　2009『平成20年度 国民生活選好度調査』（平成21年6月19日公開。http://www5.cao.go.jp/seikatsu/senkoudo/senkoudo.html〈2017年3月15日閲覧〉）。

内閣府　2012『平成23年度 国民生活選好度調査』（平成24年6月22日公開。http://www5.cao.go.jp/seikatsu/senkoudo/senkoudo.html〈2017年3月15日閲覧〉）。

編者略歴

櫻井義秀（さくらい　よしひで）

1961年、山形県出身。北海道大学大学院文学研究科博士課程中退。博士（文学）。現在、北海道大学大学院文学研究科教授。専攻は宗教社会学、タイ地域研究、東アジア宗教文化論。著書に『東北タイの開発僧――宗教と社会貢献』（梓出版社、2008年）、『統一教会――日本宣教の戦略と韓日祝福』（北海道大学出版会、2010年）、『死者の結婚――祖先崇拝とシャーマニズム』（北海道大学出版会、2010年）、『人口減少時代の宗教文化論――宗教は人を幸せにするか』（北海道大学出版会、2017年）ほか、編著に『タイ上座仏教と社会的包摂――ソーシャル・キャピタルとしての宗教』（編著、明石書店、2013年）、『アジアの社会参加仏教――政教関係の視座から』（共編、北海道大学出版会、2015年）、『人口減少社会と寺院――ソーシャル・キャピタルの視座から』（共編、法藏館、2016年）、『現代中国の宗教変動とアジアのキリスト教』（北海道大学出版会、2017年）などのほか著書多数。

しあわせの宗教学
――ウェルビーイング研究の視座から

二〇一八年一月二〇日　初版第一刷発行

編　者　櫻井義秀
発行者　西村明高
発行所　株式会社　法藏館
京都市下京区正面通烏丸東入
郵便番号　六〇〇-八一五三
電話　〇七五-三四三-〇〇三〇（編集）
〇七五-三四三-五六五六（営業）

装幀　森　華
印刷・製本　亜細亜印刷株式会社

ISBN 978-4-8318-5703-3 C0014